Ute Meyer

Küche des Midi

Ute Meyer

KÜCHE DES MIDI

Ein kulinarischer Reiseführer

Geschichten und Rezepte
Waren- und Kräuterkunde
Anregungen und Empfehlungen

axel dielmann – verlag
Kommanditgesellschaft in Frankfurt am Main

© axel dielmann – verlag
Kommanditgesellschaft in Frankfurt am Main, 2014
www.dielmann–verlag.de

Satz: Urs van der Leyn, Basel
Umschlagfoto: Ute Meyer, Frankfurt am Main
Fotos: Ute Meyer, A. Kaestner, Wolfgang Meyer
Detailliert überarbeitete und aktualisierte Ausgabe;
1. und 2. Auflage durch edition Bernd Reimer
im axel dielmann – verlag, 2006 und 2009.

ISBN 978 3 86638 909 0

INHALTSVERZEICHNIS

6

VORWORT

Im Alltag bin ich Kriminalhauptkommissarin beim Polizeipräsidium in Frankfurt am Main. Meinen Beruf liebe ich sehr, doch gerade deshalb ist von Zeit zu Zeit ein gewisser Abstand nötig. Es gibt auch noch ein Leben nach dem Dienst! Und zu diesem Leben gehört meine Leidenschaft für den Süden. Den Süden Frankreichs.

Seit mehr als zwanzig Jahren verbringe ich mehrere Wochen des Jahres bei „meiner" Gräfin oder bei Freunden in der Region „Provence-Alpes-Côte d'Azur". Dass diese Gegend mein Urlaubsziel wurde, war reiner Zufall – oder doch nicht? Im Frühjahr 1982 las ich eine Biographie über Vincent van Gogh, und seine Begeisterung für die Provence (die Gegend um Arles und St. Rémy) war ebenso ansteckend wie verlockend.

Dieses Buch bestimmte mein Ziel; plötzlich wusste ich: „Da muss ich hin!"

Auf kleinen Straßen erkundete ich das Land – von der Schweizer Grenze bis zum Mittelmeer – und je südlicher ich kam, desto höher schlug mein Herz. Als ich bei Montélimar (ca. 150 km südlich von Lyon) die ersten windgepeitschten Zypressen sah, war es Liebe auf den ersten Blick zu dieser Landschaft – ich war wie verzaubert. Auf den Spuren der Maler tastete ich mich näher an die Seele der Provence heran. Viele Impressionisten lebten hier „im Lande des Lichts". Vincent van Gogh träumte von einer Künstlerkolonie des Südens, August Renoir konnte im milden südlichen Klima sein Rheuma besser ertragen, Monet quartierte sich in der Nähe ein. Paul Cézanne stammt aus Aix-en-Provence und wirkte dort. Marc Chagall, Henri Matisse, Pablo Picasso und Raoul Dufy lebten und malten in Nizza und im Hinterland der Côte d'Azur.

Im Laufe vieler Jahre lernte ich Land und Leute, Bräuche und Eigenarten des Landes und seiner Bewohner kennen und lieben. Die Leichtigkeit des Lebens im Süden hat mich vom ersten Moment an fasziniert: die Schwalben, die hoch oben am Himmel vom manchmal sehr heftigen Wind in ihrer Flugrichtung bestimmt werden, der Flic (Polizist), der mir zur Mittagszeit mit von Rotwein geschwängertem Atem den Weg zur Post erklärt. Aber auch der Frieden, der sich mit der Abendstimmung über die Geschäftigkeit des Tages legt, der nächtliche Sternenhimmel, den man so über keiner Großstadt sehen kann, das unglaublich helle Licht, das meine Seele ebensolche Sprünge machen lässt, wie die 300 Sonnentage im Jahr, von denen man in Frankfurt nur träumen kann.

In die Ruhe der Sommertage „sägen" *Cigales* (Zikaden) in ohrenbetäubender Lautstärke ihre Lieder und sorgen dafür, dass man gerne auf den Mittagsschlaf verzichtet.

In all diesen Jahren ist die Provence meine zweite Heimat geworden, und obwohl ich glaube alles zu kennen, lerne ich jedes Mal wieder Neues dazu. Je intensiver der Kontakt zu den Einheimischen wurde umso reichhaltiger wurden meine persönlichen Erfahrungen. Über Eigenheiten, die mir auffielen, konnte ich mich mit Franzosen, die mir fast vertrauter sind als die Nachbarn zu Hause, austauschen. Bücher über die Provence gibt es viele: Reiseführer, Bildbände, Kochbücher, Erzählungen.

Ein weiteres Buch über die Provence zu schreiben, die in Frankreich auch „Le Midi" genannt wird, ist eine Sache, ein Kochbuch zu schreiben eine ganz andere. Ich habe mich für die Kombination beider Themen entschieden.

Mein Buch soll mehr vermitteln als es ein „normales" Kochbuch kann. Es ist angereichert mit der Beschreibung wunderschöner provençalischer Landschaften, den für sie typischen Spezialitäten und verrät auch einige Geheimnisse dieses von mir so geliebten Landes und seiner Bewohner. Viele der Rezepte, die ich zusammengetragen habe, finden sich so in keinem Kochbuch. Sie stammen aus mündlicher Überlieferung innerhalb der Familie und werden auch heute noch auf die gleiche Weise zubereitet.

Ich möchte versuchen, all die Düfte und Aromen, von denen man in der Provence umgeben ist, auf Papier einzufangen und den Leser dorthin zu entführen. Wie wäre es mit einem kleinen Ausflug? Vielleicht folgen Sie mir beim Lesen gedanklich in die Provence mit all ihren Schönheiten, dem intensiven Duft nach Kräutern, der guten Küche und den gehaltvollen Weinen. Es würde mich freuen, wenn ich Sie dazu verführen könnte, dem Alltag den Rücken zu kehren und mich ins Land der Lebensfreude zu begleiten.

Beim Kochen der provençalischen Gerichte ziehen Düfte durch die Küche, die an Urlaub erinnern und fröhlich machen. Tauchen dann beim Essen mit Freunden gemeinsame Erinnerungen und sehnsüchtige Gedanken auf, ist nicht nur das Essen gelungen: wir haben die Stimmung eines Sommerabends mit gutem Essen im Süden eingefangen und für einen Moment zu uns nach Hause geholt.

Nun noch einige grundsätzliche Anmerkungen zu den Rezepten:

Wenn nichts anderes vermerkt ist, sind die Zutaten für vier Personen berechnet.

Wenn ich von Olivenöl spreche, meine ich damit grundsätzlich kalt gepresstes Olivenöl (*nativ* oder *vierge extra*).

Und nun viel Spaß beim Lesen, Freude beim Kochen und Genuss beim Essen.

DIE PROVENCE
„LE MIDI"

Midi ist die französische Bezeichnung für Mittag; bedeutet aber auch „Süden", damit ist Südfrankreich und natürlich auch die Provence gemeint.

Provence ist die Bezeichnung für eine Landschaft im Süden Frankreichs, dort, wo es statistisch mit 300 bis 320 Tagen die meisten Sonnentage gibt. Der Midi, wie ihn die Franzosen nennen, beginnt etwa 100 Kilometer südlich von Lyon, auf der Höhe von Valence und reicht bis zum Mittelmeer. Neun Departements gehören zur Region Provence-Alpes-Côte d'Azur.

Das nördlichste Departement heißt *Drôme*, seine natürliche westliche Grenze ist die Rhône. Auf gleicher Höhe – am gegenüberliegenden Rhône-Ufer liegt das Departement *Ardèche*, die westliche Grenze der Provence. Im Süden schließt sich das Departement *Gard* an, dessen bekanntester Teil die Camargue ist.

Überquert man von hier aus die Rhône wieder in östlicher Richtung, bildet die Vaucluse nördlich den Anschluss an Drôme. Die *Vaucluse* ist ein hügeliges Departement, geprägt von mehreren Höhenzügen. Am bekanntesten ist der Lubéron – eine landschaftlich reizvolle Gegend mit einem großen Regionalpark, dem Parc du Lubéron. Die Hauptstadt der Vaucluse ist Avignon, die Stadt mit dem Papstpalast und der aus dem Volkslied „Sur le pont d'Avignon" bekannten Brücke Saint-Bénézet.

Südlich schließt sich *Bouches-du-Rhône* mit den großen Städten Marseille, Arles und Aix-en-Provence an und reicht bis zur Mittelmeerküste. Bouches-du-Rhône ist das landschaftlich „sanfteste" Stück der Provence, die Höhenzüge der Alpilles, der Dentelles de Montmiraille und der Montagnettes bilden einen natürlichen Schutz für den „Obstgarten Frankreichs".

Östlich dieses Herzstückes der Provence liegt *Var*, Name des größten Flusses und gleichzeitig auch des Departements; eine Region, die ebenfalls im Süden vom Mittelmeer begrenzt wird. Auf mehr als 150 Kilometern reiht sich an der Küste ein bekannter Badeort an den nächsten (Le Lavandou, Cavalaire, St. Tropez). Kleinere Orte wie Sanary wurden berühmt, weil viele Künstler während des zweiten Weltkrieges hier im Exil lebten (Feuchtwanger, Thomas und Heinrich Mann).

Die Departements *Alpes Maritimes*, *Alpes-de-Haute-Provence* und *Hautes Alpes* reichen im Osten bis zur italienischen Grenze. Zu den Alpes Maritimes gehört der berühmte Küstenabschnitt der Côte d'Azur von Cannes bis Monte Carlo ebenso wie die teilweise mehr als 1 200 Meter hohen Gipfel der Seealpen. Alpes-de-Haute-Provence und Hautes Alpes sind das Lavendelland Südfrankreichs. Beide Departements liegen mehr als 600 Meter über dem Meeresspiegel und bieten damit das ideale Klima für den Lavendelanbau.

So unterschiedlich die einzelnen Regionen der Provence auch sind, eines haben sie alle gemeinsam: ihr ganz besonderes Licht, das von einer unbeschreiblichen Intensität und Klarheit ist und alle Farben zum Leuchten bringt.

Auf der Suche nach weiteren Gemeinsamkeiten der Landschaft wird man auf all den Ebenen fündig, die die Sinnesorgane ansprechen. Das Auge kann sich nicht satt sehen, an der Schönheit, die jede einzelne Gegend zu bieten hat. Im Sommer gleicht die Provence der Farbpalette eines Malers. Grüntöne sind in allen Schattierungen vorhanden, vom zarten, silbrigen Hellgrün der Olivenhaine bis zu den saftigen, dunklen Grüntönen der für die Landschaft so typischen Zypressen.

Goldgelbe Weizenfelder, rot und blau gesprenkelt von Mohn- und Kornblumen treten in Konkurrenz zu riesigen Sonnenblumenfeldern in warmen Gelbtönen und ganzen Hängen bedeckt mit blühendem Ginster.

Blauer als das Meer leuchten die Lavendelfelder, deren Farbgebung je nach Sonnenstand von hellem Blaugrau bis zu tiefen Violettönen variiert.

Auch in den unzähligen Obstfeldern findet sich eine vielfältige Farbenpracht. Mal schimmern goldfarbene Aprikosen durch die dunkelgrünen Blätter der Obstbäume, dann wieder leuchtend rot Kirschen, Nektarinen und Pfirsiche. Sonnengelbe Mirabellen, zartgrüne Reineclauden und tiefblaue Pflaumen ergänzen die Vielfalt. Nicht ganz so farbenprächtig gedeihen Äpfel, Birnen und Quitten, die neben Himbeeren, Erdbeeren und Brombeeren das vielseitige Obstangebot abrunden.

Eher unscheinbar reifen die gelb-grün gestreiften, saftig süßen Melonen unter ihrem hellgrünen Blätterdach heran. Zusammen mit einer Scheibe zartem Schinken und einem Gläschen Beaumes de Venise (honigfarbener Dessertwein aus dem Ort Beaumes de Venise, in der Nähe von Carpentras) zur Vorspeise, wird man diese Süße lange im Gedächtnis behalten.

Wer die Provence im Schnelldurchgang erleben möchte, sollte es nicht versäumen, an einem Markttag durch einen südfranzösischen Ort zu bummeln. Hier gewinnt man viele Eindrücke auf engstem Raum.

Unter schattenspendenden Platanen finden Sie fast alle kulinarischen Schätze der Provence. Wer zum Einkaufen hierher kommt, erliegt einer Versuchung nach der anderen, denn überall wird eine „Dégustation" gereicht.

An einem Stand gibt es Marmeladen in fast allen Farben und Geschmacksrichtungen zu probieren. Daneben wird hausgemachtes Olivenöl auf ein Stück Baguette geträufelt, damit Sie sich von der Qualität überzeugen können. Gegenüber werden in dreißig Fässern alle nur denkbaren Sorten von Oliven angeboten.

Während der Verkäufer ins Gespräch vertieft ist, ruft er den wartenden Kunden ein freundliches „Servez-vous" zu. Der Aufforderung, sich zu bedienen und dabei ausgiebig zu kosten, wird nur zu gerne gefolgt und schnell hat man doppelt so viele Säckchen gefüllt wie ursprünglich beabsichtigt.

Doch der Stand hat nicht nur Oliven zu bieten, sondern auch Nüsse, getrocknete Früchte, marinierte Gemüse und in Essig eingelegte Kirschen (Rezept S. 111), die als Vorspeise eine ideale Ergänzung zu einer „petit pâté de lapin", einer Hasenpastete sind.

Hier findet man auch den Metzger, der stolz wunderbare luftgetrocknete Würste und Schinken – selbstverständlich aus eigener Herstellung – präsentiert.

Warum eine der Wurstsorten „Jesus" heißt, ließ sich nicht zufriedenstellend klären.

Doch nicht nur Vegetation und Erzeugnisse des Landes bestimmen die Farbgebung der Provence. In der Gegend um Roussillon folgen die Farben der Ockerfelsen einer eigenen Gesetzmäßigkeit. Hier gibt es kaum einen Farbton zwischen weiß, gelb, rot und braun, der nicht vertreten ist. In kräftigem und wunderbarem Kontrast dazu steht das Grün der Pinien, die selbst in den kleinsten Felsritzen noch Platz zum Wachsen finden.

Die Nase kommt bei all dem auch nicht zu kurz. Überall schnuppert man im Juni den süßlichen Duft des sonnengelb blühenden Ginsters oder das würzige Aroma aller nur denkbaren Kräuter in der Mittagssonne. Was könnte ein Essen besser würzen, als selbst gepflückter Rosmarin, Thymian, Salbei oder Bohnenkraut mit ganz kleinen, harten Blättchen, das nur in der Haute Provence wächst?

In den Bergregionen verströmen die Pinien ihren schweren, wilden Duft nach Harz und ätherischen Ölen.

Und natürlich der einzigartige, betörend duftende Lavendel, der Anfang bis Mitte Juli in voller Blüte steht. Dann wandeln sich die Hügellandschaften der hochgelegenen Regionen der Vaucluse in ein Meer aus Blautönen aller Nuancen. Lavendel ist seit mehr als tausend Jahren bekannt. Er wird der selben Familie der ätherischen Pflanzen wie Rosmarin und Thymian zugeordnet, die untrennbar zur Provence gehören. Wer schon einmal am Rande eines Lavendelfeldes saß, wird diesen Duft nicht mehr vergessen – ebenso wenig wie das Summen und Brummen von Bienen und Hummeln, das lautlose Flattern farbenprächtiger Schmetterlinge und das eifrige Gekrabbel vieler kleiner Käfer, die sich geschäftig tummeln. Hierher kommt er, dieser unvergleichlich gute „miel de lavande" – der Lavendelhonig aus der Gegend um Sault.

Neben den schönen Dingen gibt es auch ein trauriges Thema im Zusammenhang mit der Provence zu erwähnen, die Waldbrände. Der Süden Frankreichs ist allein durch die natürlichen Gegebenheiten wie Trockenheit und Vegetation eine brandgefährdete Region. Fast in jedem Sommer ist von Waldbränden zu hören, die viele Hektar Natur vernichten. Abgesehen vom Leichtsinn der Menschen, achtlos brennende Zigarettenkippen aus dem Auto zu werfen, was zu verheerenden Bränden führen kann, gibt es noch andere Ursachen für den Ausbruch eines Feuers. Auch dafür sind meist Menschen verantwortlich, indem sie leicht entflammbaren Müll oder leere Glasflaschen in der Landschaft zurück lassen. Wenn die Sonne auf diese Glasscherben scheint, haben sie die Wirkung eines Brennglases und je nach der Beschaffenheit des Untergrundes kann dabei ein Brand entstehen. Wenn ich Glasscherben im Wald oder an anderen brandgefährdeten Stellen finde, sammle ich sie ein oder vergrabe sie.

In seltenen Fällen kommt es durch die hohe Konzentration ätherischer Öle zu einer Art Selbstentzündung.

Außer diesen „natürlichen" oder unbeabsichtigten Ursachen gibt es aber auch die vorsätzlichen Brandstiftungen, für die nicht immer nur Bodenspekulanten verantwortlich zu machen sind. Weit häufiger sind die Brandleger Pyromanen, denen es Spaß macht zu zündeln und die dann neugierig dem spektakulären Einsatz der Löschflugzeuge zusehen, deren Piloten mutig und oft in halsbrecherischen Aktionen die Brände bekämpfen.

Kriminelle Brandstifter werden meist in den Sommermonaten aktiv, wenn aus ihrer Sicht günstige Voraussetzungen vorliegen. Häufig wird dabei der Mistral ausgenutzt, ein durch das Rhônetal nach Süden wehender starker Wind mit Spitzengeschwindigkeiten bis zu 180 km/h – der den Boden austrocknet und das Feuer oft mehrere hundert Meter weit vor sich her treibt. Nicht selten reißt der Wind brennende Baumkronen von ihren Stämmen, wirbelt sie meterweit durch die Luft, bis sie an irgendeiner Stelle zu Boden fallen und dort ein neues Feuer entfachen. Der Mistral macht den Einsatz der Löschflugzeuge – Canadair genannt – noch gefährlicher.

Ich hatte 1999 gerade das Ferienhaus in den Alpilles verlassen, als wenige Tage später mehrere Feuer in der Gegend um Les Baux ausbrachen. Als ich im September zurückkam, erkannte ich die Landschaft kaum wieder. Die felsige Gegend fand ich besonders schön, weil die sattgrünen Pinien in so wunderbarem Kontrast zu den hellen Felsen und zum dunkelblauen Himmel standen. Nun waren alle Pinien verbrannt; nur schwarze Stümpfe ragten noch anklagend aus dem verkohlten Unterholz. Die hellen Felsen waren dunkel, geschwärzt von Ruß und Asche. Kein Geräusch war mehr zu hören, außer dem Wind, der durch die Baumruinen strich.

Wo im Sommer noch Vögel zwitscherten, Cigales (Zikaden, eine Grillenart) ohrenbetäubend laut um die Gunst der Weibchen warben und bunte Schmetterlinge flatterten, schien nun alles Leben vertrieben. Eine unheilvolle Stille hatte sich über das Land gelegt. Es wird viele Jahre dauern, bis hier wieder Pinien stehen …

In den letzten Jahren wurden viele präventive Maßnahmen ergriffen, um zumindest die Brandursachen und -schäden zu verringern. In den teilweise unzugänglichen Bergregionen haben die Kommunen Pfade angelegt, auf denen im Sommer die Beobachtungsfahrzeuge der Feuerwehr patrouillieren. Das trockene Unterholz, ein geradezu idealer Nährboden für die Brandausbreitung, wurde konsequent ausgedünnt. Brachflächen wurden mit Aprikosen- oder Olivenbäumen und Weinstöcken bepflanzt, da sie schwerer entflammbar sind und so eine wichtige Schutzfunktion für die Natur haben.

Manche Pflanzen, wie beispielsweise Korkeichen können sich – falls die Rinde nicht gerade zur Korkherstellung frisch geschält wurde – durch ihre Rinde weitgehend selbst schützen. Zwar verlieren sie ihre Blätter durch die Hitze und ihre Stämme fühlen sich nach einem überstandenen Brand wie Styropor an, doch sie überleben, und im nächsten Frühjahr treiben sie wieder neu aus.

Die Provence ist das Land des Lichtes, der Farben und Gerüche und vermittelt das, was ich unter Lebensfreude verstehe. Ihre Bewohner sind von heiterer, freundlicher

Wesensart und so schnell durch nichts aus ihrer Ruhe zu bringen. In manchen Dörfern scheint die Zeit stillzustehen.

Nachmittags sitzen die Frauen im Schatten der riesigen Platanen auf Klappstühlen auf dem Bürgersteig, strickend ins Gespräch vertieft. Auf der anderen Straßenseite sitzen die dazugehörigen Männer im „Café" und nippen an ihrem Pastis oder spielen im „Boulodrome", einem schattigen zentral gelegenen Platz, in aller Seelenruhe eine Partie Boule. Das Klicken der Metallkugeln ist das einzige Geräusch, das zu hören ist. Boule ist ein Spiel für die Seele, das mit viel Hingabe und Leidenschaft gespielt wird und sich, Partie für Partie, über einen ganzen Nachmittag ziehen kann. Die Regeln erscheinen einfach, Technik und Spieltaktik müssen trainiert werden. Zu Spielbeginn wird eine kleine Holzkugel – genannt *cochonnet* (Schweinchen) – sechs bis zehn Meter von der Abwurfstelle entfernt geworfen. Die Mannschaft, die ihre Kugeln dem Schweinchen am nächsten platziert, hat den Punkt gemacht. Es gibt zwei Möglichkeiten, die eigene Kugel ins Spiel zu bringen. Entweder versucht man, sie gefühlvoll nahe ans cochonnet „zu legen", oder schießt mit der eigenen Kugel die gegnerischen Kugeln aus der punktbringenden Position. Das sind die gefürchteten Würfe, die wie eine Bombe einschlagen und dem Spiel eine neue Wendung geben. Vor jedem Wurf muss neu überlegt und diskutiert werden, welche Taktik die gewinnbringende sein könnte: legen oder schießen.

Einer alten Sitte nach, mussten die Verlierer "die Fanny küssen". Der Legende nach war Fanny ein kurvenreiches Mädchen aus Lyon, mit einem Hintern, so breit wie ein Bidet. Sie schaute den Spielern zu, hob für die Verlierer ihren Rock und

zeigte ihr nacktes Hinterteil, das die Verlierer küssen mussten. In fast jeder Boule-Bar hängt noch heute eine Karikatur der Fanny mit erhobenem Rock und der Aufforderung: „Baiser la Fanny!" (küss die Fanny).

Das „Boulodrome" ist übrigens immer in der Nähe einer Bar, schon allein, um den Nachschub an einem „petit rouge" oder Pastis zu gewährleisten und um danach das Spiel an der Theke nochmals gründlich wort- und gestenreich zu analysieren.

Reden und gestikulieren können sie, die Provençalen. Das geht allerdings nur, wenn sie beide Hände frei haben. Einkaufstaschen werden daher sofort abgestellt und dann beginnt die Unterhaltung mit weit ausholenden Gesten, begleitet von diesem herrlichen Singsang ohne Nasallaute – das ist die Sprache des Midi. Hier wird aus einem „pain" ein „päng" (Brot), „vin" wird zu „wäng" (Wein) und dann gibt es hier auch „räsäng sang pepäng" (Trauben ohne Kerne – raisin sans pepins). Wer glaubt, dass der Händler auf dem Markt, wenn er zwanzig oder vierzig Francs zu bekommen hatte, dies auch so artikulierte, der musste sich umstellen: hier hieß es wäng oder karante Frangs …

Besonders zärtlich klingt die Aussprache, wenn an bestimmte Worte – meist an die mit einem hellen Vokal endenden – noch ein sanft gehauchtes und in die Länge gezogenes „che" angehängt wird. Als ich zum ersten Mal eine Verkäuferin „s'il vous bläche" (bitte) sagen hörte, dachte ich, das arme Mädchen habe einen Sprachfehler, der sich auch bei dem kurzen Wort „merciche" (merci – danke) bemerkbar mache. – Mit besser geschultem Ohr hörte ich, dass auch der Nachrichtensprecher von „Mercrediche" (mercredi – Mittwoch) sprach.

Die Lebensfreude der Provençalen zeigt sich besonders in ihrer Fähigkeit zu genießen. Wer genießen will, braucht Zeit. Es ist daher keine Seltenheit, dass Mahlzeiten mehrere Stunden dauern. Begonnen wird stets mit einem Aperitif – liebevoll „apéro" genannt. Hinter dem Begriff Aperitif verbirgt sich nur im Restaurant der Drink vor dem Essen. Wird man privat zu einem Aperitif eingeladen, ist das ein Zusammentreffen, das sich über Stunden hinziehen kann. Daher werden auch immer kleine Knabbereien dazu gereicht (Kapitel „Aperitif"). Je nach Stimmung kann es auch vorkommen, dass eine Einladung zum Abendessen ausgesprochen wird – man muss einfach Zeit mitbringen.

Somit bin ich beim wichtigsten Thema angekommen: dem Essen. Selbst die einfachste Mahlzeit hat drei bis vier Gänge. In jedem Fall gibt es eine Vorspeise, der dann ein mehr oder weniger aufwändiges Hauptgericht – die „plat principal" – folgt. Daran schließen sich Käsegang und Dessert an. Zum Abschluss wird noch ein Kaffee gereicht – „express" oder auch „petit noir" genannt, dem noch ein „pousse-café", ein Gläschen Schnaps oder Likör folgen kann.

Nach einem üppigen Essen kann als Digestif (anstelle von Alkohol) auch eine „infusion" gereicht werden, ein frisch gebrühter Kräutertee aus Verveine (Eisenkraut; verbena officinalis, nicht zu verwechseln mit Zitronenverbene), die wahre Wunder bewirkt.

Ein gemeinsames Essen ist eine gute Gelegenheit festzustellen, dass Provençalen wahre Genießer und begeisterte Esser sind; selbst bei den Mahlzeiten wird von den guten Dingen des Lebens, allen voran dem Essen, gesprochen.

Bevor wir nun „in medias res" gehen und richtig zu kochen beginnen, möchte ich noch einige Besonderheiten, die die Gerichte abrunden – wie Kräuter oder Olivenöl – und auch ein paar kulinarische Spezialitäten der Provence vorstellen.

KRÄUTER UND GEWÜRZE – ÉPICES

Die meisten Kräuter werden bis auf wenige Ausnahmen (Basilikum, Kerbel, Minze) getrocknet und nicht frisch verwendet. Ihr Aroma ist im getrockneten Zustand milder.

Kräuter und ihre Beschreibung

BASILIKUM
frz: basilique – Basilikum ist ein Kraut, das schon im Mittelalter im Mittelmeerraum verbreitet war. Es wird auch „Balsam der Provence" oder „königliches Kraut" genannt. Von den verschiedenen Basilikumarten haben die kleinblättrigen den intensivsten Geschmack.

Verwendung
frisch oder getrocknet

passt zu
Salaten, Gemüsesuppen, Eintöpfen (soupe au pistou, S. 120) oder zu Tomaten mit Ziegenkäse oder Mozzarella. Basilikum ist Hauptbestandteil von „pesto" (pistou).

BOHNENKRAUT
frz: sarriette – auch Eselspfeffer oder Winter bzw. Bergbohnenkraut genannt, schmeckt wie eine Mischung aus Thymian, Minze und Pfeffer

Verwendung
getrocknet

passt zu
angemachtem Ziegenkäse (S. 97), Omelette (S.98), Kaninchen (S. 135), Wildschweinbraten (S. 140), Kalbsbraten (S. 145)

BOUQUET GARNI
Sträußchen aus getrocknetem Lorbeer, Thymian, Rosmarin

ESTRAGON
frz: estragon – Die frischen Blätter würzen Fleisch- und Fischgerichte und geben der berühmten Sauce Béarnaise ihren typischen Geschmack. Getrockneter Estragon wird verwendet zu

passt zu
Omelette, gebackenem Fisch, Huhn in heller Sauce, Kaninchen, Kalbsbraten und Lammkeule.

FENCHEL
frz: fenouil – Fenchel ist eine im Geschmack dem Anis sehr ähnliche Pflanze, die teilweise wild wächst und bis zu 1,5 m hoch wird. Fenchel ist reich an ätherischen Ölen und enthält die Vitamine A, B und C. Stängel, Wurzel, Samenkörner und

	Blätter sind essbar. – Fenchelsamen ist zur Herstellung von Pastis unentbehrlich.
Fenchelknolle	wird roh, in feine Streifen geschnitten, als Rohkost (crudités) zusammen mit Möhren, Radieschen, Blumenkohl und Chicorée zu einem Dip gegessen, oder dient als Füllung oder Beilage zu gegrillten Fischen.
Samenkörner	werden fein gerieben oder im Ganzen zum Abschmecken von Süßspeisen oder Kuchen verwendet und sind ein wichtiger Bestandteil der „Kräuter der Provence".
Wurzeln	werden getrocknet auf dem Markt angeboten und können ebenso wie die Samenkörner als Tee aufgebrüht werden (20–30 g pro Liter Wasser, 10 Minuten ziehen lassen).
KERBEL	*frz: cerfeuil* – frischer Kerbel ist ein sehr geschmacksintensives Kraut, dessen Aroma leicht an Anis oder Fenchel erinnert. Wie Basilikum und Minze sollte auch Kerbel nicht mitgekocht werden, da Wärme die ätherischen Öle zerstört.
passt zu	Omelette, gegrilltem Fleisch und Fisch, zu Suppen, Saucen, Eierspeisen oder Mayonnaise.
KNOBLAUCH	*frz: ail* — ihm gebührt ein besonderes Loblied! Was wäre die mediterrane Küche ohne Knoblauch? Er sollte dennoch in Maßen verwendet werden, denn leicht erschlägt er – besonders bei Kaltspeisen – den Eigengeschmack oder übertönt die anderen Zutaten. Eine Messerspitze Knoblauch sollte dann auch wirklich nur in der Menge verwendet werden, die auf einer Messerspitze Platz hat.

Es gibt (vom vertrockneten Supermarkt-Knoblauch im Dreier-Pack einmal abgesehen) weißen, rosa und violettfarbenen Knoblauch. Je dunkler er ist, desto kräftiger ist sein Aroma. Sowohl der erste zartrosa Frühlingsknoblauch als auch der weiße sind milder als violetter Knoblauch.

Neuerdings wird auch geräucherter Knoblauch verkauft, der sich ein bis zwei Jahre halten soll. In jedem Fall sollte man Knoblauch, den man lagern möchte, im Herbst kaufen und ihn dann an einem luftigen Ort hängend aufbewahren. Dazu eignet sich am besten ein großer Knoblauchzopf, den man aus dem Urlaub mitbringt. Entfernt man den kleinen grünen Keim, soll Knoblauch leichter zu verdauen sein.

Knoblauch kann mit der Schale in der Knoblauchpresse gepresst werden (sie lässt sich dann leichter säubern). Vielen Gerichten können die Zehen ebenfalls ungeschält beigegeben werden. Wer sie mitessen möchte, kann die weichgekochte Paste auf ein frisches Baguette streichen, das ist eine delikate Beilage.

Besonders ergiebig ist eine Knoblauchzehe, die beispielsweise in einer Vinaigrette verarbeitet wird, wenn der gepresste Knoblauch mit einem Löffel in der Salatschüssel zerdrückt und mit Salz zu einer Paste verrührt wird.

KRÄUTER DER PROVENCE

frz: herbes de Provence – eine Kräutermischung die nahezu alle in der Provence wachsenden Kräuter enthält. Fertige Mischungen sind meistens auf 2-4 verschiedene Kräuter beschränkt. Immer enthalten sind Rosmarin und Thymian, die übrigen Kräuter variieren. Der eine Händler mischt Basilikum und Majoran bzw. Oregano hinzu, der nächste Bohnenkraut, Fenchel und Lavendel. Durch den hohen Gehalt an ätherischen Ölen wirken Kräuter der Provence appetitanregend und verdauungsfördernd.

passt zu

Salaten und Saucen (hierzu werden die Kräuter im Mörser fein zerrieben und zur Vinaigrette gegeben, so kann sich ihr Geschmack voll entfalten), Eintöpfen, Suppen und Gemüsegerichten (erst zum Schluss zufügen, damit sich ihr Aroma beim Kochen nicht verflüchtigt), Braten und Gegrilltem (die Kräuter zum Öl geben, mit dem das Fleisch bestrichen wird), Marinaden (Kräuter der Provence mit Knoblauchzehen, Salz, Pfeffer und Öl mischen und das Fleisch oder das Gemüse mehrere Stunden, besser über Nacht, darin einlegen).

LAVENDEL

frz: lavande – Lavendel ist neben Rosmarin und Thymian die typische Pflanze der Provence. Die Blüten werden überwiegend zur Herstellung von Duftessenzen, Seifen und Parfums benötigt. Die getrockneten Blüten legt man zum Fernhalten der Motten in die Wäsche. In der Küche werden meist nur die Blüten – und auch in nur ganz geringen Mengen – verwendet.

passt zu

Suppen, Salaten und Fleischgerichten. Getrocknete Blüten runden eine Mischung von Kräutern der Provence ab oder geben einem Feigendessert eine würzige Note (Seite 180)

LORBEER

frz: laurier – Lorbeerblätter sollten nur in geringer Dosis am besten frisch und immer im Ganzen verwendet werden. Erwischt man zuviel oder zerbröselt man die Blätter, schmeckt er bitter.

passt zu

Schmorgerichten, Eintöpfen, herzhaften Suppen, Wildragout, Pasteten, provençalischen Gemüseeintöpfen, Marinaden und Kalbsschnitzel mit Echalotten (S. 145).

MINZE

frz: menthe – Die Blätter werden frisch zu Salaten verwendet, passen ideal zu verschiedenen Früchten (Erdbeeren, Melonen) und sind die krönende Würze eines Taboulé (S. 116).

passt zu

Tomaten, Eis, Erdbeeren oder Roter Grütze

ROSMARIN

frz: romarin – Die Römer nannten ihn „rose maris" und dachten, er schenke ewige Jugend. Frischer Rosmarin sollte sparsam verwendet werden, da er sehr aromatisch ist. Ein Zweig genügt, um einer Pfanne mit Bratkartoffeln ein sehr würziges Aroma zu geben. Verschwenderischer kann man damit umgehen, wenn man einige Zweige ins Grillfeuer legt; das duftet herrlich und gibt eine milde Würze. Gegrillte Fische erhalten ein interessantes Aroma, wenn man in jeden Fisch ein bis zwei Zweige Rosmarin steckt.

passt zu

Gemüsegerichten, Lamm, gegrilltem Fleisch oder Fisch und Marinaden, wobei nur die Nadeln verwendet werden.

SALBEI

frz: sauge – Salbei wird antiseptische Wirkung nachgesagt. Zu Zeiten der Pest rieben sich Plünderer am ganzen Körper mit Salbei ein, um sich vor Ansteckung zu schützen.

passt zu

gegrilltem Fleisch, Sauce Carbonara, Gnocchi (mit Salbeibutter), Kalbsbraten, Kartoffelgerichten, Fischsuppe und gedünstetem Fisch

THYMIAN

frz: thym – Thymian ist sparsam zu verwenden, weil sein starkes Aroma leicht andere Gewürze übertönt.

passt zu

Tomatensalat, Tomatensauce, Braten, Gegrilltem, Lamm, Kalb, Wild und Pasteten

Hustensaft aus Thymian

Unsere Mutti hat uns Kindern immer einen Zaubertrunk gemacht, der Husten linderte: 3 Tassen Wasser mit 3 TL getrocknetem Thymian zum Kochen bringen, auf eine Tasse einkochen lassen und durchsieben. 100–150 g braunen Kandiszucker in dem noch warmen Saft auflösen, und wenn er abgekühlt ist, eine Zitrone hineinpressen (wegen der Vitamine). Mehrmals täglich jeweils zwei bis drei Esslöffel eingenommen, wirkten wahre Wunder. Dieser Saft schmeckte so gut, dass wir es immer bedauerten, wenn der Husten wieder abklang.

WACHOLDER	*frz: genévrier* – Wacholder wächst überall in Südfrankreich. In der Küche finden Wacholderbeeren überwiegend in Marinaden Verwendung.
passt zu	Schmorfleischgerichten in Rotweinsauce, Wild, Pasteten, Kartoffeleintopf, Marinaden

Das im Zusammenhang mit Minze erwähnte **Taboulé** ist ein Kaltgericht maghrebinischen Ursprungs, das im Süden Frankreichs weit verbreitet ist und zur Vorspeise gegessen wird.

Die Grundlage des Taboulé ist Hartweizengrieß, der mit einer Sauce aus Tomaten, Zwiebeln, Olivenöl und Kräutern zubereitet wird. Verschiedene Hersteller bieten es als Fertigmischung (in Frankreich in jedem Supermarkt, in Deutschland bei Weinhändlern, die französische Spezialitäten führen) an.

In jeder Packung befindet sich ein Beutelchen Hartweizengrieß und separat in einem Glas die Sauce dazu. Die Zutaten werden kurz in einer Schüssel miteinander vermischt, 30 Minuten im Kühlschrank durchziehen lassen und kalt, mit Minzeblättern, frischen klein geschnittenen Tomaten und Gurken angerichtet, serviert.

Wer es selbst zubereiten möchte, findet das Rezept im Kapitel „Vorspeisen und Salate".

Herzlichen Glückwunsch zum Geburtstag

SÜSSE DELIKATESSEN

Lavendelhonig - Miel de lavande

Etwas ganz Besonderes ist der unvergleichlich gute „Miel de lavande" aus der Hochprovence, der in dieser Qualität in keinem Delikatessengeschäft angeboten wird. Ausgezeichneten Lavendelhonig gibt es auf den Wochenmärkten von Arles, Nizza oder St. Rémy zu kaufen. Besonders zu empfehlen sind die Honige von Marie-Jane GANACHON, genannt „Mimi". Sie finden ihren Stand mittwochs auf dem Markt von St. Rémy, direkt am Rathaus. Mimi bieten Ihnen Thymian-, Rosmarin- und Lavendelhonig in feinster Qualität an. Mimi ermuntert mich, die Honigsorten à la provençale auszusprechen, und wir üben gemeinsam: miel de „lavande", miel de thäng und miel de romareng weich, provençalisch und ohne Nasallaut auszusprechen. Meine Frage, wie in St. Rémy eigentlich reiner Lavendelhonig herzustellen ist, beantwortet sie gerne und verblüfft mich damit völlig: sie fährt ihre Bienen im Frühjahr mit dem Auto in die Haute Provence, wo sie die riesigen Lavendelfelder bestäuben und dabei diesen wunderbaren Honig „produzieren". Man ist gut beraten, den Honig direkt beim Erzeuger zu kaufen.

Ein echtes Erlebnis ist es, zu den „Lavendelbauern" in der Haute Provence, dem „Pays de Sault" oder in der Gegend um Banon zu fahren. Dieser Honig ist von einem zarten Hellgelb, eher zäh als dünnflüssig und selten klar und durchsichtig. Am besten folgt man den kleinen Holztäfelchen mit der Aufschrift „miel", direkt an der Straße (D 22, ab Rustrel D 30), die von Apt nach St.-Christol führt. Rechts und links der Straße finden sich Bauernhöfe, wo der Honig direkt von den Herstellern verkauft wird.

In der Gemarkung Simiane la Rotonde entdeckte ich den Hof von André Cassan. Kurz bevor die Straße (D 30) auf knapp zwölfhundert Metern Höhe ein kleines Hochplateau erreicht, zweigt ein steiler Weg nach rechts ab und führt direkt zum Hof. – Man darf sich nun nicht vorstellen, dass es sich bei diesem oder auch den anderen Höfen um durchgestylte und mit allen technischen Raffinessen versehene „landwirtschaftliche Betriebe" handelt, wie man sie aus Deutschland kennt. Manchmal führen Wege mit tiefen Schlaglöchern, die für tiefergelegte Sportwagen ungeeignet sind, von der Straße steil hinunter zu einsam gelegenen Häuschen auf uneingezäunten Grundstücken.

Vor dem Haus lungert eine Horde Hunde herum und läuft dem Besucher schwanzwedelnd und freundlich bellend entgegen. Man könnte sie leicht für Mischlingshunde halten, diese hellbraun-weiß gefleckten Hunde, aber weit gefehlt! Es sind ausgezeichnete Jagdhunde, sogenannte „Epagneuil".

In einem Freigehege kratzen aufgeregt einige Hühner und neben ihrem Stall, am Ast eines Kirschbaums, hängt ein Gestell, das aussieht wie ein Vogelkäfig. Bei näherem Hinsehen offenbart sich, dass es sich um eine Vorrichtung zum Trocknen von Ziegenkäse handelt. Zwischen den Stäben des Gestells ist ein dünnes Drahtgeflecht angebracht, um die Käse vor Fliegen zu schützen.

Der Bauer verrät mir bei einer Geschmacksprobe des Honigs, dass er jährlich nur 160 kg Lavendelhonig produziert. Seinen Honig wird man auf den Märkten der Umgebung vergeblich suchen. Er verkauft das Gold der Bienen nur auf seinem Hof. Dabei räumt er ein, dass es kein ganz reiner Lavendelhonig ist, den gibt es eigentlich gar nicht. Es seien immer auch „quelques petits fleurs à côté" dabei, kleine Blümchen, die am Rande des Feldes wachsen. Die Bienen bringen halt auch davon immer etwas mit, sagt er und lächelt verschmitzt.

In der Nähe von Banon, an der nach Sault führenden D 950, entdeckten wir den Hof von Gérard Burcheri außerhalb von Redortiers. Der zum Hof führende Weg zweigt etwa zwei Kilometer hinter Banon, mitten in einer Linkskurve von der Straße ab und führt steil bergauf zum Hof. Von hier oben hat man einen wunderbaren Blick über unzählige Lavendelfelder. Die Tür zu einem hübsch ausgestatteten Verkaufsraum ist einladend geöffnet.

Intensiver Lavendelduft umgibt uns. In einem Jugendstilbuffet sind die diversen Honigsorten hübsch arrangiert, ebenso verschiedene Lavendelessenzen. Wir sind völlig überrascht als uns Madame Burcheri auf deutsch antwortet. Sie stammt aus dem Elsass. Dort lernte sie während des Krieges ihren Mann kennen und folgte diesem in seine mediterrane Heimat, was sie, wie sie bekräftigt, bis heute nicht bereut hat. Kurze Zeit später kommt auch Monsieur dazu. Er hatte sich gewundert, wo seine Frau so lange bleibt und wollte nach dem Rechten sehen. Stolz zeigen sie uns ihre reichhaltige Honigauswahl: miel de chataîgne (Kastanie), miel de thym (Thymian), miel d'acacia (Akazie) und natürlich Lavendelhonig. Uns fallen winzige Gläschen auf, in denen etwas Dunkles eingelegt ist. Wir hatten richtig vermutet: Trüffel! Madame Burcheri verrät uns ein einfaches Rezept, wie sie den wunderbar erdigen Geschmack der Trüffel am liebsten mag – als Omelette. Wir disponieren unser Abendessen sofort um …

Auch die Lavendelessenzen stammen aus eigener Herstellung. Mit einer alles umfassenden Handbewegung deuten die beiden auf ihre umliegenden Lavendelfelder und zeigen uns ihre neue Destillieranlage.

Lavendelhonig eignet sich übrigens nicht nur als Brotaufstrich, sondern ergänzt auch in wunderbarer Weise eine **Vinaigrette**.

Eine ganz besondere Delikatesse ist selbstgemachtes **Lavendelhonigeis**. Diese Köstlichkeit war der krönende Abschluss eines gelungenen Essens in einem kleinen provençalischen Restaurant in Maussane Les Alpilles. Weil ich so begeistert war, verriet mir der Koch ein Rezept, das sich ganz einfach verwirklichen lässt (siehe Kapitel „Sorbets und Fruchtsaucen").

Feines Gebäck – Confiserie

Kuchen nach deutscher Art gibt es in Südfrankreich nicht. Man kreiert dort in der „Confiserie" keine riesig dimensionierten Buttercreme- oder Sahnetorten in mehrstöckigen Ausfertigungen. In der Provence liegt die Kunst im Detail: klein aber fein! Zwei Arten lassen sich grob unterscheiden, die kleinen Obstkuchen in der Größe eines winzigen Tortenförmchens und die gehaltvolleren Kuchen, wie „Tarte au citron" (Zitronentörtchen), „Tarte aux amandes" (mit Mandeln oder Pinienkernen), „Éclairs" mit Schokolade- (au chocolat) oder Kaffeegeschmack vielleicht auch „babas au rhum" (kleine runde in Rum getränkte Kuchen).

Jede Confiserie hat ihre eigenen Rezepte, keine Tarte schmeckt wie die andere, jede hat ihre individuelle Note. Ich sehe mit Verwunderung, dass Obsttörtchen nicht zwingend aus dickem Biskuitteig, wenigen Früchten und einer dicken Schicht Tortenguss bestehen müssen. Der französische Konditor streicht auf den zarten

Mürbeteig einen hauchdünnen Vanille- oder Nussbelag, auf dem er dann die Früchte arrangiert. Den Abschluss bildet ein transparenter dünner Guss oder eine hauchdünne Schicht Puderzucker. Dieser Künstler verfügt auch über die Gabe, auf einem winzigen Törtchen von ca. 6 cm Durchmesser sage und schreibe acht (nicht halbierte) Erdbeeren oder die doppelte Menge Himbeeren zu platzieren. Selbst auf der kleinsten „Tarte aux fruits" findet sich genug Platz für eine Früchtekomposition aus Nektarinenstreifen, Kiwischeiben, einem Stückchen Birne und Erdbeeren oder Himbeeren. Wenn man es nicht selbst gesehen hat, hält man es nicht für möglich, dass so viel Obst auf einem solch kleinen Törtchen Platz finden kann. Und das Ganze hält ohne leimartigen Tortenguss nur durch die dicht gelegten Früchte.

Die typisch deutsche Kaffeestunde ist in Frankreich weitgehend unbekannt, daher werden die süßen Zauberwerke oft als Dessert gereicht. Stammt die „Tarte" aus dem eigenen Backofen, wird sie lauwarm verzehrt.

Stellvertretend für unzählbar viele Rezepte habe ich einige ausgesucht, die einfach zuzubereiten sind und vielleicht auch die eigene Kreativität anregen. Die Rezepte sind im Kapitel „Desserts und Kuchen" beschrieben.

Bei einem Bummel durch St. Rémy auf dem Boulevard Victor Hugo entdeckte ich den kleinen Laden „Le Petit Duc". Es gibt Süßes und Salziges in allen Geschmacksrichtungen zu kaufen. Eine große Auswahl von herzhaften Backwaren wie Käsegebäck oder mit Kräutern gewürzte Kekse ist nur dem Aperitif gewidmet.

Neben Schokolade sind auch die verschiedenen süßen Gebäcksorten, wie Calissons, heller und dunkler Nougat und weitere Spezialitäten aus Mandeln nach überlieferten Rezepten handgefertigt. Der Chef verbürgt sich mit seinem guten Namen für die ausgezeichnete Qualität seiner Produkte, die nur aus natürlichen Zutaten ohne künstliche Inhalts- oder Geschmacksstoffe und ohne Konservierungsmittel hergestellt sind. Im Internet ist der Hersteller unter *www.petit-duc.com* zu finden, dort ist allerdings nur eine begrenzte Auswahl, die sich zum Verschicken eignet, zusammengestellt.

Für die Herstellung von Nougat, einer Spezialität aus (Lavendel)Honig und Mandeln ist Montélimar, die „Nougatstadt" bekannt.

Das Geschäft von André Boyer, einem „Maître Nougatier" in Sault, in der Vaucluse ist einen Besuch wert. Das Familienunternehmen besteht seit 1887. Seit mehr als hundert Jahren wird es vom Vater an den Sohn weitergegeben. Die Fabrikationsstätte – „Les Ateliers" würde Monsieur Boyer es wohl eher nennen – finden Sie an der Hauptstraße, in der Ortsmitte von Sault am Place de l'Europe. Dem Atelier angeschlossen ist der hübsch ausgestattete Laden.

Neben weißem Nougat stellt der Maître auch schwarzen Nougat her. Die dunkle Farbe erhält er durch das Karamellisieren des Zuckers. Feinschmecker behaupten, dass der dunkle noch delikater sei als der weiße.

Im Internet lassen sich unter www.provenceguide.com weitere Informationen und Bezugsadressen finden.

Bei André Boyer selbst kann man telefonisch (0033 4 90 64 00 23) oder per Fax (0033 4 90 64 08 99) bestellen, er verschickt seine Spezialitäten ins Ausland.

Calisson d' Aix

Die kleinen rhombusförmigen Leckereien werden seit hunderten von Jahren in Aix-en-Provence hergestellt. Dieses Konfekt soll zum ersten Mal bei König René, der in Aix lebte und regierte, anlässlich seines Hochzeitsdiners 1473 auf den Tisch gekommen sein.

Im großen Stil wurden die Calisson erst ab dem 19. Jahrhundert hergestellt; heute

gibt es ca. 20 Fabrikationsstätten. Weder an der Form noch am Rezept soll sich bis heute etwas geändert haben.

Zwischen zwei Oblatenblättchen, die mit hellem Zuckerguss verziert sind, ist die zartgelbe weiche Paste aus süßen Mandeln und Melonen (aus Cavaillon), die mit Orangen und Fruchtsirup abgeschmeckt ist, eingebettet. Zu kaufen gibt es Calissons auf jedem größeren Markt und natürlich in jedem Supermarkt der Provence oder in einer der Fabriken in Aix aber auch in der „Liquoristerie de Venelles". Diese findet man in dem kleinen Ort Venelles, ca. 10 km nördlich von Aix-en-Provence. Die Fabrik liegt unmittelbar am Ortseingang.

Schokolade und andere Leckereien - Gourmandises

Besonders Disziplin muss ich mir auferlegen, wenn ich einen Laden entdecke, in dem der „Chocolatier" seiner Kunst nachgeht. Neben Törtchen und süßem Gebäck hält er besondere Leckereien, oder besser gesagt, wahre Kunstwerke aus hausgemachter Schokolade bereit. Die kleinsten Häppchen bergen die größten Überraschungen. Halb so groß wie ein Apfel stehen die Heimsuchungen in Reih und Glied in den Vitrinen. In heller oder dunkler, weißer oder zartbrauner Schokoladenhülle steht eine süße Sünde neben der anderen. Besonders liebe ich die kleinen Kalorienbomben, bei denen

in einem stabilen Ring aus Schokolade, mousse au chocolat und filetierte Orangenscheiben darauf warten, mich in Versuchung zu führen.

Ebenfalls auf dem Boulevard Victor Hugo in St. Rémy zieht mich in jedem Urlaub der wunderschöne Laden von Joël Durand, dem bekannten Chocolatier, magisch an. Jedes Mal gibt es etwas Neues zu entdecken. Hingen die nostalgischen Schwarz-Weiß-Fotos im letzten Sommer auch schon im Laden? Und das Prachtstück von Herd! Es erinnert an die Kindheit – ob er noch funktioniert?

Im Schaufenster sprudelt eine Fontäne aus Schokolade, und wenn man sich die Nase an der Scheibe platt drückt, kann man auch von außen die Schokoladenherstellung beobachten.

Die handgefertigten Pralinen haben es uns besonders angetan. In dunkle Schokolade gehüllt gibt es 32 außergewöhnliche Füllungen mit einer Spur Rosmarin, Thymian, Pfeffer, Lavendel, Ingwer, Nelken aber auch Mokka, Karamell, Honig oder Kaffee. Um die Bestellung zu erleichtern, liegt im Laden ein mehrsprachiges Verzeichnis bereit, das die Zutaten der Pralinen, die mit den Buchstaben von A–Z bezeichnet sind, beschreibt. Das „ABC der Genüsse" ist um Symbole erweitert worden, da für die vielen Kreationen die 26 Buchstaben des Alphabets nicht mehr ausreichten. Die Buchstaben und Symbole finden sich auf den Pralinen wieder. Hinter dem Buchstaben „H" verbirgt sich beispielsweise eine Füllung aus schwarzer Schokolade mit Nelken und frischer Zitronenschale – eine von vielen gelungenen Kompositionen.

Monsieur Durand erzählt mir, dass ihn das Experimentieren mit Schokolade immer wieder begeistere. Neue Geschmacksrichtungen zu erfinden, mache ihm jeden Tag aufs Neue viel Vergnügen; Pausen einzulegen falle ihm schwer. Die Freude, die er bei seiner Arbeit findet, möchte er mit seinen Kunden teilen, wenn sie seine Produkte genießen. Das sei für ihn ein großes Glück, sagt er. Zur Olympiade 2008

kreierte Joël Durand zwei neue Geschmacksrichtungen: Earl Grey und grüne Minze. Die Füllung ist leuchtend grün und sehr erfrischend: „Kein Vergleich mit den bekannten Schoko-Minze-Pralinen", versichere ich ihm. Allein bei der Nennung des Herstellers sausen seine Augenbrauen nach oben und kehren erst wieder in die Ausgangsstellung zurück, als ich betone: *„Kein* Vergleich!"

Mir fällt auf, mit welcher Freude, mit wie viel Stolz und großem Einfallsreichtum die Geschäftsleute – ob Bäcker, Metzger, Konditor, Käse- oder Olivenölhersteller – ihrer Arbeit nachgehen und ihren Beruf

als Berufung verstehen. Joël Durand ist kein Einzelfall; es erfülle ihn, versichert er, seine Dienste an 7 Tagen in der Woche anbieten zu können, sonst hätte er diesen Beruf nicht gewählt. „C'est ma passion", fügt er hinzu. Das Angebot seines von der Zeitschrift „Feinschmecker" ausgezeichneten Ladens hat Joël Durand um weitere „Gourmandises", darunter exzellente Konfitüren aller denkbaren Fruchtkombinationen, erweitert.

Im Internet ist Joël Durand mit seinen Spezialitäten, unter www. chocolat-durand.com zu finden. Er verschickt seine Waren auch nach Deutschland.

Kandierte Früchte – fruits confits

Die größte Auswahl an kandierten Früchten findet man in Apt. In der Fußgänger-zone der Altstadt gibt es mehrere Confisserien, in denen das gesamte Obstangebot der Provence in dieser konservierten Form dargeboten wird.

Auf Wunsch bekommen Sie dort ganze Obstkörbe zusammengestellt. Kleinere Früchte bleiben in ihrer authentischen Form erhalten, größere Obstsorten, wie Melonen oder Ananas, sind in Streifen oder Scheiben geschnitten. Kandierte Früchte sind im Gegensatz zu Geleefrüchten Natur pur. Sie werden in Zucker oder Zuckersirup eingelegt, wobei ein Austausch zwischen dem in der Frucht enthaltenen Obstsaft mit dem Zucker erfolgt. Der Zucker entzieht bei diesem Konservierungs-prozess der Frucht das überschüssige Wasser und ersetzt dieses.

Marmeladen

Im Obst- und Gemüseland Frankreich wird man von einem überaus reichhaltigen Angebot an Marmeladen und Konfitüren überrascht. Es gibt anscheinend keine Obstsorte, die sich nicht zu Marmelade verarbeiten lässt. Auf dem Markt in St. Rémy de Provence stieß ich auf einen kleinen Stand, an dem ein Dutzend unter-schiedliche Geschmacksrichtungen angeboten wurde.

Der Deckel eines jeden Glases war liebevoll mit einem Stückchen provençalischen Stoffes verziert, und ich konnte mir vorstellen, dass Madame gerade eben erst aus ihrer Küche hier auf den Markt gekommen war, um ihre kulinarischen Genüsse feilzubieten.

Von jeder Sorte war jeweils ein Glas einladend geöffnet, damit die Kunden sich zunächst vom Duft betören lassen konnten. Auf kleinen Weißbrotschnittchen gab es Kostproben – von denen fast jede die vorhergegangene übertraf. Madame strahlt, wenn es den Marktbesuchern schmeckt und hat für jeden ein paar freund-liche Worte übrig. Selbstverständlich geht es – wie immer, wenn man direkt mit dem Hersteller in Kontakt kommt – nie ganz ohne kleine Belehrungen ab. Fragt man beispielsweise im Juni nach der Pflaumenmarmelade mit Zimt, wird Madame mit leicht gerunzelter Stirn sagen: „Mais non, Madame – nicht im Sommer. Besuchen Sie mich im September wieder und Sie werden *prunes à la cannelle* finden, jetzt im Sommer ist nicht die Zeit dafür …"

Beim letzten Besuch drückte sie mir eine kleine Broschüre in die Hand, in der alle verfügbaren Marmeladenkombinationen genau aufgelistet waren. Dabei wies sie ausdrücklich auf die Rückseite hin, denn man kann seit kurzer Zeit auch alle Marmeladen direkt bestellen und bekommt sie nach Hause geschickt. Da die Franzosen für Sonderangebote leben und sterben, gibt es natürlich bei größeren Bestellungen Rabatt.

Die Herstellung erfolgt in einem Familienbetrieb in L'Isle-sur-la-Sorgue (zwischen Cavaillon und Carpentras). Im Hausprospekt wird stolz angepriesen, dass nur ausgesuchte Früchte aus den Alpilles Verwendung finden, die Marmeladen mit wenig Zucker und einem hohen Anteil von Früchten, ohne chemische Zusätze und auf traditionelle Weise hergestellt werden.

Die Fabrikationsstätte DAVITOM kann in L'Isle-sur-la-Sorgue, 1868 CHEMIN GYPIERES besucht werden. Bestellen kann man per Fax (00 33 4 9038 92 53) oder Tel: 00 33 6 62 47 18 68. Internet: www.les-saveurs-provencales.com

Der Preis liegt zwischen 30 Euro (incl. Mehrwertsteuer und Versandkosten) für 6 Gläser und ca. 100 Euro für 24 Gläser.

Marmeladen, auf traditionelle Art in Kupferkesseln gekocht, gibt es bei der Firma La Roumanière in dem kleinen Ort Robion im Lubéron, etwa vier Kilometer von Cavaillon entfernt, zu kaufen.

Confitures
La ROUMANIÈRE

confiture extra
La Roumaniere
Robion-Provence

Place de l'église • 84440 ROBION
EN LUBÉRON
Tél : 90 76 61 21
FAX : 90 76 51 73

Die Marmeladen und Konfitüren haben einen hohen Fruchtanteil von bis zu 65 g pro 100 g.

Neben den klassischen Sorten finden Sie hier auch ungewöhnliche Zusammenstellungen wie Rhabarber mit Pflaume, Apfel mit Pinienkernen, Bigarreau (weiße Kirsche) und Aprikosen mit Mandeln. La Roumanière verwendet nur sorgfältig ausgewählte regionale Produkte.

Die Manufaktur liegt im Zentrum und ist von der Bundesstraße aus einfach zu finden:

Place de l'église, 84440 Robion,
Tel: 00 33 (0)4 90 76 41 44,
Fax: 00 33 (0)4 90 76 41 45,
www.laroumaniere.com.

OLIVENÖL - HUILE D'OLIVE

In Südfrankreich gibt es Millionen Olivenbäume, darunter ca. 750 000 die älter als tausend Jahre sind. Sie stehen unter dem Schutz des Staates und dürfen ohne behördliche Genehmigung nicht gefällt werden, wenn nicht dafür neue Bäume gepflanzt werden.

Olivenbäume, mit ihrer reliefartigen dunklen, rissigen Rinde und den silbergrün schimmernden, samtigen Blättchen gehören ebenso zur provençalischen Landschaft wie der Gesang der Zikaden und das Aroma der Kräuter.

Olivenbäume sind frostempfindlich, daher findet man sie überwiegend in der südlichen Provence. In den nördlichen Departements gedeihen sie nur in äußerst geschützten Lagen, beispielsweise rund um den Mont Ventoux, oder in der Gegend von Nyons. Harte Winter hatten 1921 und 1957 viele Olivenbäume erfrieren lassen. Zehn Jahre standen die Ölmühlen still, während die Bauern abwarten mussten, bis ihre neu gepflanzten Bäumchen wuchsen und wieder Früchte trugen. Ich erlebte es 1998, dass es zur Erntezeit im November frühen Frost gab, so dass die Früchte erfroren und es kaum heimische Oliven bzw. Olivenöl gab. Man behalf sich mit aus Spanien importierten Oliven, deren Öl nicht dem qualitativ hochwertigen aus dem „Vallée des Baux" entsprach.

Der Geschmack des Olivenöles wird ganz wesentlich – wie übrigens auch bei Wein – vom Mikroklima, der Beschaffenheit des Bodens und der Olivensorte geprägt. Die Farbe des Öles gibt Auskunft über den Reifegrad der Oliven. Das Öl aus noch nicht ganz gereiften Oliven ist grün. Einige mitgepresste Blättchen verstärken den Grünton. Je reifer die Oliven sind, desto intensiver ist die goldgelbe Tönung des Öles. Ocker-, kupferfarben oder gar braunes Öl, hat seine beste Zeit hinter sich und ist bereits oxydiert. Bei sachgerechter kühler und dunkler Lagerung hält sich Olivenöl mindestens zwei Jahre.

Kaltgepresstes Olivenöl ist ein Naturprodukt, auf das weder chemisch noch mit Hitze eingewirkt werden darf. Geschmack und Geruch der Oliven bleiben daher unverändert und mit allen gesunden Wirkstoffen erhalten.

Zur Herstellung eines Liters kaltgepressten Olivenöls werden fünf Kilo Oliven benötigt. Traditionelle Ernte bedeutet, dass die Oliven per Hand gepflückt oder mit langen Stöcken von den Bäumen geschlagen und in Netzen, die zwischen den Bäumen gespannt sind, aufgefangen werden. Am Tag nach der Ernte in die Ölmühle gebracht, lagern sie dort zum Nachreifen noch zwei bis drei Tage. In dieser Zeit findet eine leichte Fermentierung statt, wodurch sich das Sekundäraroma nach Erde oder Unterholz verstärkt. Danach werden die Oliven in ein Becken mit Granitmühlsteinen geschüttet, wo sie in einem einzigen Arbeitsgang zerkleinert und zu einem dickflüssigen Brei geknetet werden. Bei dieser traditionellen Herstellung wird die Masse anschließend schichtweise zwischen Matten und Metallscheiben gestapelt, die einen gleichmäßigen Druck erzeugen. Der Bodensatz bleibt auf den Matten zurück, während die Flüssigkeit sehr langsam (dauert mehrere Wochen) in spezielle Behälter tropft, in denen ihr dann durch Zentrifugalkraft das Wasser entzogen wird.

Es ist eine Glaubensfrage, ob die Hersteller ihr Olivenöl auf traditionelle Weise gewinnen oder eine moderne Art der Fabrikation anwenden, die schneller und daher billiger vonstatten geht. Hierbei werden die Oliven in eine Trommel geschüttet, die der einer Waschmaschine recht ähnlich ist. Sie ist rundum mit Löchern und kleinen hammerähnlichen Vorrichtungen versehen, die die Früchte zerstoßen. Die Löcher sind groß genug, um die Olivenpaste in einen weiteren Behälter zu drükken, dabei jedoch die Kerne zurückzuhalten. Hier schließt sich nun bei einer konstanten Temperatur (zwischen 22°C und 25°C) ein Knetvorgang an, wobei die austretende Flüssigkeit in einer horizontalen Zentrifuge aufgefangen wird, in der ihr unter Ausschluss von Luft das Wasser entzogen wird. Entweder gefiltert oder ungefiltert wird das Öl bis zur Abfüllung in Flaschen in Edelstahltanks gelagert. Ob klar oder trüb – es wirkt sich nicht auf den Geschmack aus. Je intensiver der Olivengeruch ist, desto stärker schmeckt übrigens das Öl.

Am hochwertigsten ist das kaltgepresste Olivenöl, das auf eine der beschriebenen

Arten hergestellt wird. Die Kaltpressung („premier pression à froid") erfolgt nur einmal. Nur dieses Produkt darf die Bezeichnung kalt gepresst („vierge extra" oder „vierge" also „jungfräulich") tragen. Fragen Sie sich jetzt auch, wo der Unterschied zwischen jungfräulich und besonders jungfräulich liegt? Ganz einfach: vierge extra darf sich nur das Öl nennen, dessen Säuregehalt unter einem Prozent liegt. Zwischen 1 % und 1,5 % trägt es dann die Bezeichnung „vierge fine". Bis zu einem Säureanteil von 3,3 % ist es einfach nur „vierge" also jungfräulich.

Olivenöl ohne die Bezeichnung „vierge" wird durch Erwärmen aus den Rückständen der Kaltpressung gewonnen und ist von deutlich minderer Qualität.

So wie Wein seinen Geschmack durch die Kombination verschiedener Rebsorten erhält, macht auch bei Olivenöl die Mischung der verschiedenen Arten den Geschmack aus. Es gibt Oliven mit süßem Aroma, solche mit sehr fruchtigem oder auch leicht bitterem Aroma.

Die gebräuchlichsten Oliven-Sorten sind Salonenque – Picholine – Grossane – Béruguette (auch Aglandau oder Blanquette genannt) – Petit Ripier – Lucques – Boutaillane – Cayon – Verdale – Tanche (Oliven aus Nyons) – Cailletier (kleine schwarze Oliven aus Nizza) – Cayane.

Außer für Wein und Käse gibt es seit einigen Jahren auch für Olivenöl eine **AOC** (Appellation d'Origine Contrôlée), also eine strenge Qualitätssicherung, die bescheinigt, dass das Öl aus der bezeichneten Region kommt, die pro Hektar festgelegte Ertragsmenge nicht überschritten wird, und dass die Öle, für die die AOC vergeben wurde, strengen Vorschriften und routinemäßigen Kontrollen unterliegen.

Die Ölmühlen der Region Provence-Alpes-Côte d'Azur firmieren unter „Provence", „Provençale" oder einfach „du pays".

Das Vallée des Baux liegt im Dreieck zwischen Arles, St. Rémy und Salon-de-Provence und hat seit 1997 eine eigene Güteklasse, die „appellation huile d'olive de la Vallée des Baux de Provence contrôlée". Das Reglement für diese Region schreibt beispielsweise vor, dass auf einem Hektar Land zwischen 150 und maximal 416 Olivenbäume gepflanzt sein dürfen. Die Sorten Salonenque, Béruguette, Grossane und Verdale müssen einen Anteil von mindestens 50 % an der Bepflanzung haben. Der Abstand zwischen den Bäumen darf nicht weniger als vier Meter betragen. Höchstens acht Tonnen Oliven pro Hektar dürfen zu Öl verarbeitet werden. Die Bäume müssen vor der ersten Ernte mindestens fünf Jahre alt sein.

In diesem einzigartigen Mikroklima der Region Vallée de Baux wachsen die besten Oliven des Mittelmeerraumes. Ca. 380 000 Olivenbäume, überwiegend biologisch angebaut und gepflegt, liefern dieses einzigartige Öl. Das Prinzip der Ölmühlen hat sich in den letzten dreitausend Jahren nicht geändert. Die Ernte erfolgt grundsätzlich ohne technische Hilfsmittel, wie etwa Rüttelmaschinen, die in Italien oder Spanien eingesetzt werden.

Erntebeginn für die Oliven zur Ölproduktion ist traditionell der 25. November, der Tag der Heiligen Katharina. Die Provençalen sagen, dass dann das „Öl in der Olive ist". Anfang September gibt es eine erste „kleine Ernte", um die neuen Oliven zu „Olives cassées" zu verarbeiten. Dazu werden die Früchte unter leichtem Druck zum Platzen gebracht, ohne dass dabei der Kern beschädigt werden darf, da er Bitterstoffe enthält. In einer milden Meersalzlake, angereichert mit wildem Fenchel, werden die Oliven drei Tage ruhen lassen, dann sind sie zum Verzehr bereit. Wie beim Beaujolais primeur gibt es auch für die ersten Oliven des Jahres ein festes Datum. Am 15. September heißt es dann: „Les olives cassées sont arrivées!"

Im Folgenden sind einige AOC zusammengestellt, die es in der Provence gibt:

Nyonsais

AOC seit 1994. Das Öl hat ein leichtes Kartoffelaroma und einen Geschmack nach frisch gemähter Wiese, Mandeln und Nüssen.

Pays d' Aix

AOC seit 1999. Aglandau ist hier die traditionelle Olive, gemischt mit Cayanne oder Salonenque. Das Öl aus der Gegend um Aix ist ein herzhaftes Öl mit großem Charakter; die kräftige Note der Aglandau ergänzt sich ideal mit der leicht süßen der Salonenque.

Haute Provence

AOC seit 1999. Aroma: rohe Artischocken, Banane, reife Aprikosen

Pays de Nice

Aus Nizza kommt dieses ebenfalls ganz besondere Öl, das aus den sehr kleinen, dunklen Oliven (Cailletier) der Gegend gewonnen wird. Diese Oliven werden erst im Zustand völliger Reife im Januar oder Februar geerntet. Sie ergeben ein wunderbar mildes Öl von goldgelber Farbe mit einem Aroma von Zitronen und frisch gepflückten Mandeln.

Pays de Nimes

Hier wird überwiegend die Picholine verwendet, deren Aroma sich je nach Bodenbeschaffenheit und Klima verändert; das Öl erinnert an frisches Gemüse und entfernt nach Vanille.

Pays Varois

Das größte zusammenhängende Anbaugebiet mit den meisten Ölmühlen

Vallée des Baux

AOC seit 1997. Nur Öl aus der Region um Les Baux darf diese AOC tragen. Das Öl wird aus Salonenque, Picholine, Grossane und Béruguette gewonnen und duftet nach Trüffel und Vanille. Ganz frisch schmeckt das Öl nach Artischocken, grünem Paprika und ganz entfernt mischt sich ein leichtes Kartoffelaroma dazu. Die Olivenbauern sagen, dass ihr Öl der Champagner unter den Olivenölen sei …

Die beiden anderen Erzeugerregionen Languedoc-Roussillon und Ardèche haben noch keine eigene AOC.

Kaltgepresste Olivenöle aus der Provence lassen sich in drei Gruppen einteilen:

Klassi-fizierung	*Huile douce* feines mildes Öl	*Huile de caractère* geschmacksintensiv	*Huile de grand caractère* sehr kräftig
Herkunft	Nyons, Korsika, Region um Les Baux, Nizza	Haute Provence, Var, Languedoc	Aix en Provence, Var, Nîmes, Hérault
Olivensorten	Cailletier, Tanche, Salonenque, Petit Ribier, Grossane, Béruguette, Verdale	Bouteillane, Cayane, Salonenque, Picholine	Aglandau, Cayon, Picholine
Verwendung (warm / kalt)	Die Öle aus Grossane, Tanche und Petit Ribier vertragen Erhitzen zwar besser als andere Oliven (wie Salonenque), doch verflüchtigt sich ihr Aroma schneller als bei Ölen aus Aglandau oder Picholine	kalt	warm und kalt
besonders geeignet für	Salat, Fisch und Gebäck z.B. „Pompe à l'huile" (weihnachtlicher Hefekuchen)	Schalentiere und gekochte Gemüse	Speisen mit markantem Geschmack: Hase, Wild oder Marinaden, Kartoffelpüree

Kaltgepresstes Olivenöl ist ein wahres Wunderelixier, das die verschiedensten Gebrechen heilen soll. Es hat einen höheren Vitamin E-Anteil als jedes andere Öl und enthält in hohem Maße mehrfach ungesättigte Fettsäuren; daher ist es besonders gesund und bekömmlich.

Olivenöl soll den Cholesterinspiegel dadurch senken, dass es den Anteil des „guten" Cholesterins (HDL) im Blut vermehrt, was dazu beiträgt, dass der Anteil des „schlechten" Cholesterins (LDL) reduziert wird. Es muss etwas dran sein, denn die typischen Zivilisationskrankheiten der nördlichen Länder wie Herz-/Kreislauf- und Gefäßerkrankungen treten im mediterranen Raum seltener auf. Ein südfranzösischer Vierpersonenhaushalt verbraucht pro Woche höchstens ein Päckchen Butter – aber mindestens einen Liter Olivenöl!

Die Ölmühle Jean-Marie Cornille empfiehlt, vor einem geplanten Alkoholexzess einen Esslöffel Olivenöl einzunehmen, das mildere die Folgen. Als ich das las, fiel mir wieder ein, dass meinem Vater diese präventive Wirkung des Olivenöl auch bekannt war, und er sie erfolgreich anwandte. Ebenfalls präventive Wirkung soll Olivenöl in Verbindung mit ein paar Tröpfchen Zitrone entfalten, wenn man es

vor einem opulenten Essen, wie an weihnachtlichen Festtagen, jeweils vor und nach dem Essen einnimmt.

Wo bekommt man nun das beste kaltgepresste Olivenöl? Entweder man kauft es im Urlaub auf dem Markt (es sollte in jedem Fall im Jahr nach der Ernte aufgebraucht werden), in einer *Coopérative* oder direkt in den Ölmühlen.

Ich kann einige Adressen für Olivenöl mit der AOC Qualitätsbezeichnung „Vallée des Baux" – überwiegend aus der Umgebung von Les Baux – empfehlen, wo ich gerne mein Öl kaufe:

Moulin du Mas des Barres

in Maussane, am Ortsausgang in Richtung Mouriès von der D 17 nach links auf die D 5 (Richtung Eygalières) abbiegen, nach ca. 500 Metern am Abzweig nach Eygalières schräg rechts halten; nach weiteren 200 Metern folgen Sie rechts der Beschilderung zur Ölmühle. Man parkt unter zwei alten ausladenden Feigenbäumen.

Hier gibt es ein ausgezeichnetes zartgrünes Olivenöl (AOC, extra-vierge) mit fruchtigem Aroma, das nach Artischocken, grünen Äpfeln, frischen Kräutern und leicht nach Nüssen duftet und schmeckt. Die Oliven (Salonenque, Aglandau, Grossane, Verdale und Picholine) stammen ausschließlich aus dem Vallée des Baux de Provence und aus eigenem Anbau. Die Jahresproduktion liegt bei durchschnittlich

50 000 Litern. Im hübsch dekorierten Verkaufsraum werden neben Öl auch andere Produkte wie Duschgel (Olive oder Lavendel), Kosmetikprodukte auf Olivenöl-basis, Seifen und sogar kleine Olivenbäume angeboten. 2004 gewann das Olivenöl in Paris die „Medaille d'or vom Concours Général Agricole". Die Zeitschrift „Der Feinschmecker" des Hamburger Jahreszeitenverlags veröffentlichte am 11. Juni 2005, dass auf der OLIO in München, der einzigen Olivenölmesse Deutschlands, das Olivenöl vom Mas des Barres als bestes Öl Frankreichs bewertet wurde und zu den Top Ten von insgesamt 500 getesteten Olivenölen gehört.

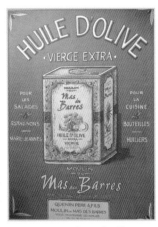

Moulin Du Mas Barres, Inhaber: René Quenin, 13520 Maussane-les-Alpilles, Tel: 00 33 (0)4 90 54 44 32, Fax 00 33 (0)4 90 54 56 99

Chateau D'Estoublon

außerhalb von Fontvieille in Richtung Le Paradou an der Kreuzung der D 33 und D 17. Das Olivenöl (AOC, extra-vierge) ist von warmer goldgelber Farbe, duftet nach frisch geschnittenem Gras und jungen Artischocken und entwickelt ein ausgeprägtes Mandelaroma. Die Oliven (Picholine, Salonenque, Grossane, Béruguette) stammen aus eigenem Anbau.

Auf 48 ha sind 6700 Olivenbäume angepflanzt. Die Gesamtgröße des Anwesens umfasst knapp 200 ha. Für das Olivenöl werden nur Oliven aus eigenem (biologischem) Anbau verwendet. Estoublon ist seit Januar 1999 im Besitz der Familie Schneider, geleitet wird das Gut vom Ehepaar Réboul-Schneider, deren Tatkraft, Kreativität und Einfallsreichtum es zu verdanken ist, dass sich Estoublon in neuem Glanz zeigt. Noch 1999 begannen groß angelegte Umbaumaßnahmen, im Sommer 2000 fand der Verkauf von Olivenöl und dem ebenfalls erstklassigen Wein in einem Gewölbekeller neben dem Schloss statt.

Während des Einkaufs war man von Schwalben umschwirrt, deren Junge gerade die ersten Flugversuche unternahmen. Im Folgejahr dienten zwei Terrassenzimmer des

Schlosses dem Verkauf, der hier bis zur Fertigstellung der neuen Geschäftsräume erfolgte. In alten Schränken sind die Erzeugnisse der Domäne ausgestellt, das AOC-Olivenöl sowie zwei Einzelpressungen aus Grossane und Salonenque, welche zwar teurer sind, aber keine AOC haben. Diese wird nur erteilt, wenn ein Öl mindestens drei unterschiedliche Olivensorten enthält. Es ist Geschmackssache, ob man Öl aus Einzelsorten oder die Mischungen bevorzugt, qualitativ gibt es keinen Unterschied. Die AOC-Öle sind in hübsche Flaschen abgefüllt, deren Hals mit einem Weißblechstreifen umhüllt ist, der gleichzeitig zum Ausgießen dient.

Château d'Estoublon, Valérie und Rémy Reboul-Schneider,
Tel: 00 33 (0)4 90 54 64 00, Fax: 00 33 (0)4 90 54 64 01, www.estoublon.com

Moulin du Mas Voudoret

in Mouriès: Auf der D 17 aus Richtung Maussane kommend, nimmt man in Mouriès die D 24 Richtung Eygalières und Le Destet. Zwischen dem Weiler Les Baumettes und vor Le Destet nach rechts abbiegen und der Straße bis zur Ölmühle folgen.

Die Gründung der Mühle in der heutigen Form erfolgte im November 1997 durch die Familien Waton Chabert und Bézy. 35 Hektar Land sind mit etwa 8 000 Olivenbäumen der Sorten Salonenque, Grossane, Béruguette und Verdale bepflanzt. Jährlich werden zwischen 50 und 100 Tonnen Oliven auf traditionelle Weise geerntet und zu 5 000 bis 10 000 Litern Olivenöl verarbeitet. Die Oliven stammen aus eigenem biologischem Anbau.

Das Öl erfüllt nicht nur die AOC Anforderungen, sondern ist auch mit dem Qualitätsmerkmal „Agriculture Biologique" versehen.

Spezialitäten: Die „Cuvée AOC" hat das für die Gegend typische Aroma von Artischocken, Äpfeln, Trockenfrüchten und grünen Oliven und passt vorzüglich zur provençalischen Küche. Es eignet sich ausgezeichnet zum Kochen, zu grünen Bohnen, Ratatouille oder Lammkeule und ist auch kalt – zu eingelegtem Ziegenkäse – ein Genuss.

Die **Cuvée Grossane** ist ein sehr feines, besonders wohlschmeckendes Öl, dessen leichter Buttergeschmack noch durch Noten von Haselnuss und Grapefruit ergänzt wird.

Die **Cuvée Béruguette** hingegen ist ein kräftiges Öl; es duftet nach frisch gemähtem Gras und schmeckt nach rohen Artischocken. Zu gegrilltem Fisch, Carpaccio oder Wild passt es vorzüglich.

Darüber hinaus werden hausgemachte aromatisierte Olivenöle (mit Zitrone, Basilikum und Clementine) sowie vakuumverpackte Oliven (grüne, schwarze und mit Fenchel eingelegte „olives cassées") angeboten. In den Verkaufsregalen finden sich auch Tapenade, Honig, Gewürze, aromatisierter Essig in verschiedenen Geschmacksrichtungen sowie Kosmetika auf Olivenölbasis.

Öffnungszeiten: täglich (außer mittwochs und sonntags) 14.00–18.00 Uhr,
Tel / Fax: 00 33 (0)4 90 47 50 13, 00 33 (0)4 90 47 63 72, www.vaudoret.com

Moulin de Bédarrides

liegt im Zentrum von Fontvieille und strahlt den Charme einer jahrhundertealten Ölmühle aus.

Die Oliven der AOC Les Baux (Salonenque, Grossane, Aglandau und Picholine) werden auf eigenem Gelände angebaut, die Jahresproduktion liegt bei 50 000 Litern.

Das Öl ist von dunklem Goldgelb mit frischem Grünton, hat einen leichten Artischockengeschmack oder wie man hier sagt „un parfum d'artichaut".

Dem Hausprospekt sind interessante historische Fakten zu entnehmen: So existierten früher allein in Fontvieille acht Ölmühlen, doch wie auch in der übrigen Region zerstörten Fröste viele Olivenhaine. Vor der ersten großen Frostperiode im 18. Jahrhundert wurden in Fontvieille 6 000 Doppelzentner Olivenöl produziert – 1802 waren es nur noch 1 000. Nach dem frostigen Winter 1956 gab es fünf Jahre lang keine Produktion von Olivenöl.

Seit Gründung der Mühle um 1800 arbeitet die Familie bereits in vierter Generation in diesem Beruf und ist, wie die zahlreichen Auszeichnungen belegen, sehr erfolgreich in ihrem Metier. Eine erste Modernisierung erfolgte 1914. Viele Jahre später, 1980, wurden die bis dahin benutzten herkömmlichen Maschinen durch modernere ersetzt.

Das Flaschenetikett hat der Maler Leo Lelée entworfen. Das Olivenöl gibt es im Laden bei der Mühle in 0,75 Liter Flaschen sowie in Bidons zu 2 oder 3 oder 5 Litern zu kaufen, darüber hinaus die gängigen, aus Oliven hergestellten Produkte wie Tapenade oder Seifen auf Olivenölbasis.

Moulin de Bédariddes, Henri Bellon & Fils, 13990 Fontvieille, Tel: 00 33 (0)4 90 54 70 04, Fax: 00 33 (0)4 90 54 78 89, im Internet unter der Website des Verbandes verschiedener Ölmühlen rund um Les Baux: www.mouliniers.fr.
Öffnungszeiten: täglich 9.00–12.00 und 14.00–18.00 Uhr; sonntags nur nach Terminabsprache.

Moulin du Mas Saint-Jean

Fontvieille; aus Richtung Maussane von der D 17 nach links auf die D 33 abbiegen und dem Hinweisschild zur Ölmühle folgen, die sich an der Hauptstraße in Richtung Fontvieille befindet.

Bekannt geworden ist Fontvieille durch die „Mühle von Daudet". Daudets Buch „Lettres de mon moulin – Briefe aus meiner Mühle" entstand zwar nicht in dieser Mühle, doch in einem unweit davon gelegenen Herrenhaus. Die Sehnsucht nach der provençalischen Heimat führte ihn immer wieder hierher zurück und diese Sehnsucht steht im Mittelpunkt der lustigen Erzählungen, die 1866 erstmals veröffentlicht wurden. Die „Briefe aus meiner Mühle" sind Daudets Vermächtnis an seine Heimat und machten sie auch über die Grenzen Frankreichs hinaus bekannt.

Mas Saint-Jean ist eine der modernsten Ölmühlen der Region, in der auch die Oliven für andere Hersteller gepresst werden. Auf 25 ha Land gedeihen die Oliven, die noch traditionell von Hand geerntet werden. Das grüne Gold, wie es Maître Moulinier, M. Jean-Paul Sourdon, nennt, hält diesem Vergleich stand. Farbe, Duft und Geschmack zeichnen dieses Olivenöl aus, das, wie die AOC vorschreibt, aus den vier Olivensorten Aglandau, Béruguette, Verdale und Grossane gewonnen wird. Im Angebot sind drei Variationen von Olivenöl „vert" (grün), „mur" (reif) und „noir" (schwarz).

Das grüne Olivenöl wird aus grünen und schwarzen Oliven, gleich zu Beginn der Erntezeit gewonnen. Wenige Stunden nach der Ernte wird daraus das erste Öl gepresst. Sein Duft erinnert an Frühlingswiesen und rohe Artischocken. Dieses Öl entfaltet sein Aroma am besten in Verbindung mit kalten Speisen wie Salaten, Carpaccio oder zusammen mit Käse.

Das Olivenöl „mur" wird ebenfalls aus schwarzen und grünen Oliven gepresst, die kurz nach der Ernte verarbeitet werden. Im Salat oder zusammen mit gedünstetem Gemüse entfaltet es sein fast süßliches Aroma nach Mandel, Haselnuss und Artischocke.

Die Oliven für das „noir" werden erst nach einer bestimmten Lagerzeit verarbeitet, in der die erforderliche Reife für diese spezielle Geschmacksrichtung, je nach Bodenbeschaffenheit und Umgebung – nach reifen Oliven und ganz dezent nach Pilzen und frischem Holz – erfolgt.

Der Hund des Hauses, ein friedlicher, gutmütiger Rottweiler, wird aus sicherer Entfernung durch das Wohnzimmerfenster Ihren Kauf beobachten.

Moulin du Mas Saint-Jean, Quartier Saint-Jean, 13990 Fontvieille, Tel: 00 33 (0)4 90547264, Fax: 00 33 (0)4 90546924.

Moulin du Calanquet

Gemarkung St. Rémy, liegt an der alten Straße (C 18) zwischen St. Rémy und St. Etienne du Grès. Wenn Sie aus Richtung St. Rémy kommen, folgen Sie der D 99 Richtung Tarascon. Nach ca. 2 km biegen Sie links in die D 27, die nach Les Baux führt, ab. An der zweiten Kreuzung fahren Sie nach rechts und erreichen nach 800 Metern die Mühle.

Einem netten Zufall war es zu verdanken, dass ich diese Mühle, deren Name mir noch nicht bekannt war, entdeckte. Mein Schwager René

 begegnete eines Abends beim Joggen einer alten Dame mit großem Strohhut, die gerade dabei war, die Olivenbäume zu wässern. Sie erklärte ihm das ebenso einfache wie geniale System. Das Olivenfeld ist nur durch einen Fußweg vom Kanal des Alpilles getrennt, aus dem mehrere Abzweige zu Obst- und Weinfeldern und auch zu diesem Olivenhain führen. Wenn der Kanal genügend Wasser führt, werden die kleinen Schleusen geöffnet und die Felder gewässert. Der leicht abschüssige Olivenhain, dessen Neigung genau berechnet ist, wird von einer breiten Erdfurche umgeben, in die das Wasser aus dem Bewässerungskanal geleitet wird. Von hier aus verteilt es sich in schmale Gräben, die zwischen den Baumreihen gezogen sind und für eine gleichmäßige Verteilung des Wassers sorgen. Wir werden zur Besichtigung ihrer Ölmühle eingeladen, die in alter Familientradition von ihren Kindern geführt wird.

Die Mühle unterscheidet sich kaum von den anderen kleinen Häuschen, die von der Straße aus zu sehen sind. Im hübsch dekorierten Verkaufsraum sind schön geformte Flaschen mit unterschiedlichen Sorten Olivenöls ausgestellt sowie zahlreiche traditionelle Produkte von und aus Oliven (Tapenade, Confiture aus schwarzen Oliven mit Ingwer), verschiedene Gegenstände aus Olivenbaumholz. Kleine Behälter mit goldgelbem, klarem Olivenöl stehen für eine Kostprobe bereit. Das Öl wird aus den traditionellen regionalen Olivensorten Aglandau, Salonenque, Grossane, Picholine und Verdale gewonnen und wird sowohl in einer Mischung der verschiedenen Sorten als „Variété Assemblage Traditionelle" wie auch als Öl von einzelnen Olivensorten (allerdings ohne AOC) angeboten. 2005 erhielt das Olivenöl die begehrte „Medaille d'or", eine ganz besondere Auszeichnung.

Wir kommen ins Gespräch und erfahren dabei von der Tochter des Hauses, Anne Brun, dass sie die Mühle zusammen mit ihrem Bruder Gilles betreibt. Den Geschwistern Brun verdankt St. Rémy übrigens, dass es hier wieder eine lokale Ölmühle gibt. Seit 1956 die letzte produzierende Mühle geschlossen wurde, hatte St. Rémy seinen Platz als Olivenölregion verloren.

Moulin du Calanquet, Vieux Chemin d'Arles, 13210 St. Rémy de Provence, Tel / Fax: 00 33 (0)4 32 60 09 50, 00 33 (0)4 32 60 09 80, www.moulinducalanquet.fr

Moulin Saint-Michel

Auf der Südseite der Alpilles, in Mouriès, begeisterte mich das Öl der Moulin Saint-Michel. Versehen mit der Medaille d'or des Concours Général Agricole (Paris 2005), kam dieser Ölmühle erneut eine offizielle Anerkennung zu. Die Ölmühle besteht seit 1744 in Mouriès. Seit drei Generationen arbeiten Familienmitglieder mit viel Passion für ihren Betrieb, dessen Geschichte und Erzeugnisse. Die Herstellungsart ihrer Vorfahren achtend, sind die alten Gerätschaften in einwandfreiem Zustand in der Scheune gelagert. Das mit viel Liebe und Sorgfalt hergestellte gold-grüne Olivenöl wird in einer einzigen mechanischen Kaltpressung gewonnen. Das glasklare Öl hat die Farbe nicht ganz reifer Zitronen, gegen das Sonnenlicht gehalten changiert die Farbe zu zartem Grün. Es duftet weich und samtig nach Oliven und ist von vollem Geschmack. In einer schlanken, eleganten Flasche abgefüllt, zierte es meine Küche, bis auch das letzte Tröpfchen (leider viel zu schnell) aufgebraucht war. Auf dem Etikett ist zu lesen, dass in jedem Tropfen dieses wertvollen Nektars ein Stückchen Heimat, mit ihrer Geschichte und Tradition, viel Herzblut und Leidenschaft stecke. „Unsere Aufgabe ist es, das Öl aus den Oliven zu gewinnen und zwar ebenso gut, wie die Natur es in diese Frucht investierte, damit es Ihre Gerichte verfeinert".

Moulin Saint-Michel, Cours Paul Revoil, 13890 Mouriès,
Tel 00 33 (0)4 90 47 50 40, www.moulinsaintmichel.com

Moulin Le Castelas

Ebenfalls auf der südlichen Seite der Alpilles, bei Les Baux de Provence ist die Moulin Le Castelas. Alles habe mit einem kleinen Feld mit wenigen Olivenbäumen begonnen, die nur darauf warteten, wieder zum Leben erweckt zu werden. Dieser Herausforderungen stellten sich Jean-Benoît und Cathérine Hugues und so wurden im Laufe der Jahre 36 Hektar Olivenhaine und eine eigene Ölmühle daraus.

Das Öl ist mehrfach national und international ausgezeichnet worden. Die Zeitschrift „Der Feinschmecker" platzierte es schon 2004 unter den Top 35. Das Öl wird selbst in Paris verkauft! Es ist ein sehr fruchtiges Öl, schmeckt herrlich intensiv nach grünen Oliven, mit einem dezenten Aroma nach Artischocken und Mandeln. Es ist kalt wie warm ein Genuss, passt ausgezeichnet zu Fisch oder gedünstetem Gemüse, frischen Artischocken und sogar zu einem Fruchtsalat mit Zitrusfrüchten. Die Abfüllung in elegante, dunkle Flaschen schützt das Öl vor Licht und trägt zu seiner Haltbarkeit bei.

Moulin Le Castelas, Mas de l'Olivier, 13520 Les Baux-de-Provence,
Tel / Fax: 00 33 (0)4 90 54 50 86, 00 33 (0)4 90 54 51 68, www.castelas.com,
Öffnungszeiten: täglich 9.00–18.00 Uhr.

Moulin Jean-Marie Cornille

liegt im südlichen Tal der Alpilles in Maussane. Erbaut zwischen 1600 und 1620 war die Mühle zunächst ein winziger Familienbetrieb. Auf diesem Niveau wurde bis vor einigen Jahrzehnten produziert. 1974 schlossen sich verschiedene Produzenten zusammen und aus der einst kleinen privaten Moulin Cornille wurde die „Coopérative Oléicole de la Vallée des Baux", die heute zu den größten Ölmühlen Frankreichs gehört. Pro Jahr werden mehr als 1 000 Tonnen Oliven zu Öl verarbeitet und *weltweit* exportiert.

Moulin jean-Marie Cornille, Coopérative Oléicole de la Vallée des Baux, Rue Cahrloun Rieu, 13520 Maussane-les-Alpilles, Tel / Fax: 00 33 (0)4 90 54 32 37, 00 33 (0)4 90 54 30 28, www. moulin-cornille.com, geöffnet: Montag bis Samstag 9.00–18.00 Uhr

Außerhalb des Vallée des Baux möchte ich noch zwei weitere Ölmühlen empfehlen, die ich beide kenne.

Le moulin à huile de la Balméenne

in Beaumes de Venise an der Hauptstraße (Av. Jules-Ferry). Das Öl aus Beaumes de Venise ist zartgrün getönt, süßlich und fruchtig. Das Öl wird auch heute noch auf traditionelle Art hergestellt. Die Mühle kann gratis besichtigt werden. In der Verkaufsstelle, die täglich (einschließlich Samstag) bis 18.30 Uhr geöffnet ist, werden neben Olivenöl auch regionale Produkte angeboten (Tapenade, Nougat, Honig, Fruchtsäfte, Spirituosen, Plätzchen).

Tel: 00 33 (0)4 90 62 93 77, www.labalmeenne.fr

Alziari

An der Cote d'Azur kauft man das beste Olivenöl bei ALZIARI in Nizza. Zur Herstellung dieses vollmundigen Öles werden die kleinen dunklen Oliven aus dem Hinterland von Nizza verwendet, die dem Öl seine goldgelbe Farbe und den charakteristischen Geschmack verleihen.

Die einzige noch aktive Mühle in der gesamten Region ist die der Familie Alziari, die ihr Öl außerhalb von Nizza, am Boulevard de la Madeleine, produziert.

In der Altstadt von Nizza (Rue Saint François de Paule, parallel zur Promenade des Anglais) betreibt die Familie seit 1930 einen im Stil dieser Zeit eingerichteten Laden. Innen stehen deckenhohe Edelstahlfässer, aus denen das frische Öl in mitgebrachte oder dort gekaufte Kanister oder Flaschen abgefüllt wird. Es gibt das Olivenöl auch in den typischen blau-gelben Blechkanistern zu 500 oder 1 000 ml abgefüllt zu kaufen, die nicht nur sehr schön sondern auch praktisch sind, denn sie bieten dem empfindlichen Produkt Schutz vor Licht und Wärme.

Außer Olivenöl und eingelegten Oliven verschiedener Geschmacksrichtungen gibt es viele lokale Spezialitäten wie Honig oder Kräuter aus der Provence, Lavendelessenz oder Lavendelblüten, feine Fischkonserven und vieles mehr zu kaufen.
Moulin à l'huile Alziari, 318, Bd. de La Madeleine, 06200 Nice, Tel / Fax: 00 33 (0)4 93 44 45 12, Geschäft: 14, rue St. François de Paule, 06300 Nice; Tel: 00 33 (0)4 93 85 76 92.

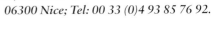

SALZ - FLEUR DE SEL

Das kostbare Salz, das **Fleur de sel** (die Blume des Salzes), wird in der Camargue (*Fleur de sel de Camargue*) und in der Bretagne (*Fleur de sel de Guérande*) in sogenannten Salzgärten gewonnen. Es ist ein sehr seltenes Meersalz, das sich nur in speziell dafür vom Meer abgetrennten Bassins bildet. Das Zusammenwirken von Sonne und Wind lässt das Meerwasser verdunsten und auf dem Sand bleibt eine hauchdünne Schicht dieser kostbaren Salzkristalle, die wie Blüten aussehen, zurück. Von Hand wird die dünne Kruste mit einer Holzschaufel abgeschöpft. Fleur de sel kommt unbehandelt in den Handel, bleibt immer etwas feucht und ist sehr würzig und aromatisch. Es ist zum Kochen zu schade und kostbar und sollte nur zum Würzen von Kaltgerichten dienen.

Spitzenköche rühmen den milden, natürlichen Geschmack des *Fleur de sel*, und man sagt, weil es so mild sei, könne man damit kein Gericht versalzen.

Vergleichen Sie vor dem Kauf die Preise, sie schwanken für 125 g zwischen 4,95 Euro in Supermärkten und ca. 8 Euro in Souvenirläden.

WEINE - LES VINS

In der Provence wird seit mehr als zweitausend Jahren Wein angebaut. Weißwein ist in dieser Region quantitativ seltener vertreten als Rotwein und Rosé. Das Anbaugebiet „Côtes-de-Provence" produziert auf einer Fläche von ca. 18 000 Hektar jährlich annähernd eine Million Hektoliter Wein, überwiegend Rosé, dessen Beliebtheit sich so durchgesetzt hatte, dass bis vor einigen Jahren nur 20% des Jahresertrages Rot- und Weißweinen vorbehalten waren.

Die Rotweine aus dem Rhônetal hatten bis vor etwa zweihundert Jahren einen hohen Stellenwert am französischen Hof. Ihnen kam die gleiche Bedeutung zu, wie Bordeauxweinen oder den Weinen der Côte d'Or. Die beiden Weltkriege aber auch ein epidemieartiges Ausbreiten der Reblaus im Süden veränderten die Situation merklich. Erst in den letzten Jahrzehnten erfolgte eine deutliche Wiederbelebung, zu der nicht zuletzt die enorme Preisentwicklung der Bordeauxweine beigetragen hatte, denn im Vergleich mit diesen Weinen sind auch die Spitzenlagen der Rhôneweine immer noch erschwinglich und erreichen nur in Einzelfällen Flaschenpreise von mehr als 30 Euro.

Hervorragende Jahrgänge der Rhôneweine waren **1979, 1981, 1982, 1985, 1986, 1994, 1995, 1998 und 2000**.

Doch ist der Jahrgang der südfranzösischen Weine längst nicht so wichtig, wie bei Weinen aus anderen Gegenden mit starken Klimaschwankungen. Südfranzösische Weine wachsen in einem ausgeglichenen Klima und bekommen genug Sonne. Fachleute legen allerdings gerade bei den teuren Weinen Wert auf den Jahrgang, wobei die Unterschiede zwischen den einzelnen Jahren nicht von ungenießbar bis ausgezeichnet reichen. Es sind nur Nuancen, die nicht unbedingt zu schmecken sind, aber Einfluss auf die Lagerdauer haben.

Französische Weine sind strengen Qualitätskontrollen unterworfen. Die französischen Weingesetze regeln detailliert die Abgrenzung der Produktionsgebiete, die zugelassenen Rebsorten, den Höchstertrag pro Hektar, den Mindestalkoholgehalt und die Anbau- und Verarbeitungsverfahren. Je kleiner das Anbaugebiet ist, desto strenger sind die Auflagen. Das gilt vor allem für Gemeinden, die eine kontrollierte Herkunftsbezeichnung, also eine eigene Appellation d'Origine Contrôlée (AOC = geprüfte Herkunftsbezeichnung) haben. Wenn beispielsweise in Tavel mehr Wein produziert wird, als gesetzlich zugelassen ist, darf dieser Wein nicht mehr unter der Bezeichnung AOC Tavel firmieren sondern unter der nächst größeren Appellation, in diesem Falle Côtes-du-Rhône.

Um sich einen ersten Überblick zu verschaffen, reicht es, wenn man weiß, dass

Weine in vier Qualitätsstufen unterteilt werden. Die beiden höchsten sind die „Appellation d'Origine Contrôlée" (AOC) und die „Appellation d'Origine vin délimité" (VDQS), die nach EU-Gesetz für Qualitätsweine aus bestimmten Anbaugebieten stehen und dem deutschen „Q.b.A." entsprechen.

„Vin de Pays" heißt schlicht Landwein, der strengeren Qualitätsanforderungen unterliegt als der einfache „Vin de table", der Tafelwein, der ein Verschnitt verschiedener Anbaugebiete sein darf, aber immer gleichbleibenden Geschmack verspricht. Tafelwein muss im Gegensatz zum Landwein nicht aus einer bestimmten Region stammen und auch keinen Jahrgang auf dem Etikett ausweisen.

Auf den individuellen Trinkgenuss hat die gute Herkunft des Weines ebenso entscheidenden Einfluss wie die richtige Temperatur. Die alte Faustregel, wonach Rotwein bei Zimmertemperatur getrunken werden muss, gilt im Zeitalter der Zentralheizung nur noch bedingt. Diese Regel stammt aus einer Zeit, als die Zimmertemperatur bei höchstens 18 Grad lag und diese Temperatur sollten die sogenannten eleganten Rotweine (Bordeaux) auch nicht übersteigen.

Kräftige Rotweine wie Burgunder oder Côtes-du-Rhône sollten bei 16 Grad getrunken werden, leichte Rotweine wie Beaujolais aber auch Landweine schmecken am besten bei 12 Grad.

Trockene Weißweine und Rosé entwickeln ihren vollen Geschmack bei 10 Grad und Dessertweine wie Muscat de Beaumes de Venise oder Muscat de Rivesaltes sind noch kühler – bei etwa 6 Grad – am geschmacksintensivsten.

Es ist unmöglich alle Weine des Midi umfassend zu beschreiben, es wäre Stoff für mehrere Bücher, wollte man alle Weinlagen gebührend erwähnen. Daher beschränke ich mich darauf, einen Überblick über die Einteilung in die einzelnen Lagen zu geben.

Die Weinlagen des Rhônetals – alle mit eigener Appellation d'Origine Contrôlée (AOC) – beginnen ca. 70 km südlich von Lyon in der Nähe von Vienne mit Spitzenlagen wie **Côte-Rôti**, **Condrieu** und **Château-Grillet** im Departement Isère. Ihnen schließen sich **St.-Joseph**, **Crozes-Hermitage** und **Hermitage** in der Gegend um Valence an. Im südlichen Rhônetal zwischen Orange und Avignon finden sich die bekannten Lagen **Châteauneuf-du-Pape**, **Tavel**, **Lirac**, **Gigondas**, **Vacqueras** und **Beaumes de Venise**.

Neben den Rhône-Weinen gibt es in dieser südlichen Region weitere bekannte Anbaugebiete mit eigener AOC: **Côtes-de-Provence** (beginnt bei Draguignan, reicht im Süden bis zum Mittelmeer und östlich bis auf die Höhe von Cannes), **Coteaux Varois** (im Departement Var), **Bandol, Cassis** (kleine Anbaugebiete, die im Hinterland und an der Küste südöstlich von Marseille liegen und exzellente Weine produzieren), die Gegend um **Aix-en-Provence**, das Bergmassiv **Sainte-Victoire** und **Palette, Bellet** (im Hinterland von Nizza) und **Les Baux**.

Die vergleichsweise junge AOC „Les Baux de Provence" dürfen nur sieben Kommunen führen, die an den Hängen der Alpilles liegen: Fontvieille, Maussane, Mouriès, Le Paradou, St. Etienne du Grès, St. Rémy de Provence und – im Zentrum – Les Baux.

Außerhalb Frankreichs ist diese Weinlage kaum bekannt, weil der Wein hauptsächlich in der Herkunftsregion angeboten wird. Was für die anderen Qualitätserzeugnisse Frankreichs gilt, das trifft auch auf den Wein zu: Die Spitzenprodukte gehen an die Sterne-Restaurants, der größte Teil bleibt im Land und nur eine kleine Menge wird auch im Ausland zum Verkauf angeboten.

Die Weinberge der felsenreichen Gegend um Les Baux liegen auf einer Höhe von ca. 100 Meter über dem Meeresspiegel. Das mediterrane Klima ist hier das sonnigste des gesamten Departements Bouches-du-Rhône und verleiht den hiesigen Weinen den für die Region typischen Geschmack. Eine wichtige Rolle spielt der steinige Boden. Die Steine binden die Feuchtigkeit und selbst wenn die obere Erdschicht ausgetrocknet scheint, ist es in der Tiefe meist noch feucht.

340 ha der Alpilles sind mit Weinstöcken bepflanzt; 14 Weingüter haben das Gütesiegel AOC erhalten. Ihre Jahresproduktion beträgt durchschnittlich 14000 hl (1,85 Millionen Flaschen), wobei die Rotweine überwiegen. Bevorzugt werden die Rebsorten Syrah, Grenache, Mourvèdre und in kleineren Mengen Cabernet-Sauvignon angebaut.

Cinsault ergänzt das Angebot der Rebsorten und wird meist für Rosé benötigt, der einen Anteil von 30 % an der Gesamtproduktion hat. Im Gegensatz zu den Roten sollte Rosé jung getrunken werden, also spätestens zwei bis drei Jahren nach der Abfüllung. Die Rotweine hingegen sind erst nach einigen Reifejahren am ausdrucksstärksten. Je nach Jahrgang beträgt die Reifezeit drei bis zehn Jahre.

Weißweine finden sich in dieser Gegend seltener und sollten ebenfalls relativ jung getrunken werden. Die beste Qualität ist innerhalb von vier bis fünf Jahren erreicht. Die Rebsorten für Weißwein sind Ugni blanc, Sauvignon, Rolle und Clairette.

Während vieler Aufenthalte in den Alpilles habe ich mittlerweile die Weine fast aller Weingüter kennen und lieben gelernt. Jeden Urlaub nutze ich dazu, meinen Weinvorrat wieder aufzufüllen, denn die Auswahl an den französischen Weinen, die ich gerne trinke, ist in Deutschland sehr beschränkt. Hinzu kommt noch ein deutlicher Preisunterschied, insbesondere weil ich Wert darauf lege, dass ein Côtes-du-Rhône auch dort abgefüllt wird, wo er wächst. Früher, als ich die Weinetiketten noch nicht so genau las, hielt ich das für eine Selbstverständlichkeit.

Château Dalmeran

Das Château Dalmeran in St. Etienne du Grès, Vieux Chemin d'Arles (C 18, parallel zur Straße St. Rémy / Tarascon), ist leicht zu finden, weil der Weg von St. Etienne du Grès aus gut ausgeschildert ist. Das Schloss – ein gepflegtes Gebäude aus dem vorigen Jahrhundert – liegt in einem großen Park, der zur Straße hin durch ein schmiedeeisernes Tor abgegrenzt ist.

2006 fand ein Besitzerwechsel statt und der sympathische Engländer Neil Joyce ist nun der Hausherr. Ich hatte das Glück, ihn im Juni 2009 persönlich kennen zu lernen. Er fragte, ob ich Zeit und Lust hätte, das Château anzuschauen und bot mir

eine exklusive Führung an. Wir steigen gemeinsam die Stufen zum Eingang hinauf. Der Weg ist mit Steinen versehen, die nicht flach gelegt, sondern schräg in den Untergrund gesteckt sind, so dass die abgerundeten Spitzen nach oben schauen. Diese Art Wege zu gestalten, stamme noch aus der Römerzeit. Es habe den Vorteil, dass man bei Nässe nicht ausrutscht. Ob das auch schon für die Römer ausschlaggebend war?

Die Stufen, die zum neuen Verkaufsraum führen, sind von großen Holzkübeln flankiert, in denen prächtige Zitrusbäume gedeihen. Der Verkaufsraum ist groß, hell und einladend. Durch die Farbgebung und das Motiv einer wandfüllenden Photographie

gegenüber des Eingangs, die in dunklen Blautönen gehalten ist, bekommt der Raum etwas
Mystisches. Das Photo zeigt Weinberge in der
Nacht, mit einem hinter Wolken halb verborgenen Mond. Dies seien die Anfänge von Dalmeran
gewesen, erklärt Neil Joyce, nun gehe es aus der
Nacht in den Morgen und den beginnenden Tag.
Wir betreten die erste der beiden Eingangshallen
von imposanter Höhe, und ich kann meine Begeisterung kaum im Zaum halten. Ist das wunder-
schön hier! Er wirft mir einen Seitenblick zu und fragt verschmitzt, ob es mir gut
gehe. „Wenn nicht, holen wir einen Arzt", scherze ich zurück.

Die Küche ist das Juwel des Hauses. Nach neuestem Stand der Technik bestückt,
werden hier zukünftig Kochevents besonderer Art stattfinden. Dazu wird je ein
junger aufstrebender Koch eingeladen, der ein Menu zum Wein kreiert und dieses
einer Jury präsentiert.

Mit seiner Frage „are you ready for the next room?" betreten wir die Bibliothek.
Der imposante Kamin ist mit hellblauem Marmor verkleidet, der aus dem Schlaf-
zimmer stammen soll, in dem Louis XIV die Hochzeitsnacht verbrachte. Im
Boudoir nebenan hängt ein Kandelaber von der Decke, der mit speziellen
Glühbirnen versehen ist, die das Licht zucken lassen und bei dessen Flackern man
sich fragt, ob man noch nüchtern ist.

Wir setzen die Besichtigung draußen fort, wo ein römischer Brunnen und das
direkt am Schloss endende Aquädukt aus römischer Zeit zu entdecken sind. Das
Aquädukt hatte eine Länge von 25 Kilometern und transportierte das Wasser, mit
dem die Ölmühlen früher angetrieben wurden. Es
gehörte zu einer der beiden Hauptwasserleitungen,
die einst das Wasser der Alpilles nach Arles brach-
ten.

Abseits des Weges steht eine kleine Kapelle, in der
Neil Joyce auf die Bodenplatte aufmerksam macht,
die die Daten einer Dame d'Almeran, trägt, die hier
ihre letzte Ruhestätte fand. Im Wappen derer von
d'Almeran findet sich der sechzehnzackige Stern –
der Stern von Bethlehem, dessen Abbildung auch in
Les Baux zu sehen ist. Von dem Stern inspiriert kam
die Idee, dieses Symbol, das zum Haus gehörte, auf
die Etiketten der neuen Weinflaschen zu überneh-
men.

Aus d'Almeran wurde der heutige Name Dalmeran. Das Château in seiner jetzigen Form, stammt aus dem 19. Jahrhundert. Damals war Reichtum an der Anzahl der Fenster, die rechts und links der Eingangstür angeordnet waren, zu erkennen. Ab vier Fenstern galt der Hausbesitzer als reicher Mann. Fenster gab es im alten Château mehr als genug.

Wir betreten den Park mit wundervollen alten Bäumen. Neil Joyce hat sich zur Aufgabe gemacht, den Baumbestand zu erhalten. Die  toten Bäume, die nicht mehr zu retten waren, ließ er von einem Künstler phantasievoll und mit Regionalbezug gestalten. So kann die krumme, fast parallel zum Boden wachsende und nach Licht strebende Pinie, die dem nächsten Mistral nicht mehr Stand gehalten hätte, ihren Platz im Park behalten.

Gleich am Eingang zeigt Neil Joyce auf ein aus zwei Baumstämmen gefertigtes Ensemble eines Stieres und eines ganz zierlichen daneben stehenden Stierkämpfers. Neil Joyce deutet auf meine rote Hose: „Die Hose hat genau die richtige Farbe um den Stier abzulenken. Das lässt uns Männern die Zeit um unser Leben zu rennen. – Apropos, wo wir gerade über Stiere sprechen: Kennt ihr den Unterschied zwischen einem spanischen torro und einem *taureau* aus der Camargue? Die Hörner der spanischen Stiere wachsen steil nach oben", klärt er auf, „während die Hörner der Camargue-Stiere seitlich angesetzt und nur leicht nach oben gewölbt sind."

An der Einfahrt zu den Weinbergen steht ein weiteres Kunstwerk, das aus einer toten Zypresse entstanden ist. Er nennt sie „meinen Geisterbaum", weil es unheimlich klingt, wenn der Sturm sich heulend in ihren geschnitzten Windungen verfängt. Am oberen Ende des Stammes sind zwei Astansätze zu sehen, die die Form winziger Ohren haben, unmittelbar darunter scheint sich ein Daumen aus dem Holz zu recken. Die Zweige und Astgabeln hat der Künstler sorgfältig entfernt und in den Boden des gegenüberliegenden Hanges neben eine weitere Zypresse gesteckt. Sie symbolisieren sieben Arbeiter auf ihrem Weg in den Weinberg. „Sehen diese beiden Zypressen nicht wie das Tor zu einem Tempel aus?" Stimmt, daran haben die beiden zueinander geneigten Bäume mich auch erinnert. Mich wundert, dass in seinem Park nur relativ wenige Pinien stehen. Ich frage, ob sie wegen der Brandgefahr seltener gepflanzt werden als früher.

„Eigentlich gehören sie gar nicht in die Gegend. Früher wurden sie zum Heizen gebraucht, da sie schnell wachsen.

Typischer sind die Steineichen, die auch einem Brand standhalten." Gegen diese allgegenwärtige Gefahr kann nur die geeignete Vegetation etwas ausrichten und dazu beitragen, das Feuer wenigstens nicht zu übertragen. Da er ums Überleben der Pinien besorgt ist, habe er mit der Aufforstung von Eichen begonnen.

Den „englischen Rasen" darf man übrigens betreten, und wir laufen wie auf einem Teppich vom Park zurück zum Schloss.

Ob ich Lust hätte, die Weinberge zu besichtigen, fragt er und stellt mir sein Gefährt vor, mit dem er diese Wege fährt. „Ich fahre keinen Wagen mit Allrad-, sondern ein Auto mit Einradantrieb", sagt er, während wir auf einen Citroên Mehari zugehen, dessen Beifahrertürchen er mir galant öffnet. Ein abenteuerliches Gefährt, das an einen Pick-up erinnert und innen nur mit dem Nötigsten ausgestattet ist.

Die beiden Herren, die mich begleiteten, verfrachtet er mit den Worten „hinten ist es etwas ungemütlich" auf die Rücksitze. Es wird eine halsbrecherische Fahrt bergauf und bergab bis wir den „Hubschrauberlandeplatz" erreichen, wie er den höchsten Punkt des Geländes nennt. Ein Plateau, von dem aus wir die 36 000 ha überblicken, die zu seinem Besitz gehören und einen phantastischen Weitblick bieten. In der Ferne ist der Riese der Provence zu sehen: der Mont Ventoux. Östlich davon liegt die Felsformation der Dentelles de Montmirail. Im Westen zieht sich die kleinere Bergkette, die Montagnette entlang bis nach Avignon. Deutlich ist an diesem klaren Tag der Papstpalast zu erkennen. Einer seiner Türme wird gerade in diesem Moment von der Sonne angestrahlt und scheint herüberzublinzeln.

Neil Joyce deutet auf all die kleinen Ortschaften, die in der Ferne liegen und stellt sie mir alle einzeln vor. Ich bewundere seine Kenntnisse des Landes und seine Liebe zur Provence und frage ihn, welch glücklichem Umstand er es zu verdanken hat, dass ihn sein Weg hierher führte. Er schmunzelt, während er berichtet, dass er Vertreter einer englischen Firma für das europäische Festland war. Als die Firma verkauft wurde, überlegten sein Teamkollege und er, ob sie in dieser Branche weitermachen oder etwas Neues wagen. Und dann habe er sich für das Neue entschlossen und seine Wahl fiel auf die Weinbranche. Auch die Frage ob Bordeaux oder Rhône fiel schnell zu Gunsten der Rhône-Weine aus „und das kam dabei heraus", sagt er mit weit ausladender Handbewegung über seine Ländereien und einem fröhlichen Lächeln. Ich deute auf den Hang hinter uns, der ganz neu aufgeforstet scheint und mein Verdacht war richtig, dass es hier vor nicht allzu langer Zeit gebrannt haben muss. Eine Familienfehde früherer Besitzer endete mit dieser Brandstiftung. Das Grundstück hat schon einiges erlebt in vielen Jahrzehnten. So sind allein in einem Jahr acht Engländer versehentlich zur Jagdbeute geworden und soweit die Geschichten stimmen, die man erzählt, hätten insgesamt schon vierzig Jäger ihr Leben in den Hügeln von Dalmeran verloren.

Er zeigt auf einen Tümpel tief unter uns, der angelegt wurde, um die Starkregenfälle aufzunehmen, damit die Wassermassen von bis zu 300 Litern pro Quadratmeter nicht die Felder wegreißen. Die Wildschweine, die zahlreich in der Gegend leben, lieben diesen Tümpel und nutzen ihn als Badeteich. Les sangliers! Da er kein Franzose ist, wage ich die Kunst der Jäger in Zweifel zu ziehen, denn wären sie so gut, wie sie gerne glauben machen, müssten alle Wildschweine in der Provence längst ausgerottet sein. Er sieht es genauso, und wir lachen herzlich darüber.

Auf der Fahrt durch die Weinberge halten wir an verschiedenen Stellen an, und Neil Joyce erklärt mir anschaulich die unterschiedlichen Rebsorten, und wie sie voneinander zu unterscheiden sind. Die Blätter des Cabernet Sauvignon haben eine ähnliche Form wie Feigenblätter. Wenn man die Blätter faltet, schließen sich die Blatteinschnitte zu Kreisen. Die Rippen auf der Blattunterseite sind erhaben, während die Blätter der Rebsorte Syrah (Shiraz) glatte Blattränder und flache Blattrippen haben.

Seine Babys, nennt Neil Joyce die kleinen Mourvèdre-Pflänzchen, die gerade erst zwei Jahre alt sind und noch mindestens ein Jahr brauchen, bis sie frühestens die Reife zur Weingewinnung haben werden.

Der neue Jahrgang wird nach der „méthode bordelaise" gekeltert. Dabei werden die Trauben bei der Ernte von den Stielen gestreift und der Wein aus purem Traubensaft gewonnen. Dadurch, dass der Wein ohne Stiele mazerisiert, wird der Tanningehalt niedriger.

Wir fahren an einigen der achthundert Olivenbäume vorbei, die mittlerweile zum Schloss gehören und dabei erfahre ich, dass Weinstöcke Hanglagen bevorzugen, während die Oliven ebene Flächen lieben. Dort ist ihr hoher Wasserbedarf zudem besser zu decken. Die Oliven bringt Monsieur Joyce zum Pressen und zur Ölgewinnung in die unweit von hier gelegene Moulin du Calanquet. Das Öl des Château Dalmeran (AOC Vallée des Baux) wird aus fünf Olivensorten mit hohen Anteilen von Béruguette und Picholine hergestellt. – Als wir gerade aus den Weinbergen zurück sind, ertönt von der Einfahrt her die Alarmanlage. „Wenn ich in zehn Minuten nicht zurück bin", ruft er uns mit seinem schwarzen Humor zu, „ladet die Gewehre!" Doch alles ging gut – es war nur der *facteur* mit einem Paket.

Zur Zeit gibt es vier Sorten Wein vom Château Dalmeran: der Rosé aus Grenache, Cinsault und Cabernet Sauvignon hat eine wunderschöne Farbe, die zwischen himbeerrot und lachsfarben changiert. Er duftet nach frischen roten Früchten und schmeckt fruchtig mit ausgewogener Säure.

Der **Rouge Dalmeran** ist von dunklem Rubinrot und wird aus Grenache, Syrah und Cabernet Sauvignon gewonnen. In der Nase hinterlässt er die Intensität reifer roter Früchte mit einer leichten Vanillenote, die aus der zweijährigen Reifezeit in Eichenfässern stammt. Es ist ein sehr intensiver Wein, dessen Tanninnote kräftig ist, ohne zu sehr im den Vordergrund zu stehen. „**La Cuvée Bastide Dalmeran**" aus

Grenache, Syrah, Cabernet Sauvignon und Cinsault vereint alle Rebsorten der Weinberge in sich. Intensive Farbe und Geschmack kennzeichnen ihn.

Das neueste Erzeugnis des Hauses Dalmeran ist ein eleganter nach weißen Blüten duftender Weißwein. Seinen kräftigen Geschmack verdankt er der seltenen, aber für das Rhônetal nicht unüblichen Rebsorte Roussanne, die für säurereiches und gleichzeitig blumiges Aroma sorgt.

Zum Jahreswechsel 2012 erreichte mich eine Karte von Béatrice und Neil Joyce mit der Ankündigung „deux domaines unis par les étoiles …", die mich darauf aufmerksam machte, dass das alteingesessene Châteauneuf-du-Pape-Weingut „La Célestière" nun mit Dalmeran vereint ist. Die Entdeckung dieser Weine steht für den nächsten Urlaub auf meinem Programm!

Chateau Dalmeran, Inhaber: Neil Joyce, 45, Av. Notre-Dame-du-Château, 13103 St.-Etienne-du-Grès, Tel: 00 33 (0)4 90 49 04 04, Fax: 00 33 (0)4 90 49 15 39, www.dalmeran.fr, www.lacelestiere.fr, E-Mail: Château.Dalmeran@wanadoo.fr, geöffnet: 9.00–12.30 und 14.00–18.30 Uhr. Mittwoch und Sonntag geschlossen.

An derselben Straße, dem „Vieux Chemin d'Arles" (C 18), liegen, wenn man in Richtung Les Baux weiterfährt, die Weingüter „Trévallon" (Flaschenpreis ab 40 Euro) und „Mas Carlin".

Domaine de Trevallon

Um zur Domaine de Trévallon vorzudringen, brauchten wir mehrere Jahre – warum? Weil zwischen Mitte Juli und Mitte Oktober kein Verkauf stattfindet … Überhaupt deutete nichts darauf hin, dass hier überhaupt Wein verkauft wird. Zwar lief die arrosage automatique (Bewässerungsanlage) aber der Weinkeller war jedes Mal geschlossen. Von Jahr zu Jahr wurden wir neugieriger, und eines Abends, auf dem Weg in ein Restaurant, versuchten wir es nochmals – und hatten Glück, oder auch Pech. Zwar trafen wir einen Monsieur an, er schien an uns jedoch kein Interesse zu haben. Der Wein koste 40 Euro, ließ er mich wissen, und er nähme auch nur Bargeld an. Das war mir in zwanzig Jahren Frankreich noch nie passiert.

Daraufhin recherchierte ich in Weinzeitschriften und im Internet und konnte erfahren, dass der Trévallon 1983 zu Weltruhm kam, nachdem einer der berühmtesten Weinkritiker der Welt, Robert Parker (was Marcel Reich-Ranicki in der Literaturwelt verkörpert, ist Parker für die Weinkenner), den Wein getestet, für gut befunden und weltweit bekannt gemacht hatte. Die Folge einer solchen Bewertung ist häufig ein kräftiger Preisanstieg, der die Schmerzgrenze schon überschreitet. Da spielte es auch keine Rolle, dass der Domaine 1993 die allseits begehrte Appellation Coteaux d'Aix aberkannt wurde. Der Trévallon wurde zu einem „vin de pays" degradiert, da der Winzer sich im Hinblick auf die regional üblichen und anzubauenden Rebsorten keine Vorschriften machen lassen wollte. An der Qualität und am Ruf des Weines ändert diese Formalität nichts. Der Wein wird an die 600 besten Restaurants der Welt verkauft und ist dort für bis zu 300 Euro pro Flasche zum Menu erhältlich.

Da fällt es nicht schwer, den Keller nur für ausgewählte Kunden und nach vorheriger telefonischer Terminvereinbarung zu öffnen. Für den Besitzer und Winzer gibt es übrigens keine schlechten Jahrgänge; der 2002er hätte aufgrund der Wolkenbrüche im September von minderer Qualität sein können, daher „vinifizierte" er diese Trauben nicht.

Mas Carlin

Ganz anders verlief der Besuch im fast gegenüber liegenden „Mas Carlin". Die Auffahrt
führt an landwirtschaftlichen Gebäuden vorbei,
die Luft ist erfüllt von ländlichem Duft. Alle
Türen des alten, üppig bewachsenen Hauses stehen weit offen. Links neben dem Haus ist eine
Pferdekoppel, auf der sich einige Pferde verspielt
über die Wiese jagen. Die Abendsonne spiegelt
sich rötlich in ihren Mähnen. – Da sich auf mein
Rufen niemand zeigt, warte ich diskret.

Kurz darauf kommt ein Geländewagen die Zu-
fahrt herauf und zieht eine lange Staubfahne
hinter sich her. Aus dem offenen Fenster der Bei-
fahrertür streckt ein Schweizer Sennhund die neugierige Nase.

Im Aussteigen fragt Madame: „personne là?", und fordert mich auf, ihr zu folgen und Platz zu nehmen. Auf die Verkostung verzichte ich angesichts der Vorausgegangenen und verschiebe sie auf die Abendessenszeit. Madame hat dafür volles Verständnis und packt mir Rosé und Rotwein ein. Die Weine haben eine wunder-

bare Farbe und ein kräftiges „parfum" und werden mich sicher nicht enttäuschen. Beim Verlassen des Hauses fällt mein Blick auf den Stein, der die Jahreszahl 1792 trägt. Welch eine Atmosphäre in diesen Bruchsteinmauern – man riecht und spürt das Alter und wird ganz ehrfürchtig – als wäre die Vergangenheit hier ein Stück näher.

Der Wein, ein 98er, den ich zum Abendessen trank, hielt, was Farbe und Duft versprachen. Von ganz dunklem Granatrot mit einem kräftigen Bouquet, ist er sehr körperreich, mit geringem Tanningehalt, erinnert an trockene, rote Früchte und schmeckt sehr gut. Die Preise pro Flasche liegen zwischen 6 und 9 Euro.

Die Cuvée **Tradition Rouge** wird aus den Rebsorten Grenache, Syrah, Cinsault, Carignan und Mourvèdre gewonnen. Die ideale Trinktemperatur liegt bei 16° C.

Den Rosé öffnete ich am Mittag des nächsten Tages und erfreute mich schon bei seinem Anblick im Glas. Er ist genau der richtige Begleiter für ein leichtes Essen; herb und dabei sehr fruchtig. Rebsorten: Syrah, Grenache, Cinsault, Carignan und Cabernet. Der Rosé des Jahrgangs 2005 erreichte aufgrund der späten Ernte einen Alkoholgehalt von 15,5 %!

Auf diesen Wein war ich neugierig, daher besuchte ich auf meiner „Weintour" im September 2006 das Gut erneut. In der Nacht hatte es kräftig geregnet, daher legte ich den kurzen Weg von der Straße zum Haus zu Fuß zurück. Auf mein Rufen hebt der Berner Sennhund, dem ich schon mehrmals hier begegnete, träge den Kopf. Im Haus ist niemand, da der Patron gerade die Pferde von der Koppel über den Hof auf die nebenan gelegene Weide führt. Zwei große Hunde umspringen die Pferde, bis sie auf mich aufmerksam werden und neugierig näherkommen. Ihnen ist gleich anzusehen, dass sie keine Menschenfresser sind, dennoch beschleunigt sich mein Puls leicht.

Doch in diesem Moment kommt Madame Dupuy, die Besitzerin, um die Hausecke, öffnet die Heckklappe ihres Renault Kastenwagens und ruft den Hunden „allez hopp!" zu, worauf sie sofort in den Wagen springen. Voilà! Nun hat sie Zeit für mich, sagt sie freundlich, obwohl ich unangemeldet vorbeikam.

Sie bittet mich einzutreten, nachdem sie vor der Tür ein halbhohes Brett entfernt hat. Bei starken Regenfällen sei dies eine gute Maßnahme, um zu verhindern, dass Wasser ins Haus eindringe „très simple et efficace", sagt sie lächelnd.

Der gemütliche Verkaufsraum ist mit alten Möbeln aus Familienbesitz geschmackvoll möbliert. Rechts an der Wand ist ein riesiger Kamin, wie man ihn häufig in französischen Landhäusern findet; er hat fast die Größe einer Speisekammer. Der Mas von 1792 ist seitdem in Familienbesitz – Weinbau wird mittlerweile in vierter Generation betrieben. Die Jahresproduktion liegt bei 140 000 Flaschen. Die Domaine vertreibt ihre Weine in der Region und ist auf den individuellen Verkauf spezialisiert. Mittwochs finden Sie Madame Dupuy in St. Rémy auf dem Wochenmarkt.

Sehr gespannt war ich auf den Rosé mit seinen 15,5 %. Was ich selten so deutlich empfand, waren die unterschiedlichen geschmacklichen Facetten, die der Rosé je nach Temperatur entwickelt. Direkt aus dem Kühlschrank eingegossen, beschlägt zwar das Glas sehr schön, aber ein Teil des Aromas bleibt verborgen. Die Ankündigung des Etikettes „reichhaltig und hinreißend, mit Noten von Zitrusfrüchten und Enzian" kam erst beim zweiten Versuch und in deutlich weniger gekühltem

Zustand zum Vorschein. Er schmeckte weicher, samtig, also durchaus ungewöhnlich für einen Rosé, fast wie ein Likörwein, doch ohne dessen Süße.

Der Rotwein ist von einem tiefen dunkelrot, hat eine „belle robe", ist sehr kräftig im Geschmack, etwas zu tanninhaltig, was jedoch keine Abwertung ist, sondern der Hinweis darauf, dass ich ihn zu jung probiert habe; durch längere Lagerung verflüchtigen sich die Tannine noch.

Überraschend ist übrigens auch, dass sich seit meinem ersten Besuch im Sommer 2001 weder die Preise noch die Qualität der beiden Weine verändert haben.

Mas Carlin ist leicht zu finden: Entweder von St. Etienne du Grès aus über die beschriebene Nebenstraße C 18 (Vieux chemin romain d'Arles) oder die D 99, eine Platanenalle und zugleich die Hauptverkehrsstraße von St. Etienne du Grès nach St. Rémy. Unabhängig aus welcher Richtung Sie kommen, biegen Sie am kleinen Kreisverkehr in Mas Blanc des Alpilles in die Route du moulin de Rousty ab. Sie führt am Friedhof vorbei und stößt nach ca. 500 Metern auf die C 18, in die Sie links einbiegen. Nach 200 Metern auf dieser Straße liegt links Mas Carlin.

Mas Carlin, Vieux chemin romain d'Arles à Saint Rémy de Provence, 13103 Mas Blanc des Alpilles, Tel / Fax 04 90 49 11 42, E-mail: contact@mascarlin.com, Internet: www.mascarlin.com

Ich kann übrigens nicht bestätigen, dass der Wein im Urlaub anders und besser schmeckt als wenn man ihn daheim trinke. Es ist zwar einleuchtend, dass Klima und Stimmung einen Einfluss haben, aber dass ein Wein nur im Urlaub schmeckt, habe ich mit den Weinen der genannten Weingütern noch nicht erlebt.

Mas Sainte Berthe

Ein Klassiker, auf den ich schon bei meinem ersten Frankreichurlaub 1982 stieß, ist der Wein von Mas Sainte Berthe. Die Domaine liegt in bevorzugter Lage, südlich der Alpilles, und dadurch im Schutz der Bergkette, zu Füßen von Les Baux.

Das Weingut finden Sie, wenn Sie von St. Rémy aus auf der D 5 (Richtung Mouriès, Maussane, Les Baux) fahren und nachdem Sie die Alpilles durchquert haben, nach rechts auf die D 27a abbiegen. Bevor die Straße nach Les Baux ansteigt, sehen Sie das Hinweisschild, an dem Sie nach links abbiegen und der Beschilderung „Cave" folgen.

Im Mas Sainte Berthe wurden die ersten Trauben zwischen 1953 und 1964 auf zunächst 14 Hektar Boden gepflanzt und ersetzten im Laufe der 70er und 80er Jahre nach und nach die alten Aprikosenbäume, von denen ich nach meinem Weinkauf so gerne naschte. Mittlerweile sind die Aprikosenbäume durch Olivenbäume ersetzt und die Anbaufläche für

Wein ist auf 37 ha erweitert. Im Mai 2006 feierte Mas Sainte Berthe sein dreißigjähriges Jubiläum. Seit 1976 werden erstklassige Weine produziert, die schon früh mit Medaillen ausgezeichnet wurden. Die Weinpreise blieben erschwinglich. Anfangs gab es einen guten „vin délimité de qualité supérieure" (Qualitätswein) zu 4,80 DM (1986), das war damals – wie auch bei den aktuellen Preisen (Rouge Tradition: 5,70 Euro, Rosé : 6 Euro , Weißwein: 6,50 Euro) – hohe Qualität zu kundenfreundlichem Preis.

Viele Medaillen, Preise und Auszeichnungen folgten in den letzten beiden Jahrzehnten. Während Rouge und Rosé die AOC Les Baux de Provence haben, gehört der Weißwein zur benachbarten AOC Coteaux d'Aix. Freundlich wurde meine Nachfrage beantwortet: ein „neuer" Wein muss sich erst etwa zehn Jahre behaupten, bevor er in die „kleinere eigene" AOC kommt. Nun, dann ist es ja bald soweit.

Zunächst hatte ich mich mit dem Weißen nicht recht anfreunden können und probierte ihn jedes Jahr aufs Neue. 1999 fand ich in diesem Weißen genau das, was ich an Weißwein mag. Im ersten Moment trocken und dann entfaltet er das, was im Terminus technicus anders heißt als ich es nenne. Ich beschreibe es mit: er „breitet sich im Mund so stark aus, dass es fast schade ist, wenn man ihn schlucken muss". Der Rosé war in früheren Jahren mein Favorit, fruchtig, spritzig und federleicht. Dann stellte ich fest, wie sich nach den vielen Provencejahren mein Geschmack änderte. Rosé im Sommer (im Urlaub schon mal zum späten Frühstück) zu Salaten oder Fisch – ab Spätherbst und natürlich im Winter, wenn ich die leichten Sommerrezepte bis zum nächsten Sommer in die Schublade lege, trinke ich ausschließlich Rotwein. Am liebsten die körperreichen, die an reife rote Früchte erinnern. Ich glaube, dass die Weine vom Mas Sainte Berthe und der gesamten südlichen Rhônegegend meine Geschmacksrichtung stark geprägt haben. Für Rotweine wie auch für Rosé sind es die Rebsorten Grenache, Carignan, Syrah, Cabernet Sauvignon, Mourvèdre – für die Weißweine Grenache blanc, Ugni-blanc, Rolle und Sauvignon, die diese Weine prägen.

Der **Rouge Tradition** aus Grenache, Syrah und Cabernet, der zwölf Monate in großen Fässern reift, ist ein exzellenter Rotwein. Seit 1986 gibt es die „**Cuvée Louis David**", einen Rotwein, der hohen Ansprüchen gerecht wird. Er stammt von den ältesten, teilweise 40-jährigen Rebstöcken der Domaine und reift 12 Monate zu gleichen Teilen in neuen wie in gebrauchten Eichenfässern. Er ist mit 9,80 Euro etwas teurer, dafür aber ein Juwel dessen Preis-Leistungsverhältnis stimmt.

Le Mas Sainte Berthe, Départementale 27 a, 13520 Les-Baux-de-Provence,
Tel: 00 33 (0)4 90 54 39 01, 00 33 (0)4 90 54 46 17, www.mas-sainte-berthe.com,
Öffnungszeiten: täglich 09:00–12:00 und 14:00–18:00 Uhr

Mas de la Dame

Mit Ausnahme der Nachbardomaine Mas de la Dame kenne ich kein Weingut in vergleichbarer Lage mit diesem Blick auf Les Baux. Sehe ich von dort Les Baux im Licht der untergehenden Sonne, fällt mir immer die Beschreibung von Rainer Maria Rilke ein, der, am 12. Juli 1909, in einem Brief an eine Freundin schrieb: *Hast du nie von Les Baux gehört? Man kommt von St. Rémy, wo die Provence-Erde lauter Felder von Blumen trägt, und auf einmal schlägt alles in Stein um. Und gegenüber, fern in den Himmel eingelegt, wie Stein in Stein, heben sich die Ränder der seltsamsten Ansiedlung herauf, und der Weg hin ist so von immensen Trümmern verlegt, daß man meint, selber auffliegen zu müssen, um in die offene Leere dort oben eine Seele zu tragen. Das ist Les Baux …*

Mas de la Dame ist ein schönes Anwesen aus dem 15. Jahrhundert, das Vincent van Gogh 1890 während seines Aufenthaltes im Kranken-haus in St. Rémy in einem seiner farbenfrohen Bild festhielt. Auf der Domaine gibt es vier Rotweine und je zwei Rosé und Weißweine in der Preisklasse zwischen 6 und 20 Euro.

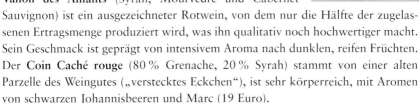

Cuvée gourmande rouge (Grenache, Syrah, Carignan) ist ein lebhafter, fruchtiger Wein, der nach Gewürzen duftet und gekühlt auch im Sommer schmeckt.

Stèle rouge wird nur in kleinen Mengen aus den ältesten Weinstöcken produziert (Syrah und Cabernet-Sauvignon). Ein aromareicher Wein, der nach Gewürzen (Süßholz, Lakritze) und vollreifen Früchten duftet und schmeckt.

Vallon des Amants (Syrah, Mourvèdre und Cabernet-Sauvignon) ist ein ausgezeichneter Rotwein, von dem nur die Hälfte der zugelassenen Ertragsmenge produziert wird, was ihn qualitativ noch hochwertiger macht. Sein Geschmack ist geprägt von intensivem Aroma nach dunklen, reifen Früchten.

Der **Coin Caché rouge** (80 % Grenache, 20 % Syrah) stammt von einer alten Parzelle des Weingutes („verstecktes Eckchen"), ist sehr körperreich, mit Aromen von schwarzen Johannisbeeren und Marc (19 Euro).

Der **Réserve Rouge** (Grenache, Cabernet-Sauvignon, Syrah) ist ebenfalls ein sehr fruchtiger Wein mit Gewürz- und Kräuternoten (Thymian, Lorbeer) und repräsentiert den Boden, auf dem er wächst (8,10 Euro).

Die **Cuvée gourmande rosé** (Grenache, Cinsault, Carignan) ist ein weicher und fruchtiger Rosé. Der ideale Begleiter eines sommerlichen Essen, passt auch gut zu asiatischen Gerichten (7,10 Euro).

Rosé Mas (Grenache, Cinsault und Syrah) ist sehr ausdrucksstark, lebendig und zugleich abgerundet. Gewann 2004 in Paris die Silbermedaille (7,10 Euro).

Die beiden Weißweine haben die AOC Coteaux d'Aix. Der **Stèle blanc** ist die gelungene Mischung aus den Rebsorten Rolle (80 %) und Clairette (20 %), ist sehr trocken und fruchtig mit Aromen wie Pfirsich, Aprikose und einer Spur Rosmarin. Er gewann 2004 die Silbermedaille in Paris und war im gleichen Jahr Preisträger der AOC Les Baux (8,30 Euro).

Coin Caché blanc (Semillon und Clairette; Ausbau im Eichenfass): Die Trauben werden nach der Mazeration gepresst und neun Monate auf dem Hefesatz belassen. Sechs Monate lang muss der entstehende Wein bei dieser besonderen Art der Gärung wöchentlich durchgemischt werden, was zusätzliche Geschmacksstoffe in den Wein bringt. Der Wein (20 Euro) hat eine charakteristische Note nach geröstetem Brot und harmoniert mit Fisch- oder Geflügelgerichten und natürlich mit Ziegenkäse.

Mas de la Dame, route départementale 5, 13520 Les Baux-de-Provence, Inhaber: Anne Poniatowski und Caroline Missoffe, Tel: 04 90 54 32 24, Fax: 04 90 54 40 67, www.masdeladame.com

Domaine Milan

Sie liegt außerhalb von St. Rémy im Ortsteil „La Galine". Man verlässt den Ort in östlicher Richtung auf der D 99, die nach Mollégès und Cavaillon führt. Etwa 700 Meter nach dem Ortsausgang stehen rechts und links der Hauptstraße zwei Häuser, eine Bäckerei und gegenüber die Bar „La Galine", so nennt sich dieses Fleckchen. Gleich nach der Bäckerei rechts in den „Chemin des Boeufs et des Guillots" einbiegen und die kleine Brücke über den Canal des Alpilles passieren. Am Abzweig  *nicht* nach links in den „Chemin du Trou des Boeufs et des Guillots" einbiegen, sondern noch ca. 200 Meter weiter geradeaus, bis zum Hinweis Domaine Milan. Zwischen Weinstöcken, einem Bassin mit Seerosen und am alten Gutshaus „Tuilière vieille" führt eine Platanenallee, wie ich sie liebe, zum „Cave" der Domaine Milan. Unter einer mindestens hundertjährigen Platane steht ein Tisch im Schatten, auf dem noch einige Gläser und Flaschen stehen, als hätte gerade eben hier ein Mittagessen stattgefunden. Obwohl mitten in der Weinernte, nimmt sich der überaus sympathische Henri Milan persönlich Zeit, all meine Fragen zu beantworten. Ein leichtes Erstaunen, dass ich keine „dégustation sur place", sondern statt dessen

die Weine zu einem richtigen Essen probieren
möchte, war ihm anzumerken.
Seinen beiden anwesenden Kollegen und Freunden stellt er mich als „journaliste allemande" vor.
Drei fröhliche Männer, die Freude an ihrer Arbeit
haben. Als sie meinen Beruf erfahren, fragen sie,
ob ich auch Derrick kenne – quasi meinen Mün-
chener „Kollegen", die Serie laufe in Frankreich schon seit Jahrzehnten nachmittags im Fernsehen!

Auf seiner sehr persönlich gestalteten Homepage schreibt Henri Milan:
„Das erste Mal habe ich daran gedacht, selbst meinen Wein anzubauen, als ich
nach einer durchzechten Nacht morgens mit schrecklichen Kopfschmerzen aufge-
wacht bin. Ich habe mir also gesagt, dass ein ganz normal produzierter Wein von
noch so geringer Güte sich nicht allzu schlecht verkaufen dürfte, denn der schlechten Weine gab es anscheinend viele. Das war 1980, und ich ahnte noch
nicht, dass mein Leben durch diese Entscheidung eine ganz neue Wendung nehmen würde."

Schon Henri Milans Vater hat nach allen Regeln der Winzerkunst gear-
beitet, doch der Sohn hat dem Wein der Domaine Milan zu seinem heutigen Ruf verholfen. Seit dem Ende der 80er Jahre habe er komplett auf
biologischen Weinbau umgestellt. Auf meine Nachfrage bestätigt er,
dass er weder künstlichen Dünger noch die chemische Keule gegen
Schädlinge einsetze. Das Resultat sei eine erhebliche Qualitätssteigerung des pro-
duzierten Weines sowie eine geringere Anfälligkeit der Rebstöcke für Krankheiten,
mit denen die Weinbauern sonst zu kämpfen hatten. Allerdings habe die Verringe-
rung des Ertrages dazu geführt, auf den Verkauf in Flaschen umzusteigen.
Mit Ausnahme des Jahrgangs 2003 habe er bisher nur gute Erfahrungen gemacht.
Damals allerdings sei es zu einem Bakterienbefall gekommen, wovon 20 000 Flaschen betroffen waren. Zwar war der Wein nicht verdorben, hätte aber „très
acide", sehr sauer, geschmeckt.
Seinen Rosé stelle er nach einem besonderen Verfahren her, das zwar mit 20 % nur
eine geringere Ausbeute zur Folge habe, dafür sei sein Rosé jedoch lange haltbar.
Mir fallen die hübschen Weineti-
ketten auf. Er lasse sie jedes Jahr
neu gestalten. Einer der Künstler,
der in Frankreich sehr bekannt
war, sei ein guter Freund von ihm
gewesen, der leider nicht mehr
lebe.

Außer der Passion für seinen Beruf ist auch die Verbundenheit zu seiner Heimat deutlich zu spüren. Welcher Winzer nennt seinen Wein schon „ma terre"? Mit den Weinen „ma terre" beginnt auch die umfangreiche Weinliste der 13 unterschiedlichen Weine.

„Ma terre" in rot und rosé sind „vin de pays de Bouches du Rhône", der Weißwein „vin de pays des portes de méditerrannée". Der Rosé aus 40 Jahre alten Grenache-Weinstöcken und Merlot duftet würzig, hat eine ganz dezente Himbeernote und passt gut zu leichtem Essen (Salat, hellem Fleisch und Geflügel sowie zu Fisch).

Der Weißwein (Chardonnay, Muscat, Roussane), sagt M. Milan, sei außergewöhnlich, und das nicht nur, weil er seine eigene Kreation sei, in der seine ganze Überzeugung und sein Respekt dem Boden gegenüber, auf dem er wächst, stecke.

Domaine Milan Rouge 2001, 2003, 2004 AOC Les Baux de Provence (Grénache noir, Syrah, Cinsault, Cabernet Sauvignon) aus Weinstöcken, die zwischen 11 und 26 Jahre alt sind. Nach der Mazeration (30–40 Tage) erfolgt für 12 Monate der Ausbau im Barrique. Die Weine sind von tiefdunklem Rot, intensiv und sehr ausgefallen im Geschmack, mit ausgewogenem Tanningehalt (11–15 Euro). Er empfiehlt dazu: Hühnchen, Kalbsfilet mit Pfifferlingen oder Fleischklößchen aus Lamm, mit Rosinen und Kümmel.

Domaine Milan Rosé, 2004, AOC Les Baux de Provence (Grenache noir, Syrah) ist ein leichter, fruchtiger und dabei herber Wein, der ein idealer Begleiter der leichten sommerlichen Küche ist.

Clos Milan Rouge, 2001–2003, AOC Les Baux de Provence sind die Spitzenweine (20 Euro pro Flasche) aus den ältesten Weinstöcken der Domaine (Syrah 33 Jahre, Grenache 45 Jahre). Die Weine wurden 12 Monate im Barrique (Eichenfass) ausgebaut und nicht gefiltert, sondern mit Eiweiß geklärt, um ihr Aroma unverfälscht zu erhalten. Die Weine haben ausgezeichnete Lagerqualitäten, die für die einzelnen Jahrgänge unterschiedlich ausfallen: 2001 etwa bis 2012–2015; 2002 bis 2010 und der 2003er bis 2015/2017, vorausgesetzt, sie lagern unter günstigen Bedingungen bei gleichbleibenden Temperaturen.

Der 2001er profitierte von den klimatischen Bedingungen dieses Jahres, die ihm Kraft und Energie und ein Alkoholvolumen von 13,6 % verliehen. Als „Eisenhand im Samthandschuh" bezeichnet Henri Milan den 2001er. Er rät, ihn aufgrund seines natürlichen Depots zu dekantieren (4–8 Stunden), damit sich das Aroma voll entfalten kann.

Der 2003 verfüge über eine Qualität, wie die besten Burgunder. 2003 sei ein extrem heißes Jahr gewesen, fünf Monate habe die Durchschnittstemperatur bei

40° C gelegen, das gab den Trauben Feuer und man habe mit der Ernte bereits Ende August beginnen müssen.
Domaine Milan, 13210 St. Rémy de Provence, Via Aurelia,
Tel: 00 33 (0)4 90 92 12 52, Fax: 00 33 (0)4 90 92 33 51, www. dom-milan.com

Domaine Guilbert

Seit einigen Jahren gibt es im Ortsteil „La Galine" auf dem Terrain der ehemaligen Domaine Hauvette ein neues AOC Weingut, die Domaine Guilbert. Guy und Nathalie Delacommune haben die Domaine 2007 von der Vorbesitzerin Dominique Hauvette übernommen.

Sie finden dieses kleine Schmuckstück wenn Sie der D 99 vom Ortsausgang St. Rémy in östlicher Richtung (Mollégès und Cavaillon) etwa 700 Meter folgen, bis Sie

die wenigen Häuser von „La Galine" erreichen. Unmittelbar nach der Bäckerei und gegenüber der Bar „La Galine" biegen Sie nach rechts in den „Chemin des Boeufs et des Guillots" ein. Nach der kleinen Brücke am ersten Abzweig nach links in den „Chemin du Trou des Boeufs et des Guillots" abbiegen. Diesem Weg circa 400 Meter geradeaus folgen, dann erreichen Sie auf der rechten Seite die Einfahrt zur Domaine.

Die Domaine ist mit vier ha das kleinste Weingut der AOC Les Baux de Provence, das hervorragende Rotweine und Rosés biologisch zertifiziert produziert.

Der Boden ist für die dunklen Rebsorten Grenache, Syrah und Cabernet Sauvignon hervorragend geeignet. So ist es nicht verwunderlich, dass 60 % der Jahresproduktion von 25 hl pro Hektar dem Rotwein vorbehalten sind.

Der rote **Domaine Guilbert** 2007 aus Syrah, Grenache und Cabernet-Sauvignon ist ein dunkelrot funkelndes Geschmackserlebnis. Er duftet und schmeckt nach dunklen, reifen Früchten, hat leichte Noten von schwarzem Pfeffer und Vanille, die er durch den Ausbau im Barrique erhält. Im Abgang sei ein Hauch von Süßholz (réglisse) zu ahnen, klärt mich Monsieur Delacommune auf. Der Geschmack hat mich begeistert.

Domaine Guilbert Rouge 2008 besteht aus 50 % Syrah, 30 % Cabernet Sauvignon und 20 % aus Grenache. Dieser ganz besondere Jahrgang verträgt eine Lagerzeit von fünf bis zehn Jahren.

Die Rotweine mazerisieren in kegelförmigen Behältern und reifen danach zwölf Monate in Eichenholzfässern, wo sie die Komplexität des „terroir" entwickeln.

Der Rosé aus Grenache und Cabernet ist von zarter, heller Farbgebung und von intensivem Geschmack nach hellroten Früchten und der typischen Geschmacksnote des „terroir", des Bodens dieser Gegend, dem ein Hauch der typischen Garrigue-Vegetation anhaftet.

Domaine Guilbert, Chemin du Trou-des-Boeufs, La Haute Galine,
13210 St. Rémy de Provence, Tel: 0033(0)4 32 61 18 89,
Fax: 0033(0)4 32 60 10 63, www.domaine-guilbert.com,
E-Mail: domaineguilbert@orange.fr

Domaine Hauvette

Die Domaine Hauvette liegt ebenfalls außerhalb von St. Rémy. Sie folgen der D 99 vom Ortsausgang St. Rémy in östlicher Richtung (Mollégès und Cavaillon) etwa 700 Meter, bis Sie die wenigen Häuser von „La Galine" erreichen. Unmittelbar nach der Bäckerei und gegenüber der Bar „La Galine" nach rechts in den „Chemin des Boeufs et des Guillots" einbiegen. Nach der kleinen Brücke am ersten Abzweig biegen Sie nach links in den „Chemin du Trou des Boeufs et des Guillots" ab.

Diesem Weg folgen Sie ca. 400 Meter und nehmen dann links den Abzweig in die Via Aurelia. Nach einigen hundert Metern liegt die neue Domaine Hauvette auf der rechten Seite.

Dominique Hauvette ist eine außergewöhnliche Frau, deren Erscheinung mich an Meryl Streep erinnert. Die ehemalige Anwältin aus Annecy kehrte nach einem Urlaub in St. Rémy nicht mehr in die Savoyen zurück, weil sie ihrem Leben als Winzerin einen neuen Inhalt und eine neue Richtung geben wollte.

Ende der 80er Jahre begann Dominique Hauvette auf dem von ihrem Vater geerbten Grundstück mit 2 ha Land, das sie mit Reben bepflanzte. Damals war sie fast die erste mit der neuen Idee, biologischen Weinbau zu betreiben. Bei Winzern verschiedener benachbarter Güter (Trévallon und Domaine de Lauzières), die dasselbe Interesse hatten, holte sie sich Empfehlungen und bewirtschaftet mittlerweile sehr erfolgreich 17 ha Weinfelder. Chapeau! Sie hält die Regeln strikt ein, nicht mehr als 17–20 hl/ha zu erzeugen.

In manchen, sehr trockenen Jahren blieben die Erträge sogar deutlich darunter (2004: 15 hl/ha, 2005: 7 hl/ha).

Ihre großartigen Rotweine werden zu 50 % aus Grenache, 30 % Syrah und 20 % Cabernet-Sauvignon gekeltert, was ihnen einen fruchtigen und zugleich würzigen Geschmack verleiht.

Von ihrer bisherigen Domaine kannte ich ausschließlich Rotweine. Seit einiger Zeit experimentiert Madame Hauvette mit Weißweinen aus je 30 % Clairette und Roussanne, einer fast rostfarbigen Traubensorte und 40 % Marsanne. Insbesondere Roussanne verleiht dem Wein seinen typischen Duft und Geschmack nach Aprikosen und weißen Blüten.

Madame Hauvette benutzte anfangs Edelstahl- und Zementfässer. Nun scheint sie mit eiförmigen Betontanks die perfekte Form gefunden zu haben. Die Fässer sind nach dem Goldenen Schnitt entwickelt, was nach Ansicht der Winzerin dem Wein die beste Möglichkeit gibt, seinen Geschmack zu entfalten.

Die Flaschenpreise (0,75 l) der Weine der Domaine Hauvette liegen zwischen 22 und 26 Euro. Weinverkauf auf der Domaine erfolgt nur in Ausnahmefällen und nach vorheriger Terminabsprache. Die Weine sind bei „Intercave" in St. Rémy erhältlich. Folgende neun Weine sind vorrätig:

Domaine Hauvette Blanc de Blancs 2004 VdP (Vin du Pays de Bouches-du-Rhône: (Marsanne, Roussanne, Clairette) 12 Monate Barriqueausbau in alten Eichenfässern, ungefiltert, mit Eiweiß geklärt. Der Wein duftet nach Birne und dezent nach Vanille und behält diese Aromen auch im Mund.

Domaine Hauvette Rouge 2001 AOC Les Baux de Provence, duftet zart nach Pflanzen, stärker nach schwarzen Johannisbeeren und Himbeeren. Ein Wein mit guter Lagerqualität bis nach 2010.

Weiterhin gibt es **Domaine Hauvette Blanc de Blancs** 2001, einen Vin du Pays de Bouches-du-Rhône und die DOMAINE HAUVETTE Améthyste Rouge 2003 AOC Coteaux d'Aix (Cinsault, Carignan, Grenache), von teilweise 60 Jahre alten Weinstöcken. Gewürznoten und ein entfernter Duft nach Kirschen bestimmen den ersten Eindruck, der seinem Namen Améthyste Ausdruck verleiht.

Domaine Hauvette Rouge 2000, 1998, 1997 AOC Les Baux de Provence: je ein Drittel Grenache, Syrah und Cabernet Sauvignon. Der 2000er hat eine „belle robe", ganz dunkel, fast schwarz, eine pfeffrige Note und ist sowohl jung als auch noch bis 2010 gut zu trinken. Ein dezenter Duft nach Kakao und dunklen Kirschen steht für den 98er.

Domaine Hauvette Rouge 2002 AOC Les Baux de Provence: Grenache, Syrah und Cabernet Sauvignon. Kirschduft und Gewürze wie Zimt, Nelken und Salbei beschreiben den ersten Eindruck sowohl der Nase als auch des Gaumens sehr treffend.

Domaine Hauvette Rouge 2001 AOC Coteaux d'Aix: Cinsault, Cabernet Sauvignon.

Im Sommeliers-France ist nachzulesen, dass Dominique Hauvettes Weine von unnachahmlichem Stil seien, die ihren Ansprüchen an ihre Weine nach besonderer Feinheit und Eleganz sehr nahe kommen. Doch sei sie auch weiterhin auf der Suche, ihren Trauben die größtmögliche Ausdruckskraft zu verleihen.
Domaine Hauvette, Via Aurelia, La Haute Galine, 13210 St. Rémy de Provence, Tel: 0033(0)8 99 86 29 61, 0033 (0)4 90 92 03 90

Domaine de Lauzières

Unter den 14 Winzern bzw. Weingütern aus der Region Alpilles, die Mitte der 90er Jahre die Appellation d'Origine Contrôlée (AOC) Les Baux de Provence erhielten, ist auch die Domaine de Lauzières. Vor vielen Jahren war ich mit zwei Freundinnen auf der Suche nach dieser Domaine, von der wir nur wussten, dass sie in Mouriès zu finden ist. Wie ich eingangs erwähnte, sind die Gemarkungen sehr groß und

Höfe, die einige Kilometer außerhalb liegen, zählen noch dazu. Daher versuche ich auch, den Weg zu den Gütern zu beschreiben, damit es Ihnen nicht so ergeht wie uns an einem glühend heißen Nachmittag in und um Mouriès. Wir fuhren Kilometer um Kilometer und hielten Ausschau nach einem Schild mit der Aufschrift „Vin" – vergebens. Wir hatten den Wein beim Weinhändler in Frankfurt probiert und wollten uns nun auf die Suche nach dem Weingut machen, in der Vorstellung, dass die Domaine in einem kleinen Ort nicht schwer zu finden sein wird.

Zu dieser frühen Nachmittagsstunde waren die Straßen wie leer gefegt, insbesondere so weit außerhalb der Ortschaft. Wir hatten die Hoffnung aufgegeben und als wir noch immer auf der D 24 – schon sechs Kilometer außerhalb des Ortes – an einem dieser schmalen Bewässerungskanäle entlang fuhren, ritt uns der Teufel, und wir beschlossen, ein Bad zu nehmen.

Der Plan war leichter gefasst als ausgeführt. Das „Kanälchen", wie wir es liebevoll nannten, erwies sich fast als Mutprobe. Damit das Wasser den Höhenunterschied überwinden konnte, war es in einer Art Aquädukt gebändigt, um eine Schlucht zu überbrücken. Baden war natürlich „strictement", wenn nicht sogar „formellement interdit". Wir reagierten wie Franzosen und ignorierten die Schilder. In 15 Meter Höhe balancierten wir auf einer ca. 60 cm breiten Einfassung etwa 100 Meter über einer Schlucht zu der Stelle, von der wir annahmen, dass man von dort am besten ins Wasser gelangt. Unsere Kleider hatten wir natürlich abgelegt, wir konnten sie im Wasser nicht tragen, das – der Wasserstandsanzeige zufolge – 80 cm tief sein sollte. Wer sollte uns in dieser gottverlassenen Gegend schon sehen? Es war eine herrliche Erfrischung! Nach 35°C im Schatten, waren wir schnell abgekühlt. Die gefühlte Wassertemperatur lag bei 15°C; das Wasser kam direkt aus dem Gebirge. Wir genossen unser Bad und erst als wir ein Moped knatternd näherkommen hörten, suchten wir schnell unsere Kleider zusammen und setzten unseren Weg fort.

Wieder zurück auf der D 24 lasen wir auf dem Straßenschild „Le Destet" und dachten gar nicht mehr an das gesuchte Weingut. Als wir um die nächste Kurve bogen, sahen wir ein riesiges Weinfass am rechten Straßenrand: die gesuchte Domaine! Die Weinlese war in vollem Gang. Die Erntehelfer winkten uns freundlich zu, und wir bedauerten sehr, dass wir trotz langsamer Fahrt eine solche Staubfahne hinter uns her zogen.

Am Hause angelangt, erwartete uns eine nette ältere Dame, die uns schon hatte kommen sehen. Sie begleitete uns in den kühlen Weinkeller. Dass wir nicht schwitzten, sei ungewöhnlich bei Touristen, sagte sie und schmunzelte. Eine Stunde vor uns sei eine Reisegruppe mit dem Bus gekommen, die alle über die Hitze gestöhnt hätten. Wir verrieten unser kleines Geheimnis und wunderten uns, warum sie lachte. „Ach Sie waren das, die so fröhlich waren, wir hörten Ihr Lachen …"

Wir kauften gleich mehrere Kisten des kräftigen Weines und Sie verstehen sicher, dass ich kein objektives Urteil hätte abgeben können, denn die Erinnerung an diese Geschichte schwingt immer mit.

In einem späteren Jahr wollte ich die Erinnerung an diesen lustigen Tag noch einmal aufleben lassen; zumal ich den Weg nun kannte und mir auch der Wein in guter Erinnerung geblieben war. Ein Wein mit vollem Bouquet, der auch zu herzhaftem Essen getrunken werden konnte, ohne geschmacklich dabei unterzugehen. Alles war wie beim ersten Mal, nur nahm ich dieses Mal den direkten Weg. Die Domaine wirkte irgendwie verlassen. Ich traf einen Herrn, der zu meiner Überraschung deutsch sprach. Er sah meine Enttäuschung als er sagte, dass es keinen Wein mehr im Direktverkauf gäbe. Ich begriff zunächst nicht, warum die ganze Ernte komplett in die Schweiz verkauft wird und fragte nochmals nach. Dachte ich, es gäbe Ausnahmen?

Irgendwie hoffte ich, dass in diesem Paradies alles beim Alten bleibt und sich nichts ändert. Der freundliche Herr gab mir sein Kärtchen und die Telefonnummer der Schweizer Firma, wo ich telefonisch bestellen könne. Das habe ich nie getan, weil es mir zu unpersönlich erschien. Da ich jedoch immer wieder in Weinführern von der Domaine de Lauzières las, recherchierte ich im Internet und wurde fündig: www.domaine-de-lauzières oder www.balisiers.com (und dann auf den Button „Weine und Öl aus der Provence" klicken).

Da hatten sich zu Beginn der 90er Jahre die Schweizer (Winzer) Gérard Pillon und Jean-Daniel Schlaepfer einen Traum verwirklicht und mit viel Idealismus und Engagement dieses Weingut übernommen. Auf ihrer Webseite ist zu lesen, dass der Kauf des Weingutes ein fast abenteuerliches Unterfangen war, in dieser einsamen Gegend, deren Vegetation überwiegend aus Olivenbäumen, kleinen Eichen (Trüffel!) und Weinstöcken bestand. Dazwischen die Garrigue mit den typischen Pflanzen und Kräutern wie Thymian, Rosmarin und Lavendel. Es gelang ihnen, den Weinberg wieder seiner ursprünglichen Bestimmung zuzuführen. Den über 50-jährigen blauen und weißen Grenache Reben haben sie wieder Leben eingehaucht, neue Rebsorten (Syrah und Mourvèdre) ergänzt und einen neuen ausdrucksstarken Wein „Cuvée Solstice" geschaffen. Die Erträge werden bewusst niedrig gehalten, weil auch bei ihnen die Qualität im Vordergrund steht. Um so mehr erstaunen die moderaten Preise zwischen 9 und 18 Euro. Hier in Kurzform die Beschreibung, wie sie die beiden Winzer auf der Internetseite sinngemäß formuliert haben:

Der Rotwein **Solstice** zu je einem Drittel aus Syrah, Grenache und Mourvèdre – im Stil der Weine von Châteauneuf-du-Pape – gewonnen, ist ein ausdrucksstarker, purpurfarbener Wein mit einem Aroma nach gekochten Pflaumen, schwarzen Beeren und einer Holundernote. Zu Lamm und anderem kräftigen Fleisch ist er der ideale Wein. Der **Solstice** wird in Eichenfässern ausgebaut und erst nach zwei Jahren gekeltert, um ihm die Zeit bis zur Trinkreife zu lassen. Er wurde von der renommierten Fachzeitschrift „La Revue des Vins de France" als einer der „Grands Vins de France" notiert und gewann bereits mehrere Medaillen (12 Euro).

Der Rosé **Equinoxe** verdankt seinen herkunftstypischen Geschmack den Rebsorten Grenache, Carignan und Cinsault. Das zarte Aroma von Kirschen und Feigen

Equinoxe
Domaine de Lauzières
2004

Les Baux de Provence
Appellation Les Baux de Provence contrôlée

Gérard Pillon & Jean-Daniel Schlaepfer, Mouriès
Mis en bouteille à la propriété

e 0,75 l   Produit de France   13,5% vol.

passt ausgezeichnet zu Geflügel, Gegrilltem, Meeresfischen und zum Käsegang (Hartkäse). Der Wein wird traditionell gekeltert und erst bei Trinkreife abgefüllt. Diese Qualität behält er und kann daher bis zu vier Jahren gelagert werden (9,10 Euro).

Die Trauben ihres einzigen Provence-Weißweins **Asterie** sind früh reif und werden bereits Mitte August gelesen.

Die im Ganzen gepressten Trauben verleihen dem kräftigen Astérie eine angenehme Frische. Mit seinen Honig- und Heidenoten ist er sowohl als Aperitifwein, als auch zu Meeresfrüchten, Fischsuppe und Bouillabaisse ideal (18 Euro).

Domaine de Lauzières, Départementale 24, Le Destet, 13890 Mouriès,
Tel. 0033 (0)4 90 47 62 88 15, www..balisiers.com,
mail@balisiers.ch

Mas de Gourgonnier

Ist von der Domaine de Lauzières nur einen Steinwurf entfernt, daher folgen Sie mir gedanklich dorthin. Wir sind von Maussane Les Alpilles auf der D 17 bis fast zum Ortsende von Mouriès gefahren. Nach dem letzten Haus auf der linken Seite zweigt die D 24 (Richtung Eygalières) nach links ab. Diesem Abzweig folgen Sie. An der Weggabelung bitte links halten und der D 24 weiter folgen bis Sie das kleine Schild „Le Destet" passiert haben. Dann nochmals nach links auf die D 78 abbiegen, und nach wenigen Hundert Metern sehen Sie rechts die Einfahrt.

Auch hier war ich Mitte der 80er Jahre zum ersten Mal, weil ich gelesen hatte, dass dort umweltfreundlicher Weinbau betrieben wurde, was in der damaligen Zeit in Frankreich keine Selbstverständlichkeit war. Die Familie Cartier betreibt die Domaine als Familienunternehmen in der dritten Generation. Bei den sieben großartigen Weinsorten des Mas de Gourgonnier stimmt das Preis-Leistungsverhältnis.

Die **Cuvée Mas de Gourgonnier** in bauchigen Flaschen in rot, weiß und rosé kosten ca. 7 Euro. Diese bodenständigen Weine aus Grenache, Syrah, Cinsault, und Cabernet Sauvignon bzw. Mourvèdre sind im Edelstahltank ausgebaut, intensiv im Geschmack und waren die ersten biologisch hergestellten Weine von Gourgonnier.

Zwei weitere Weine **Reserve du Mas Rouge** und **Blanc** (AOC d'Aix en Provence) erhalten Sie als Barriqueausbau. Beide Weine sind würzig und geschmacksintensiv; der Rote hat ein ausgeprägtes Beerenaroma und verfügt über ausgezeichnete Lagerfähigkeit. Daher kann Monsieur Cartier beruhigt von jedem Jahrgang mehrere tausend Flaschen zurücklegen, um sie zum richtigen Zeitpunkt trinkreif anzubieten. Wie erfreulich, dass ihr Preis dennoch nicht unermessliche Höhen erreicht.

Die Preise für den **Réserve Rouge du Mas** liegen bei 10 Euro pro Flasche und bei 17 Euro für den Jahrgang 2000. Neu im Sortiment ist ebenfalls der AOC Les Baux de Provence Rouge – **Clés du Paradis 2009** aus Grenache, Syrah und Cabernet-Sauvignon, der in hohen schmalen Flaschen zum Preis von 17 Euro zu kaufen ist.

Neu ist auch die Herstellung eigenen Olivenöls aus den Sorten Salonenque, Grossane, Verdale, Béruguette. Das ebenfalls mit einem Bio-Label (*Ecocert*) versehene Olivenöl stammt aus traditioneller Herstellung: Die Oliven werden von Hand gepflückt und nicht durch Einsatz von Maschinen heruntergerüttelt, was sowohl die Bäume schont als auch die Qualität der Oliven erhält. Die Kaltpressung wird auf herkömmliche Art vorgenommen, die Extraktion des Öles erfolgt ungefiltert zwischen dicken Matten, wodurch alle Vitamine und Mikronährstoffe erhalten bleiben. Das Öl ist „extra vierge" mit einem Säuregehalt von 0,20–0,30 %.

Mas de Gourgonnier, Le Destet, 13890 Mouriès, Tel: 00 33 (0)4 90 47 50 45, Fax: 04 90 47 51 36, www.gourgonnier.com, contact@gourgonnier.com

Domaine de la Vallongue

Die Domaine de la Vallongue liegt an der selben Straße (D 24) wie die Domaine de Lauzières. Entweder fährt man von St. Rémy aus auf der D 99 Richtung Cavaillon und biegt auf die D 24 Richtung Mouriès ab (ca. 3–4 km, dann rechts), oder man kommt aus dem Bereich südlich der Alpilles, aus Richtung Mouriès-Le Déstet, dann ist die Wegbeschreibung identisch mit der zur Domaine de Lauzières, es sind nur noch einige Kilometer, bis zur Einfahrt zur Domaine, die von der D 24 abzweigt.

1976 gründete Philippe Paul-Cavallier auf dem Gelände einer ehemaligen Schäferei die Domaine im Herzen der Alpilles. Bereits 1985 erhielt das Weingut ein Bio-Zertifikat. 2001 starb der Gründer der Domaine. Die bisherige Equipe produzierte weiterhin den wunderbaren Wein und ließ das Gelände und alle Gebäude zunächst unverändert. Leider lernte ich die Domaine erst 2006 kennen und konnte nicht mehr die Bekanntschaft ihres Gründers machen. Schnell entstand ein herzliches Verhältnis zu Madame Pezet, die im Auftrag der Erbengemeinschaft das Weingut fortführt. Sie erzählt mir, dass 38 ha Land mit Weinstöcken bepflanzt sind, davon 3 ha mit Weißwein (Rolle, Sémillon, Grenache blanc und Clairette). Die

Rebsorten für Rotwein und Rosé sind Cinsault, Counoise, Syrah, Cabernet Sauvignon, Grenache und Carignan. Der Ertrag pro Hektar liegt bei durchschnittlich 45 hl, die Jahresproduktion beläuft sich auf 240 000 Flaschen.

Die Rotweine aus drei Traubensorten werden nach dem Fermentieren für 6–10 Monate in Eichenfässern ausgebaut. Abhängig vom Jahrgang sind sie bis zu zehn Jahren lagerfähig.

Diese **Roten** sind von sattem, dunklem Rot und verfügen über ein vielfältiges Aroma nach Kräutern der Garrigue wie Thymian, nach Beeren und Gewürzen. Da der reichhaltige Wein ein natürliches Depot bildet, ist es ratsam, ihn einige Stunden vor dem Genuss offen stehen zu lassen oder zu dekantieren.

Der **Weißwein** ist von einem funkelnden, hellen Gelb, hat ein sehr dichtes Aroma nach exotischen Früchten und wilden Blüten und ist im Geschmack sehr weich. Er schmeckt besonders gut zu Gerichten, die vom Geschmack des Weines nicht überlagert werden dürfen.

Der **Rosé** sollte möglichst jung getrunken werden, ist frisch-herb und ein guter Begleiter zu Fisch und Schalentieren. Den Rosé (AOC) gibt es auch im 5-Liter-

Fässchen (Vakuum) und steht der Flaschenabfüllung in nichts nach! Genau die richtige Menge für einen Urlaub.

2011 erlebte ich eine große Überraschung! Wie in all den Jahren zuvor wollte ich mit Schwung auf den Hof fahren und vor der Rampe an den alten Lagergebäuden parken. Doch der Weg endete auf einem neuen Parkplatz und der Verkauf findet im Erdgeschoss des ehemaligen Wohnhauses des Besitzers statt. Ich liebe Verände-

rungen nicht besonders, ganz so, wie es meinem Sternzeichen Krebs entspricht, und ich hatte mich so an die alten Ge-bäude gewöhnt, dass mir die völlige Umgestaltung fast die Sprache ver-schlug. Das Wohnhaus des einstigen Besitzers war bisher hinter einer hohen Mauer verborgen, und ich hätte früher nur zu gerne einen Blick darauf ge-worfen. Nun ist der Zugang frei, und ich genoss ausgiebig das Ensemble wunderschöner Häuser, die um den ehemaligen Pool, der jetzt aus Sicherheitsgründen ohne Wasser ist, gruppiert sind.

Das Erdgeschoss des Haupthauses ist geschmackvoll und in ansprechenden Farben renoviert und garantiert einen herzlichen Empfang. Natürlich trauere ich den alten Gebäuden nach, die für mich etwas Authentisches hatten und der von mir so geliebten „alten Provence" mehr entsprachen als die durchgestylten neuen Objek-te, wie wir sie alle aus unserem Land kennen. Sie sind wunderschön anzusehen, aber ihnen fehlt die Patina. Doch das sind meine Empfindungen, und wenn ich es nicht anders kennen würde, wäre ich begeistert von diesem Stil.

Monsieur Latouche hat 2008 das Weingut übernommen und fühlt sich dem Œuvre des Altbesitzers verpflichtet. Er

verspricht, die Qualität weiterzuent-wickeln und die Natur genauso zu re-spektieren wie sein Vorgänger. Auf der Domaine werden auch künftig weder künstliche Dünger, noch Pestizide oder Insektizide eingesetzt.

Ich kann bestätigen, dass die hohe Qua-lität der Weine unverändert ist und jeder Wein das aromatische Erbe des einzigar-tigen Bodens der Alpilles in sich trägt – mineralisch und mit dem Geschmack der Garrigue gewürzt. Die Preise haben sich nur geringfügig verändert und liegen zwi-schen 7,50 und 12 Euro je nach Wein.

Der Geschmack der AOC Rotweine aus Syrah und Cabernet Sauvignon ist von leichten Flieder- und Süßholzaromen bestimmt, wie sie typisch für diese beiden Rebsorten sind.

Die frischen, fruchtigen und leicht blumigen Aromen der Roséweine sind *die* sommerlichen Begleiter. Die Weißweine zeichnen sich durch mineralische Aromen und Noten von Zitrusfrüchten und weißen Blüten aus und sind ebenso wie die Rosés fruchtig herb. Typische Rebsorten der Weißen sind weißer Grenache (40 %), Clairette (40 %) und Rolle (20 %).

Zu den Klassikern, die in der Broschüre als „ebenso wild wie raffiniert und als treue Botschafter der Domaine" beschrieben sind, gesellten sich ab dem Jahrgang 2010 zwei neue Weine: die IGP (Indication géographique protégée) Alpilles de la Vallongue **Lovely Rosé** und **Rouge**.

Ebenfalls neu ist die Produktion eines eigenen Olivenöls. Die 40 ha Olivenplantagen liefern die regional typischen Sorten Grossane, Aglanda, Bouteillan, Salonenque und Verdale. Das Olivenöl hat je nach Cuvée leicht pfeffrige Noten, bestimmt von den Aromen roher Artischocken, Kräutern, Mandeln und Ginster. Der dreiviertel Liter Kanister kostet ca. 18 Euro.

Domaine de la Vallongue, Route de Mouriès, 13810 Eygalières,
Tel: 0033(0)4 90 15 91 17, Fax: 0033(0)4 90 95 97 76,
www.vallongue.com, vallongue@wanadoo.fr, Öffnungszeiten 9.30–12.00
und 14.30–18.00 Uhr, außer an Sonn- und Feiertagen.

Château d'Estoublon

Einen Urlaub, ohne im Château d'Estoublon (außerhalb von Fontvieille, in Richtung Le Paradou an der Kreuzung der D 33 / D 17) gewesen zu sein, kann ich mir nicht mehr vorstellen. Im Sommer 2000 machte ich dort den ersten Besuch. Von der Hauptstraße führt der für die Gegend typisch staubige Weg (wie gut, dass hier nicht jeder Weg asphaltiert ist, wie bei uns!) zwischen Weinstöcken auf ein mindestens vier Meter hohes Tor zu. Waren es tausend Meter oder mehr, bis ich zum Schloss kam? Ein sehr altes, wunderschönes Gebäude aus dem 15. Jahrhundert! Es sah genauso aus, wie man es sich im Süden vorstellt und in das man – wenn man weder an Renovierungs- noch an Unterhaltungskosten denken muss – am liebsten einziehen und für immer bleiben möchte. Genau diese Umbauarbeiten waren in vollem Gange, denn der Besitzer hatte gewechselt. Die Schweizer Familie Schneider (Hersteller der Breitling Uhren) hatte 1999 das Château gekauft und hat große Pläne damit.

Der Weinverkauf ging daher im ersten Jahr etwas improvisiert vor sich und ein Probierschluck des (Weiß)Weines war nicht möglich. Rotwein wird es erst ab dem Frühjahr 2001 geben, doch den Weißwein (Jahrgang 2000) konnte ich kaufen.

Wenn ich meinen alten Notizen glauben darf, kostete eine Flasche damals 60 Fr., knapp 10 Euro. Drei Flaschen gönnte ich mir. Die letzte habe ich kürzlich geöffnet und war sofort wieder wie verzaubert. Was für ein Wein! Er hatte eine beeindruckende goldene Farbe, verströmte einen intensiven Duft und der Geschmack erinnerte entfernt an einen „Muscat" oder einen „Montrachet". Einen vergleichbaren Wein hatte ich bisher aus der Provence noch nicht getrunken (der Preis 2006 lag für die Jahrgänge 1999 und 2000 schon bei 29 Euro).

Von den ausgezeichneten Rotweinen (Jahrgänge 1999–2001), die ich ein Jahr später kaufte, habe ich bisher nur wenige Flasche zu ganz besonderen Anlässen geöffnet. Für diesen Wein gibt es keine treffendere Beschreibung als „un petit chef d'oeuvre" – ein Meisterwerk! Rubinrot funkelt er im Glas und verströmt einen betörenden Duft, an dem sich die Nase lange festhalten möchte – rote und schwarze Beeren sind die intensiven Aromen, die die Nase wahrnimmt und die sich beim ersten Schluck entwickeln. Der Geschmack übertrifft den Duft um ein Vielfaches!

2005 waren alle Baumaßnahmen abgeschlossen; das Château ist ein wahres Schmuckstück geworden. Die gepflegte Außenanlage passt perfekt zum neuen Stil, die akkurat geharkten Wege sind von in Form geschnittenen Lavendelbüschen gesäumt. Die zum Schloss gehörende Kapelle ist ebenfalls zu neuem Glanz gekommen und verdient einen Besuch. Die neu gestalteten Fenster mit Motiven der regionalen Tierwelt sind in klaren, reinen Farben gehalten. Sie zaubern in der Nachmittagssonne bunte Lichtreflexe auf Wände und Boden. Die beiden sehr alten Betstühle im vorderen Bereich haben wunderschöne Schnitzereien. Ein Ort der Ruhe, während draußen im Schlosshof die Vorbereitungen für ein großes Fest begonnen haben. Tische werden festlich gedeckt und mit hohen silbernen Kandelabern versehen. Valerie Schneider hatte beim Umbau auch die Idee verwirklicht, Räume des Schlosses für Veranstaltungen zur Verfügung zu stellen. Eine wunderschöne Kulisse mit einzigartigem Ambiente.

Die Pläne zur Wiederbelebung der Weinstöcke sind ebenfalls fast zum Abschluss gekommen. Die Anbaufläche von ursprünglich 10 Hektar wird sich bis 2009 verdoppelt und das Mischungsverhältnis der Weinstöcke verändert haben. Künftig sollen Grenache, Syrah und Mourvèdre je 30 % der roten Rebsorten ausmachen und Cabernet Sauvignon nur noch 10 %. Die weißen Trauben Marsanne, Roussanne und Grenache blanc werden ebenfalls je 30 % des Bestands an hellen Rebsorten erreichen, ergänzt um Ugni blanc. Dieses Verhältnis entspricht nicht den strengen AOC-Vorschriften (Coteaux d'Aix en Provence), die Rémy Reboul-Schneider jedoch aufzugeben bereit ist, um seine eigene Philosophie durchzusetzen: aus traditionellen und neuen Rebsorten einen neuen großen Wein hervorzubringen, einen Wein, der so ist, wie der Boden von Estoublon.

So hat er den bisherigen Weinen einen neuen Rotwein zur Seite gestellt, den

„Jeunes Vignes", AOC Les Baux de Provence, der mit gleicher Sorgfalt ausgebaut wird, wie die beiden Hauptweine. Der „Jeunes Vignes" ist der erste Wein aus den 1999 neu angepflanzten Weinstöcke Grenache, Syrah und Mourvèdre. Wie sein Name sagt, sollte er jung (innerhalb der ersten drei Jahre) getrunken werden. Ein voller, frischer und sehr fruchtiger Wein, der ideal zu leichtem Essen oder dem Käsegang passt.

Die Natur zu respektieren ist Rémy Reboul-Schneiders Devise. Er möchte biologischen und natürlichen Weinanbau betreiben, ohne dies als Verkaufsstrategie anzusehen – es ist seine Lebensphilosophie.

Château d'Estoublon Mogador, Route de Maussanne, 13990 Fontvieille,
Valérie und Rémy Reboul-Schneider, Tel: 00 33 (0)4 90546400,
Fax: 00 33 (0)4 90546401; www.estoublon.com, chateau-estoblon@wanadoo.fr

So stellt man sich einen Weinkauf vor: von Weingut zu Weingut, von Château zu Château – in den Alpilles liegen sie alle dicht beisammen. Oft ist es so, dass ich spontan einen Wein kaufe und erst nach meiner Rückkehr, wenn der Wein und ich wohlbehalten wieder daheim angekommen sind, diesen Wein außerhalb der Urlaubsstimmung probiere. Dann kann ich objektiver feststellen, wie er mir wirklich schmeckt und davon absehen, welch schöne Erinnerungen an Sommertage er in mir weckt.

Manchmal informiere ich mich erst dann über die genaue Herkunft und die wissenswerten Daten. So geschah es auch mit dem Château Romanin, dessen Weine mir von meinen Vermietern empfohlen wurden.

Château Romanin

Das Château Romanin finden Sie östlich von St. Rémy, wenn Sie am letzten Kreisel auf die D 99 Richtung Mollégès abbiegen. In dieser wunderschönen Platanenallee steht nach ca. 2 km am linken Straßenrand ein Hinweisschild. Diesem folgend biegen Sie nach weiteren 900 Metern rechts ab, fahren über eine kleine Brücke und an den Obstplantagen von Monsieur Avy (hervorragende Obstsäfte!) vorbei, bis zu der Kreuzung mit der „Voie Aurelia". Sie fahren geradeaus weiter auf dem „Chemin Romanin" in Richtung Segelflugplatz. Kurz vor dem Flugplatz biegen Sie am Schild „Château Romanin" nach rechts ab und folgen diesem Weg, auf dem mehrere „Durchhalteschilder" stehen, noch weitere 2 Kilometer. Der geschotterte Weg, mit seinen vielen Schlaglöchern ist nicht von erster Qualität, doch selbst der tiefergelegte italienische Sportwagen nimmt alle Bodenwellen ohne zu murren.

Dann gibt die Landschaft den Blick auf die Ruinen des Schlosses frei. Von der Fassade sind nur noch Reste zu erkennen, deren dunkelgraue Steine sich kaum von den Felsen der Alpilles unterscheiden und nichts erinnert mehr an die enge Verbindung zu den Herren von Les Baux und an die kulturelle Bedeutung im 13. Jahrhundert. Romanin ist eine außergewöhnliche Domaine, ein majestätischer und mystischer Ort, von dem überliefert ist, dass sich hier Druiden trafen.

Der imposante, in die Felsen gebaute Weinkeller mit seiner sandsteingelben Fassade erinnert an eine Kathedrale. Hoch über dem Eingang sind die Initialen CR in einem stilisierten Sonnenkranz – auch hier wieder der sechzehnzackige Stern von Bethlehem – weithin sichtbar. Beim Betreten umfängt Sie ein Duft, der fast an

Weihrauch erinnert. In dieser unterirdischen Kathedrale reifen die Weine von Romanin. Das Innere des Gewölbes ist sachlich gehalten, nichts ist dem Zufall überlassen. In einer beleuchteten Vitrine stehen die schlanken Flaschen des Spitzenproduktes „Château Romanin" mit Etiketten in der Form gotischer Kirchenfenster.

Dekorativ angeordnete Stapel von Weinkartons, auf denen jeweils eine Flasche und das Preisschild stehen, sind übersichtlich im Raum verteilt. In die fast zehn Meter hohe Stirnwand sind in einer besonderen Anordnung Fächer eingelassen, in denen Tausende von Weinflaschen lagern.

Bei einem Besuch mit Freunden im Sommer

2011 hatte ich das Glück, die Kathedrale, wie der Weinkeller genannt wird, besichtigen zu dürfen. Dabei bestätigte sich mein früherer Eindruck: dieser Weinkeller ist tatsächlich exakt nach den Maßen gotischer Kathedralen und unter Beachtung anthroposophischer Grundsätze (keine Ecken) in die Felsen gebaut. An den Wänden hängen Zeichnungen mit den genauen Maßen, nach denen dieser hohe Raum entstanden ist. – In einer Nische zwischen Weinkeller und Verkaufsraum steht die angestrahlte Statue des heiligen Romanus mit Schwert.

250 ha Grund und Boden mit unterschiedlicher Bodenbeschaffenheit gehören zum Château Romanin, davon sind 58 Hektar mit Wein bepflanzt. Die Weinstöcke wurden zwischen 1961 und 1999 gepflanzt. Der Weinbau ist ebenso auf die Bodenqualität (teilweise Lehmboden, an anderen Stellen felsiger Untergrund) wie auch auf den natürlichen Landschaftsverlauf abgestimmt. Die Rebsorten der Rotweine sind Syrah, Cabernet Sauvignon, Grenache, Cinsault, Counoise, Mourvèdre und Carignan, für die Weißweine: Rolle, Bourboulenc, Clairette, Ugni blanc und Grenache blanc.

Die Trauben werden von Hand gepflückt. Zur Weinlese sind mehr als 60 Leute auf der Domäne beschäftigt.

1990 wurden nach langer Pause 600 Hektoliter Wein erzeugt, mittlerweile sind es jährlich ca. 1 600 Hektoliter, davon ca. 80 % Rotwein und je 10 % Rosé und Weißwein aus biologischem Anbau. Die Philosophie des Hauses besagt, dass Wein ein Naturprodukt ist und die Natur zu respektieren sei. Daher wehrt man sich auch dagegen, Geschmack vereinheitlichen zu wollen und lässt dem Wein die individuelle Reifezeit, die auf die Rebsorten und damit die Ausbauart abgestimmt ist. Das macht den Charakter der Weine von Romanin aus.

Für den Barrique-Ausbau des Spitzenrotweines – **Le cœur de Château Romanin** – werden Eichenfässer unterschiedlichen Alters benutzt. Diese bevorzugte Lagerung, die den Wein besonders fruchtig werden lässt und das Tannin abrundet, kommt nur für besonders ausgewählte und alte Reben einer speziellen Lage in Betracht. Dieser Wein hat seinen Preis (32–35 Euro).

Die Weinstöcke für **Le Château Romanin** liegen im südlichen Teil der Domaine an den Ausläufern der Alpilles und bringen einen sehr konzentrierten und feinen Wein hervor (Rotwein: 16 Euro, Rosé und Weißwein: 10 Euro).

Seit 1995 wird der fabelhafte **La Chapelle de Romanin** Rotwein angeboten, dessen Trauben von relativ jungen Weinstöcken stammen. Ein lebhafter, feuriger Wein, dessen Qualität von Jahr zu Jahr mehr überzeugt. Sein Aroma erinnert an die Kräuter der Garrigue, die ihn umgeben (9,50 Euro).

Jean Le Troubadour ist ein Landwein (Vin du Pays), den es als Rotwein und Rosé gibt. Ein Wein für jeden Tag, natürlich und köstlich duftend (6 Euro).

Château Romanin, 13210 Saint-Rémy-de-Provence, Tel: 00 33 (0)4 90 92 45 87, Fax 00 33 (0)4 90 92 24 36, www.romanin.com, Öffnungszeiten an Wochentagen 8.30–13.00 und 14.00–18.30, sonn- und feiertags 11.00–19.00

In der Provence bewegt man sich zwar überall auf historischem Boden, aber für kein anderes Weingut lassen sich die Spuren einer mehr als zweitausend Jahre alten Geschichte so genau nachvollziehen wie auf Romanin. Es gibt Anhaltspunkte, dass bereits die Griechen um 350 v. Chr. hier unter dem Namen „Vin de Théopolis" Wein anbauten. Diese Tradition setzten die Römer fort. Der Wein wurde von hier aus in die großen römischen Städte transportiert. Die Lage von Romanin war dafür geradezu ideal, weil die südliche Grundstücksgrenze exakt auf den römischen Handelsweg Via Aurelia (auch als Chemin d'Aurignan bekannt) traf. Der Besitz gehörte damals Claudius Postumus Dardanus, dessen Haus an der Stelle stand, an der sich heute die Kapelle (Chapelle Saint Pierre, genannt Chapelle Notre-Dame de Romanin) befindet.

Lange bevor auf dem Gelände ein Château erbaut wurde, soll dort eine mystische Stätte gewesen sein, an der „Erscheinungen" beobachtet wurden und Wunder geschahen. Bis heute soll von dem Ort etwas Magisches ausgehen.

Im X. Jahrhundert wurde das Fort von den Mauren besetzt und vom Prinzen von Orange und Les Baux befreit. Im frühen Mittelalter kam durch eine Heirat der Titel „Seigneur de Romanin" zustande. 1203 erbaute eine im Templerorden vereinigte Bruderschaft das Schloss auf dem Gelände. Derselbe Architekt hatte zuvor bereits das Observatorium in Simiane la Rotonde sowie das Fort in Buox gebaut.

Das Château erlangte schon bald darauf eine Bekanntheit in ganz Europa und war ab Beginn des XIII. Jahrhunderts für mehr als 150 Jahre das intellektuelle und künstlerische Zentrum der Provence. Bekannte Persönlichkeiten waren zu Gast, darunter auch Kaiser Barbarossa. Ein Hauch dieser Zeit voller Poesie hat sich bis in die jüngere Vergangenheit, für die Namen provençalischer Poeten wie Frédéric Mistral oder Alphonse Daudet stehen, erhalten. In Romanin ist das Erbe der Vergangenheit lebendig geblieben.

Bei meinen Recherchen zu Romanin stieß ich auf eine weitere interessante Geschichte und auf den Namen Jean Moulin (bekannte Figur der Résistance), dessen Schwester Laure erzählte, dass er oft während der Sommerferien von St. Andiol – dem Ferienquartier der Familie – nach Romanin radelte, in den Ruinen herumlief oder dort zeichnete. Seine Zeichnungen signierte er mit dem Namen „Romanin".

Auf der Suche nach weiteren Details entdeckte ich die bewegte und sehr bewegende Vita von Jean Moulin, die ich Ihnen gerne erzählen möchte: Jean Moulin, Ehrenmann und Pazifist, wurde erstmals im Sommer 1940 von Nazis verhaftet und gefoltert, weil er sich in seiner Funktion als Präfekt geweigert hatte, ein Papier zu unterschreiben, in dem behauptet wurde, dass die Französische Armee angeblich ein Massaker unter der Zivilbevölkerung angerichtet hatte. Jean Moulin ging davon aus, dass er zu Tode geprügelt würde, falls er nicht unterschriebe. Er sah keinen anderen Ausweg, seine Ehre zu retten, als sich mit einer Glasscherbe die Kehle durchzuschneiden. Er überlebte schwer verletzt und behielt eine auffallende Narbe zurück. Um sie zu verdecken, trug er meist einen Schal.

Er zog sich danach zunächst nach St. Andiol (Nachbarort von St. Rémy) zurück und bereitete sich dort auf ein Doppelleben unter zwei verschiedenen Legenden vor: als Bauer in St. Andiol und als Galerist unter dem Namen Romanin in Nizza. Als Galerist konnte er unbehelligt ins Ausland reisen, wo sich General de Gaulle im Exil befand. Diesen konnte er von der Notwendigkeit eines koordinierten Widerstandes innerhalb und außerhalb Frankreichs überzeugen. De Gaulle beauftragte ihn, die verschiedenen französischen Widerstandsgruppen zur Résistance zusammenzuführen und unter eine einheitliche Führung zu stellen. Unter den Decknamen Rex und Max traf er die Leiter der bewaffneten Widerstandsgruppen im unbesetzten Südfrankreich.

Im Juni 1943 wurde er zusammen mit anderen Résistanceführern von der Gestapo festgenommen und fiel dem als „Schlächter von Lyon" bezeichneten Klaus Barbie in die Hände. In unzähligen Verhören wurde Jean Moulin gefoltert, Rippen, Arme und Beine wurden ihm gebrochen, um die Namen weiterer Drahtzieher aus ihm herauszuprügeln. Barbie gab ihm einen Zettel, auf den er die Namen schreiben sollte. Statt dessen zeichnete Jean Moulin eine Karikatur des brutalen Gestapo-Chefs. Am 8. Juli 1943 starb Jean Moulin im Alter von 44 Jahren an Herzversagen. Er befand sich in einem Zug von Paris nach Berlin, auf dem Weg in ein Konzentrationslager. Die Nazis bestatteten ihn auf dem Pariser Friedhof Père Lachaise. Erst 1964 wurde seine Urne ins Panthéon überführt und beigesetzt. Die bei diesem Anlass gehaltene, sehr bewegende Rede, wird auch heute noch an französischen Schulen im Geschichtsunterricht gelesen.

Domaine Terres Blanches

Der Philosophie der Besitzer der **Domaine Terres Blanches** nach kommunizieren Mensch und Natur und sind nur dann im Einklang miteinander. Wer die Natur respektiert, behandelt sie schonend, ohne chemische Substanzen und Herbizide zu benutzen. Natürliche Produkte halten die Pflanzen ebenso gesund – für den Rest sorgen Sonne und der Mistral. Zur intensiven Pflege der Weinstöcke gehört der konsequente Rückschnitt zu Beginn des Winters, um der Qualität willen.

Domaine Terres Blanches Rouge (AOC Les Baux de Provence) wird traditionell manuell geerntet und zwölf Monate im Eichenfass ausgebaut. Die Klärung erfolgt vor der Abfüllung in Flaschen mit Eiweiß. Je nach Jahrgang liegt die Lagerfähigkeit zwischen vier und sechs Jahren. Da der Wein ungefiltert abgefüllt ist, bildet er ein Depot und sollte eine Stunde vor dem Trinken dekantiert werden. Rubinrot schimmert er im Glas und sein Duft, wie auch sein Aroma erinnern an eingelegte Pflaumen.

Le Kermès „plaisir rouge" (was soviel heißt wie „rote Freude") ergänzt das Rotweinangebot (AOC Coteaux d'Aix, secteur des Alpilles). Er wird aus Grenache, Carignan, Syrah und Cinsault gewonnen, wobei die Anteile je nach Jahrgang variieren. Der Ausbau erfolgt in Eichenfässern (zwölf Monate), die Lagerdauer liegt zwischen zwei und vier Jahren.

Rosé und Weißwein ruhen bis zur Abfüllung im Januar und Februar im Stahltank und entwickeln hier ihren kräftigen und überaus fruchtigen, unverwechselbaren Geschmack. Der Rosé (Grenache noir, Mourvèdre, wenig Syrah und Counoise) ist von wunderschöner Farbe und ist ebenso wie der Weißwein Blanc de blancs (Ugni blanc, Grenache, Sauvignon, Rolle) jung zu trinken.

Die beiden „Cuvée spécial" **Aurelia** (Cabernet Sauvignon, Syrah, Grenache) und **Bérangère** (Mourvèdre, und je nach Ernte, Syrah oder Grenache) gibt es nicht von jedem Jahrgang, das macht sie zu etwas ganz Besonderem. Beide Weine reifen mindestens 16 bis 18 Monate in Eichenfässern und haben großes Reifepotential (6 bis 10 Jahre).

Die AOC-Weingüter der Alpilles	*Ort*	*Besitzer, Kontakt*
Château Dalmeran Montag bis Samstag 09:00–12:30 und 14:00–18:30 h	13103 St. Etienne du Grès	Neil Joyce Tel: (0)4 90 49 04 04 Fax: (0)4 90 49 15 39
Château d'Estoublon Mogador Montag bis Freitag 09:00–13:00 und 14:00–19:00 h	13990 Fontvieille	V. u. R. Reboul- Schneider Tel: (0)4 90 54 64 00 Fax: (0)4 90 54 64 01 www.estoublon.com
Château Romanin Montag bis Freitag 8:30–13:00 und 14.00–18.30 h	3210 St. Rémy de Provence	Groupe Romanin Tel: (0)4 90 92 45 87 www.romanin.com

Domaine Hauvette	13210 St. Rémy	Dominique Hauvette
(La Haute Galine, Via Aurelia)	de Provence	Tel: (0)8 99 86 29 61
nur nach Voranmeldung		Tel: (0)4 90 92 03 90
Domaines Milan	13210 St. Rémy	Henri Milan
– La Tuilière vieille	de Provence	Tel: (0)4 90 92 12 52
(an der D 99 Richtung		Fax: (0)4 90 92 33 51
Cavaillon rechts)		www.domaine-milan.com
1.4.–31.10. Dienstag–Freitag		
8–12 u. 15–19 h		
Samstag 9:30–12:30 und 15–19 h		
Domaine Terres Blanches	13210 St. Rémy	Noël Michelin-
Montag bis Freitag	de Provence	Guillaume Rerolle
09:15–13:00 u. 14:30–18:30 h		Tel: (0)4 90 95 91 66
Sonn-/Feiertage 10–13 u. 14–19 h		Fax: (0)4 90 95 99 04
Domaine de la Vallongue	13810 Eygalières	Christian Latouche
(D 24 zw. Mouriès und Eygalières)		Tel: (0)4 90 95 91 70
Montag bis Samstag		Fax: (0)4 90 95 97 76
09:30–12:00 und 14:30–18:00 h		www.lavallongue.com
Mas Carlin	13103 Mas Blanc	Jean Pierre Dupuy
täglich, aber vorher bitte anrufen	des Alpilles	www.mascarlin.com
Mas de la Dame	13520 Les Baux	A. Poniatowski
(an der D 5 zwischen Maussane	de Provence	& C. Missoffe
und St. Rémy, unterhalb von		Tel: (0)4 90 54 32 24
Les Baux) täglich 8–17 h		Fax: (0)4 90 54 40
67vorher bitte anrufen		www.masdeladame.com
Mas de Gourgonnier	13890 Mouriès	Mme Nicolas Cartier
Montag bis Samstag		et ses fils
09:00–12:00 und 14:00–18:00 h		Tel: (0)4 90 47 50 45
Sonn-/Feiertage		Fax: (0)4 90 47 51 36
9–12 und 14–17:30 h		www.gourgonnier.com
Mas Sainte Berthe	13520 Les Baux	Geneviève Rolland
(an der D 5 zwischen Maussane		et ses enfants
und St. Rémy, unterhalb		www.mas-
von Les Baux)		sainte-berthe.com
Domaine de Lauzières	13890 Mouriès	Gérard Pillon
Le Destet, Départementale 24		& Jean-Daniel
		Schlaepfer
		Tel. (0)4 90 47 62 88 15
		www.balisiers.com

Domaine Guilbert
Chemin du Trou-des-Boeufs
La Haute Galine

13210 St. Rémy
de Provence

Guy u. Nathalie
    Delacommune
Tel: (0)4 32 61 18 89
Fax: (0)4 32 60 10 63
www.domaine-
guilbert.com

Die ausgedehnteste Weinprobe – außerhalb der Alpilles – erlebte ich zusammen mit meiner Vermieterin Monique, deren Cousin Winzer des Weingutes Château Simian in Piolenc, nördlich von Orange ist. Wir waren für Samstag zur Mittagszeit dort angemeldet. Auf der Autoroute du soleil (A 7), fuhren wir bis Orange-Centre und folgten der Route Nationale (N 7), die nach einem kleinen Schlenker durch Orange und dem bekannten Triumphbogen, parallel zur Autobahn verläuft und direkt nach Piolenc führt. Das Weingut liegt außerhalb von Piolenc und ist ausgeschildert. In der Ortsmitte zweigt eine schmale Straße ab, der Sie nach dem Ortsausgang noch für ca. 3 km folgen. Nach dem Abzweig von der Hauptstraße, am Hinweisschild zum Château, führt der Weg zum Weinkeller ca. 2 km an Wein-, Oliven- und Kornfeldern vorbei. Mir fiel auf, dass am Kopfende jeder Reihe Rebstöcke ein Rosenstock gepflanzt ist. Zunächst hielt ich es für eine optische Verschönerung, nahm mir aber vor, den Kellermeister danach zu fragen.

Château Simian

Wie ein Château sah das Weingut nicht aus, eher wie ein großes Wohnhaus mit angegliedertem Weinkeller.

Meine Erfahrung bestätigte sich auch hier. Nicht das Äußere ist entscheidend, sondern die Qualität des Weines. Und gerade bei kleineren Winzern habe ich oft bessere Weine gefunden als auf den großen Gütern, die das benachbarte Ausland bestücken, und die den kleinen Kunden eher unpersönlich behandeln.

Der Kellermeister höchstpersönlich gab uns die Ehre, alle Weine mit ihm zusammen probieren zu können. Zu Beginn erläuterte er kurz die drei Kriterien, nach denen ein Wein beurteilt wird: Farbe (*robe*), Geruch (*nez*) und Geschmack (*bouche*). Wir begannen bei den Landweinen (Vin du Pays de la Principauté d'Orange, **Font Simian**), die es als Rote, Weiße und Rosé gibt. Es sei ein einfacher, guter Wein,

sagt der Kellermeister, „avec un petit plat de sardines", also zu einer Vorspeise mit Sardinen zu empfehlen. Seit zwei Jahren habe der Patron einen neuen Wein im Angebot, einen Vin du Pays de Vaucluse mit dem einfachen Namen **Le Numéro 2**.

Unter der neuen Bezeichnung **Combe des Avaux** gibt es drei AOC Côtes-du-Rhône Weine (6,80 Euro). Der elegante Weißwein schmeckt ausgezeichnet; herb, sehr fruchtig und mit einem leichten Aroma nach frischen Blüten. Ein überaus gelungener Wein, der noch nachschmeckt.

Der Rosé (60 % Grenache noir, 30 % Syrah und je 5 % Mourvèdre und Cinsault) ist ganz zart rubinrot – der Sommelier ergänzt „d'une belle brillance", duftet nach roten Früchten mit einer leichten Pfeffernote. Er ist sehr fruchtig und ausgewogen, von einer lebhaften Leichtigkeit und hält, was er der Nase versprochen hat mit seinem *Bouquet* von Himbeeren und Kirschen. Der Sommelier empfiehlt ihn zu einer Vorspeise mit verschiedenen luftgetrockneten Würsten, zu Taboulé, hellem gegrilltem oder kurzgebratenem Fleisch, zu Tatar von Lachs oder Muscheln.

Der Rotwein wird aus den gleichen Anteilen von Rebsorten wie der Rosé gewonnen, ist von einem geheimnisvoll schimmernden, dunklen Rubinrot. Der Sommelier beschreibt den Duft, die Nase des Weines in blumigem Französisch: Fliedernote, Orangenblüten, Mandelcreme, Zypressen ... diese Töne spiegeln sich im Geschmack wider, sagt er und macht mich auf einen Beigeschmack nach Olivenholz aufmerksam. Dieser entstehe bei der Bestäubung der Blüten durch die Bienen, die ihren Dienst auch im Olivenhain tun. Die Vermischung des Blütenstaubes aromatisiere den Wein. Meine Zunge ist nicht so geschult, dass ich das herausschmecke gestehe ich dem Fachmann.

Bei dieser Gelegenheit frage ich nach den Rosenstöcken vor den Weinreihen. Das sei sehr einfach, erklärt er mir bereitwillig. Es gäbe eine Pilzerkrankung, die sowohl Wein- als auch Rosenstöcke befalle. Den Rosen könne man den Befall früher ansehen, so dass der Winzer frühzeitig gewarnt sei und das Ungeziefer sofort bekämpfen könne.

Der Wein, der nun folgt, der **St. Martin de Jocundaz**, ist ein Côtes-du-Rhône Villages aus Grenach noir (70 %) und Syrah. Sein Alkoholgehalt liegt mit ca. 14 % höher als der des **Combe des Avaux**. Er eigne sich zum Aperitif, zum Beispiel zu „Coquillage" (Muscheln) oder Gänseleber, wie auch zum Hauptgericht. Zunächst schenkt er 2000er Roten ein. Danach öffnet er den 98er und verdreht verzückt die Augen. Oh, der sei noch besser, als er ihn in Erinnerung habe, er sei jetzt gerade richtig. Der 2000er müsse noch etwas reifen. Ja, pflichte ich ihm bei, die Reifezeit bekomme dem Wein allerdings in seinem Keller besser als bei mir in Deutschland.

Der **St. Martin de Jocundaz**, ein Côtes-du-Rhône Villages aus dem Massif d' Uchaux, funkelt verführerisch rubinrot im Glas. Sein Geruch ist mit rassig, komplex und frisch zu beschreiben. Was für ein Wein! Den Geschmack könnte ich weder so blumig noch so treffend charakterisieren und

zitiere daher besser den Fachmann: deutlicher Primärgeschmack nach reifen, dunklen Beeren, dem sich eine Spur frischen Mooses beimische.

Zwischen den Jahrgängen gibt es keinen Preisunterschied (je 11 Euro). Er schlägt ihn als Begleiter zu einer *Daube provençale* (provençalischer Rinderschmortopf S. 143) vor oder zu Roastbeef, Schinken oder Folienkartoffeln.

Nun freue ich mich auf die Verkostung der Châteauneuf-du-Pape Weine. Dazu erklärt Monsieur, dass es nicht allein eine Frage der Überproduktion sei, ab wann ein Wein nicht mehr als Châteauneuf-du-Pape bezeichnet werden dürfe, das erste Kriterium sei der Alkoholgehalt der zwischen 14 % und 14,5 % liegen müsse.

Mit feierlicher Geste entkorkt er zunächst den weißen Châteauneuf-du-Pape (13,10 Euro). Ein ausgezeichneter Wein, doch der weiße Château Simian (CdR)

traf meinen Geschmack auf Anhieb. Dem weißen folgt der rote Châteauneuf-du-Pape (13,10 Euro), in dessen Herstellung das Weingut eine mehr als 20jährige Erfahrung hat. Was für ein wuchtiger Wein! Er schmeckt großartig, mit Noten von Orangenschalen, Farn, herbstlichem Unterholz, dunklen Kirschen und Pfeffer!

Wir sollten uns diesen Wein zu gegrilltem Lamm, einer mit Champignons gefüllten Lammkeule, Rehmedaillons, Wildschweinterrine oder auch Ente à l'Orange vorstellen. Mir läuft das Wasser im Mund zusammen, und ich beschließe dort im Keller, dass ich diesen Wein an Weihnachten zu einem der vorgeschlagenen Essen öffnen und zelebrieren werde. Die 13,50 Euro ist er wert und meiner Meinung nach noch einiges mehr!

Zum Abschluss der Weinprobe erzählt der Sommelier noch ein wenig über die Geschichte des Weingutes, das eine Fläche von etwa 80 ha hat. Auf 24 ha sind Weinstöcke gepflanzt: 4 ha für Châteauneuf-du-Pape, weitere 9 ha für Côtes-du-Rhône und 11 ha für den Vin du Pays de la Principauté d'Orange.

Mit vollem Kofferraum traten Monique und ich die Rückfahrt an. Seitdem besuche ich das Château Simian einmal jährlich und kaufe dort meinen Weinvorrat für ein ganzes Jahr.

In den vielen Jahren, die ich das Weingut mittlerweile kenne, hat sich viel getan. Der berühmte „Weinpapst" Robert Parker hat die Weine des Château Simian entdeckt und ihnen 93 bis 95 (von 100) Punkten verliehen. Andere Winzer brachte das auf die Idee, den Preis ihrer Weine zu verdreifachen, doch daran denkt Jean-Pierre Serguier nicht. Er fühlt sich eher der Tradition verpflichtet als dem Renommee.

Seit 2009 betreibt Jean-Pierre Serguier Weinbau nach biodynamischen Grundsätzen und auf seiner ebenfalls neu gestalteten Homepage habe ich das Logo von „demeter" sowie die französische Entsprechung „agriculture biologique" entdeckt.

Zusammen mit seinem Oenologen ist er erfinderisch im Kreieren neuer Weine. So entstand 2009 der „Jocundaz Blanc", der zu 100 % aus der alten und fast in Vergessenheit geratenen Rebsorte Viognier besteht. Der Guide Hachette empfiehlt, diesen Wein unverzüglich zu probieren und attestiert ihm ein überaus feines Bouquet von Honig, Akazien, Zitrusfrüchten mit rundem, seidigem Geschmack und reifen Aromen, die an Melonen erinnern. Im selben Jahr gab es zum ersten Mal den Château-neuf-du-Pape „Les Grandes Grenachières d'Hippolyte" aus 95% Grenache. Die Rebstöcke hat noch der Großvater Hippolyte Serguier zwischen 1880 und 1948 gepflanzt! Der Guide Hachette beschreibt den Wein in blumiger Sprache: rubinrot mit pflaumenfarbenem Farbspiel, Duft nach schwarzen Früchten, hellem Tabak, Karamell, Lakritz, Kirschlikör, Lavendel und Blüten der Garrigue. Den Preis verrate ich nicht, aber allein die Tatsache, dass die Trauben manuell geerntet werden und handverlesen sind, lässt ahnen, dass dies kein Alltagswein ist.

La Font d'Hippolyte Blanc 2011, AOC Château-neuf-du-Pape und Le Traversier Blanc 2011, ebenfalls ein weißer Château-neuf-du-Pape wurden mit Silber bzw. Bronze ausgezeichnet.

Zum Jahresende 2012 entstanden zwei neue Weine La Noria (rot, weiß, rosé) und Jeu de Rolle (weiß), die die Palette der kreativen Weine ergänzen.

Jean-Pierre Serguier erlaubt sich damit eine neue Richtung außerhalb der AOC einzuschlagen, weshalb die Weine auch nur als „Vin de France" firmieren, was jedoch keine Aussage über die Qualität ist, sondern nur darüber, dass nicht die vorgeschriebenen Rebsorten im vorgegebenen Mischungsverhältnis Verwendung finden.

2013 wird das Jahr der Wiederentdeckung der Rebsorte Grenache gris, die in den Augen der Entscheidungsträger von den Weinfeldern der AOC Massif d'Uchaux Rouge und Côtes-du-Rhône weiß verbannt gehört. Dies hätte fast den Besitzer der Felder veranlasst, die Weinstöcke auszureißen, doch dann hat er schließlich zugestimmt, Jean-Pierre Serguier die Felder zu verpachten.

Bei meinen regelmäßigen Besuchen konnte ich übrigens das Fortschreiten des Projektes eines Museums für die Route National N 7 verfolgen, dem kürzlich ein Artikel in der Reisebeilage der Zeit gewidmet war. Die legendäre N 7 war vor dem Bau der Rhônetal Autobahn die einzige Verbindung von Paris an die Mittelmeerküste und stark befahren. Im Museum in Piolenc, dessen Besuch Sie nicht versäumen sollten, sind viele Erinnerungsstücke aus dieser Zeit zu sehen und ganze Szenen der damaligen Reisekultur nachgestellt. Die Anfänge des Museums liegen im Weinkeller des Château Simian.

Château Simian, an der D 172 (Route d'Uchaux), GPS: Lat. N 44°11'31.0848"
Long E 4°47'21.1374", Inhaber: Jean-Pierre Serguier, 84420 Piolenc,
Tel: 00 33 (0)4 90 29 50 67; Mo–Sa 8.30–12.00 h und 14.00–19.00 h.
Zwischen dem 1. Mai und dem 30. September
hat die Domaine auch sonntags vormittags geöffnet.

Ein Spitzenwein, aus einer ganz anderen Gegend ist der **Bellet**, der im Hinterland von Nizza wächst. Zwischen St. Isidore und Saint-Roman-de-Bellet liegt das kleinste Anbaugebiet Frankreichs mit nur ca. 65 ha Weinstöcken und einer eigenen Appellation (AOC Bellet). Von Nizza aus folgt man der N 202 Richtung Digne und ab Saint Isidor der Beschilderung nach Saint-Roman-de-Bellet, einem winzigen Ort, von dem aus die Küstenlinie der Côte d'Azur nur noch zu ahnen ist.

Château Bellet

Es gibt insgesamt 14 Weingüter; das schönste Anwesen ist das Château de Bellet in St. Roman, dessen Besitzern es zu verdanken ist, dass dem kleinen Weinbaugebiet die AOC Bellet erhalten blieb. Sie waren es, die nach dem zweiten Weltkrieg die zerstörten Weinfelder, aus denen in der Not Gemüsegärten gemacht wurden, wieder mit Wein bepflanzten. Die üblichen Rebsorten für Rotwein sind Braquet Noir, Folle Noir und Cinsault. Maximal 40 % dürfen Grenache Noir, sowie alle weißen Rebsorten, die im lokalen Weißwein genutzt werden, sein. Der Mindestgehalt an Alkohol muss 10,5 % betragen.

Jährlich werden ca. 800 bis 1 100 hl Wein gewonnen (40 % Rotwein, je 30 % Weißwein und Rosé). Bei dieser geringen Menge ist es verständlich, dass die Weine außerhalb Nizzas kaum zu finden sind. Weißwein und Rosé im Château zu bekommen, ist kein Problem. Rotwein dagegen gibt es auf der Domaine nur bis Weihnachten zu kaufen, dann ist bereits der Keller leer. Auf meine verdutzte Frage, wo man denn sonst diesen Wein noch kaufen kann, erklärte mir der Besitzer, dass ich in Gaststätten oder im kleinen Lebensmittelladen an der Kirche nachfragen könnte. Beim Lebensmittelhändler wurde ich dann auch fündig. Er hatte auf der Theke fein säuberlich auf einem kleinen Pappschild die noch verfügbaren Bellet aufgelistet und holte sie bereitwillig aus dem Keller.

Musée Werner Lichtner-Aix in Serignan-du-Comtat

An dieser Stelle möchte ich Ihnen einen Tipp auf mein Lieblingsmuseum im Nachbarort von Piolenc, in **Sérignan-du-Comtat** geben, wo sich das Museum des leider viel zu jung gestorbenen **Malers Werner Lichtner-Aix** befindet. Zwei Jahre nach seinem Tode eröffnete die Familie des Malers anlässlich seines 50. Geburtstages dieses Museum. – Auf drei Etagen finden Sie das Atelier unverändert vor – beinahe gewinnt man den Eindruck, der Maler komme jeden Moment zur Tür herein, ergreife die Palette und setze die Arbeit an einem gerade begonnenen Bild fort. Mitte der 1980er Jahre las ich einen Artikel in einer Zeitschrift über das Ehepaar Monique und Werner Lichtner-Aix.

Sie waren Jahre vorher dem Angebot des damaligen Bürgermeisters
von Sérignan-du-Comtat gefolgt,
der das Schloss des Ortes für den
symbolischen Preis von einem Franc
an einen Künstler, verschenken
wollte, mit der Auflage, das Château innerhalb von zwei Jahren wieder aufzubauen.
Die beiden gingen das Risiko ein
und die Familie zog in die Provence. Bereits in den frühen 1960er Jahren hatte es
den Maler mit abgeschlossenem Maschinenbaustudium in die Provence gezogen,
wo er fand, was er gesucht hatte „... ich spürte, dass ich hier finden würde, was

ich in mir hatte, eine Affinität zu
den Farben der Landschaft"
Auf der Homepage ist zu lesen:
*„Das Licht gibt allen Dingen die
verhaltene Dynamik lebendigen
Seins: Das Museum zeigt Arbeiten –
Ölbilder, Aquarelle und Zeichnun-
gen – aus den Schaffensjahren 1966
bis 1987 von Werner Lichtner-Aix.
Bilder, die bestimmt sind von dem
Wunsch, das Wechselspiel zwischen
Licht und Farbe, die Brechung, die Modulation des Lichtes in der Landschaft fest-
zuhalten. Es sind Bilder unendlicher Weite und Tiefe, schwebende Horizonte, dar-
über bewegte Himmel"*
Im Erdgeschoss liegt die druckgraphische Werkstatt mit einer Steindruck- und
einer Kupferdruckpresse.
Schautafeln geben einen Überblick, wie Radierungen oder Steindrucke entstehen.
Dort können Sie Originalgraphiken, Bücher und Reproduktionen seiner Arbeiten,
Poster oder Postkarten erwerben.
Im ersten und zweiten Stock sind das Mal- und das Zeichenatelier zu finden. Ich
glaubte, vieles über diesen von mir sehr geschätzten Maler zu wissen, aber als ich
die Bilder im Museum sah, war ich überwältigt von ihrer Schönheit, Dynamik,
Farbgewaltigkeit und Ausstrahlung.
Einen Teil der Bilder kannte ich von Zeichnungen und Illustrationen der beiden
wunderschönen Bücher über Südfrankreich („La cuisine provençal" und „Knoblauch, Kräuter und Oliven"), die seine Frau Monique geschrieben hatte. Abbil-

dungen können nur ahnen lassen, welche Wirkung die Bilder entfalten, wenn man davor steht – einen kleinen Eindruck davon mag die nächste Seite geben …
Und während ich verzaubert im Museum saß, hatte ich die Gelegenheit, Monique Lichtner-Lubcke kennen zu lernen. Die Geschichte dieser Begegnung gehört für mich zu den Ereignissen, die ich dem Albert Schweitzer-Zitat „Zufall ist das Pseudonym, das der liebe Gott wählt, wenn er unerkannt bleiben möchte" zuordne.

Ich war glücklich der Frau zu begegnen, die mich, ohne es zu ahnen, inspiriert hatte, mein Buch über die Provence zu schreiben. Und das Unglaublichste ist, dass sich aus unserer Begegnung eine innere Verbindung ergab, und wir uns seitdem regelmäßig in der Provence treffen.

Versäumen Sie es also nicht, dem Museum einen Besuch abzustatten! Wenn Sie sich vorher anmelden, können Sie sogar einen Termin für eine Führung vereinbaren.

Musée-Atelier Werner Lichtner-Aix, Place Werner Lichtner-Aix,
84830 Sérignan-du-Comtat, www.musee-lichtner-aix.com,
Öffnungszeiten: 1. April–15. Oktober jeweils Mittwoch bis Samstag von 14–18 h

Privatmuseum Jean-Henri Fabre

Und ebenfalls in Serignan-du-Comtat ist das kleine **Privatmuseum** des Naturwissenschaftlers und Verhaltensforschers **Jean–Henri Fabre** zu besichtigen, dessen eigenwillige Aufzeichnungen unterdessen auch im Deutschen zu bekommen sind. Aus dem Zentralmassiv kam er nach Serignan und schrieb überwältigt: *Das ist es, was ich gesucht habe, hoc erat in votis: ein Stück Land [...] verlassen, unfruchtbar, von der Sonne verbrannt, aber günstig für Disteln und Hautflügler. Da kann ich Sandwespe und Grabewespe befragen, ohne von Passanten gestört zu werden.*

KÄSE – LES FROMAGES

Im Käseland Frankreich gibt es mehr als vierhundert verschiedene Käsesorten, nur etwa die Hälfte davon ist außerhalb der jeweiligen Herkunftsregion bekannt und viele Arten haben keinen eigenen Namen, sondern werden schlicht „le fromage" genannt. Wer diese kleinen Schätze abseits der großen Straßen auf einem kleinen Bauernhof oder an einem Markttag entdeckt, ist ein echter Glückspilz.

Bei der Käseherstellung ist Phantasie gefragt. Verschiedene Käsearten sind durch reine Zufälle entstanden – beispielsweise der Roquefort, wie wir ihn heute kennen. Den ursprünglichen Roquefort gibt es seit mindestens zweitausend Jahren. Damals war er ein einfarbig heller Käse aus Schafsmilch. Eines Tages sollen einem Schäfer einige Brotkrumen in den Käseteig gefallen sein, da er während der Arbeit sein Brot aß. Was ihm zunächst nicht aufgefallen war, zeigte sich einige Tage später als grünliche Fleckchen in der normalerweise hellen Käsemasse. Das Brot war geschimmelt und hatte seine Spuren im Käse hinterlassen. Heutzutage wird Roquefort mit einem speziellen Schimmelpilz – dem penicillium Roqueforti – hergestellt und präsentiert sich zweifarbig.

Umgekehrt war die Farbentwicklung beim Camembert, einem ursprünglich blauen oder schiefergrauen Käse. Er wurde mit einem hellen Schimmelpilz fermentiert und erhielt dadurch seine schneeweiße Farbe.

Vom Brie wird gesagt, dass Karl der Große ihn schon 774 im Kloster Rueil probierte. Richtig bekannt wurde er erst beim Wiener Kongress 1815 als er unter sechzig Käsesorten, die von ausländischen Delegationen präsentiert wurden, zum „König der Käse" gekrönt wurde. Heutzutage ist die Normandie die Region, in der Brie hergestellt wird.

Überhaupt ist der Norden Frankreichs eine wahre Käseoase: Besonders wohlschmeckend ist der Rohmilchcamembert, der sich durch einen durchdringenden Geruch und verschiedene kräftige Geschmacksvarianten auszeichnet.

Gruyère soll im 13. Jahrhundert durch einen Zufall entstanden sein. Ein besonders harter Winter in den Savoyen hinderte die Sennhirten daran, ihre Milch und die weichen Käse aus roher Kuh- oder Ziegenmilch ins Tal zu bringen. Um die Käse nicht verderben zu lassen, wurden sie gekocht. Bei diesem Vorgang wurde dem Weichkäse die Flüssigkeit entzogen – er trocknete aus und wurde fest.

Für alle Käse – gleich welcher Herkunft – gilt es, den richtigen Zeitpunkt zu finden, zu dem sie den optimalen Reifegrad erreicht haben. Ein Käseverkäufer auf dem Markt verriet mir einen alten Grundsatz: *„L'heure c'est l'heure; avant l'heure c'est pas l'heure, après l'heure c'est plus l'heure."* Sinngemäß bedeutet es: der richtige Moment ist wichtig: kurz davor ist er es noch nicht, danach ist er es nicht mehr! Natürlich vertrat er auch vehement die Meinung, dass Käse nicht auf Vorrat gekauft werden darf, sondern erst einige Stunden vor dem Servieren. Und Käse sollte natürlich wie ein „hoher Herr" behandelt werden, den man weder drängen noch warten lassen darf.

Im Gegensatz zum Norden ist Frankreichs Süden nicht das El Dorado der Käseherstellung. Typisch provençalische Käse sind aus Ziegen- oder Schafsmilch. Besondere Beachtung verdient der St. Marcellin, der aus den nördlichen Landesteilen (Drôme und Isère) kommt. St. Marcellin wurde früher aus Ziegenmilch hergestellt, seit dem 19. Jahrhundert jedoch ausschließlich aus Kuhmilch. Er hat eine AOC und ist folglich einer der Käse, für deren Gewicht, Form und Größe es Reglements gibt: er muss mindestens 80 g wiegen, sein Durchmesser beträgt 7 cm, er ist höchstens 2,5 cm hoch, dabei rund und flach bzw. zylindrisch. Am besten schmeckt er auf dem Höhepunkt seiner Reife, auf französisch „coulant à cœur" (zum Herzen laufend) genannt. In diesem cremigen Stadium wird er stets in kleinen flachen Plastikschälchen verkauft, in denen er sich richtig ausbreiten kann.

Ein Essen kann nach Ansicht der Franzosen nur mit Käse einen richtigen Abschluss finden. **Antheleme Brillat-Savarin**, Gastronom und Feinschmecker des 18. Jh., und Verfasser der Studie „Physiologie des Geschmacks", die guter Ernährung gewidmet ist, soll den Ausspruch geprägt haben: „un repas sans fromage est une belle à qui il manque un œil" – was so viel heißt wie „ein Essen ohne Käse ist eine Schöne, der ein Auge fehlt".

ZIEGEN KÄSE - CHÈVRE

Ein besonderer Genuss der Provence sind die vielen verschiedenen Arten von Ziegenkäse – die provençalische Köstlichkeit zergeht auf der Zunge! Da gibt es die schneeweißen, ganz frischen Ziegenkäse, die etwa handtellergroß sind und ein mildes, sahniges Aroma haben. Ebenfalls frisch sind die kleinen, flachen Picandous, mit einem Durchmesser von ca. 6 Zentimetern. In der gleichen Größe gibt es eine Vielzahl von Ziegenkäse in verschiedenen Reifestadien, von einigen Wochen bis zu mehreren Monaten. Manche sind mit Kräutern bestreut, andere in Asche gehüllt. Ihr Verzehr ist immer ein Genuss. Lustig sehen die kleinen „bouton de culotte" (Hosenknöpfe) aus, in deren Mitte ein kurzer Strohhalm steckt, damit der Käse schneller reift. Er wird mir „für den kleinen Hunger zwischendurch" angeboten.

Sehr bekannt ist der Ziegenkäse aus Banon, einem kleinen Ort im Departement „Alpes-de-Haute-Provence". Der Käse ist in Kastanienblätter gehüllt und mit Bastbändchen verschnürt. Nur der Echte aus Banon darf sich auch *banon* nennen. Ihn kennzeichnet ein kleines Siegel in den provençalischen Landesfarben gelborange, ein Ziegenkopf auf der Oberseite und der Schriftzug

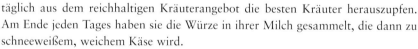

Banon. Es gibt ihn in zwei Reifestufen: der in grüne Blätter eingepackte ist „jung", der in den gelbbraunen Blättern ist ein gereifter, in Tresterschnaps eingelegter Ziegenkäse mit sehr kräftigem Aroma.

Der Ziegenkäse aus der Provence ist der beste, den ich kenne. Ich beobachte gerne die Ziegen auf den Hochflächen, die hier täglich aus dem reichhaltigen Kräuterangebot die besten Kräuter herauszupfen. Am Ende jeden Tages haben sie die Würze in ihrer Milch gesammelt, die dann zu schneeweißem, weichem Käse wird.

Ziegenkäse bekommt man auf dem Wochenmarkt direkt vom Erzeuger oder man unternimmt einen Ausflug in die Umgebung und kauft den Käse auf dem Bauernhof. Insbesondere in den einsameren Gegenden der Provence ist es manchmal mit einer Überraschung verbunden, einem Holzschildchen, auf dem ganz schlicht das

Wort „chèvre" steht, zu folgen. Ich denke an einen ganz bestimmten Bauernhof im Herzen der Alpilles (leider ist Madame selbst seit Ende 2006 „en retraite", im wohlverdienten Ruhestand), an der D 78 zwischen den winzigen

Orten Mouriès und Le Destet. Sobald man die von schattigen Platanen gesäumte Hauptstraße von Mouriès verlassen hat, windet sich das schmale Sträßchen in sanften Kurven langsam auf ein Hochplateau zu, von dem sich ein atemberaubender Blick bietet. Kurz vor der höchsten Stelle, taucht rechts das Holzschild mit der Aufschrift „chèvre" auf.

Ein schmaler ungeteerter Weg führt von der Straße in die Einsamkeit. Die Stille wird nur vom Gesang der Zikaden unterbrochen. Rechts vom Weg geben die Bäume den Blick frei auf eine kleine Bergkette, einen nördlichen Ausläufer der Alpilles. Gegen die hellen Felsen heben sich dunkel die Stämme der Pinien mit ihrem sattgrünen Nadeldach ab. Nach einer Biegung geht es sachte bergab und ein kurzes Stück an einem der zahlreichen Bewässerungskanälchen vorbei, direkt auf den Hof zu. Idylle pur – der farbenprächtige Hahn bewacht seinen Hühnerharem, eine graue Katze legt sich, nachdem ich ausgestiegen bin, sofort in den Schatten meines Autos. Ein kleiner Esel holt sich im Bach eine Erfrischung. Die freundliche Bäuerin führt mich um das Haus herum, das einst eine Kapelle war. Auf einem großen Holztablett bringt sie eine Auswahl ihrer Käse in unterschiedlichen Reifestufen und erklärt jeden Käse: frais – peu fait – bien fait. Ich wähle aus dem reichhaltigen Angebot frische, mittlere und ganz alte, helle und goldgelbe, kleine, runde Käse aus, die ganz zart duften. Es sind die besten Ziegenkäse, die ich je gegessen habe. Die ganz alten sind sehr mild und besonders köstlich. Sie sind trocken, aromatisch und ohne jede Säure und eine ideale Ergänzung zu dem Wein, den ich vorher im „Mas Ste. Berthe", zu Füßen von Les Baux, gekauft hatte. Mit solchen Schätzen im Gepäck wird die Heimfahrt in mein kleines provençalisches Ferienhaus zu einer harten Prüfung in Sachen Selbstbeherrschung.

Eine kleine Lektion bekam ich noch mit auf den Weg: Nicht Rotwein sei der ideale Begleiter des Ziegenkäses, sondern Weißwein, am besten ein „Sancerre" oder budgetschonender, der „Picpoule de Pinet", ein Weißer aus dem Languedoc, der eine feine Säure und ein gutes „parfum" habe. Beide Weine vertragen sich ausgezeichnet mit dem milden Aroma des Ziegenkäses.

Natürlich habe ich den Rat sofort befolgt und machte nach dem Essen eine kleine Ziegenkäse- und Weinverkostung. Die Bäuerin hatte Recht – ein kräftiger Rotwein erschlägt selbst den stärksten Ziegenkäse, während der Weißwein seinen feinen Geschmack besonders unterstreicht. Ich hatte wieder etwas dazugelernt …

Mutig gemacht probierten meine Gäste gleich noch eine weitere ungewöhnliche Kombination: Zu bleu (Blauschimmelkäse) oder Roquefort soll Likörwein (Sauternes, Gewürztraminer, Rivesaltes, Portwein) ausgezeichnet passen. Überrascht stellten wir fest, dass der vollmundige, süßliche Wein den Geschmack des Käses erst richtig zur Geltung bringt. Zum Abschluss gönnten wir uns noch einen Roquefort mit frischer Birne, begleitet von einem ebenfalls lieblichen hellen Wein, dem erwähnten „Sauternes". – Die beliebte Kombination von Käse und Rotwein ist also nicht immer die passende; sehr starke Käse überlagern auch den besten Rotwein – und gerade um den wäre es sehr schade.

Nach dieser kleinen „Warenkunde" nun zurück zum Ziegenkäse, zu dem ich einige Rezepte ausprobiert habe, stellvertretend für die vielen Möglichkeiten, ihn zu genießen.

Für die Ziegenkäsevariationen mit verschiedenen Kräutern möchte ich den Hinweis vorausschicken, dass natürlich alle Rezepte am besten schmecken, wenn man die Kräuter, die den Geschmack des Ziegenkäses so wunderbar ergänzen, selbst sammelt. Es gibt keinen Straßen- oder Wegesrand, an dem nicht die typischen Kräuter der Provence im Überfluss wachsen und ihren kräftigen aromatischen Duft verströmen. Thymian und Rosmarin stehen inmitten von wildem Lavendel, der in zartrosa und weiß blüht und nur ca. 5 cm hoch ist.

Einzigartig ist ein kleines Gewächs, das „Sarriette" (Winterbohnenkraut, Pfefferkraut) heißt. Es wächst meist nur in höheren Lagen und ist völlig unscheinbar. Es ist kleinwüchsig, fast ein Bodendecker und daher leicht zu übersehen. Ich entdeckte es bei einem Ausflug zum Plateau d'Albion, einer sehr einsamen Gegend im Lubéron, die bekannt ist für ihre Lavendelfelder. Beim Picknick genoss ich den herrlichen Blick über die Hügelketten und da fiel mir die kleine Pflanze auf, mit ihren dunkelgrünen, schmalen, leicht eingerollten Blättchen, von denen jedes in einer winzigen, fast stacheligen Spitze endet. Dieses Gewürz hatte ich vorher noch nie gesehen und nahm zunächst eine Geruchsprobe, die mich an konzentriertes Bohnenkraut erinnerte. Der Pflanzenführer gab mir die Auskunft, dass es *Sarriette* heißt. Welch klangvoller Name, der mit „Eselspfeffer" ins Deutsche übersetzt, sehr hart klingt. Ich zupfte die Blättchen ab und grub die Pflänzchen aus, um sie daheim einzupflanzen. Aber welche Enttäuschung! Aus den festen kleinen Blättchen wurden ohne die kalkhaltige, trockene und sonnenheiße Provenceerde nur kleine, weiche hellgrüne Triebe. Auch der Duft war nicht zu vergleichen mit dem, den diese Pflanze auf dem Hochplateau verströmt hatte. Obwohl ich sie in einem Topf Heimaterde nach Hause brachte, fehlte ihr die südliche Sonne, denn nur sie kann die ätherischen Öle voll zur Entfaltung bringen.

Ziegenkäse in Marinade –
Petits chèvres frais marinés

Zutaten   8–10 kleine frische Ziegenkäse, je 1 Zweig frischer Thymian und Rosmarin, 6 Knoblauchzehen, 4 kleine Chilischoten, 1 Lorbeerblatt, 12 Pfefferkörner

Die Ziegenkäse schichtweise mit den Kräutern, den ungeschälten Knoblauchzehen, den Chilischoten und den Pfefferkörner in ein verschließbares (Glas-) Gefäß legen, mit Olivenöl bedecken und über Nacht in der Marinade ziehen lassen.

Die Ziegenkäse am nächsten Tag mit dünnen Scheiben geröstetem Weißbrot, das mit einer Knoblauchzehe eingerieben werden kann, servieren. Man kann sie zur Vorspeise essen, sie eignen sich auch als Zwischen- oder Käsegang. Das Olivenöl kann für Salatsoßen oder zum Würzen anderer Speisen benutzt werden – es gibt ein ganz besonderes Aroma.

Ziegenkäse mit Knoblauch, Petersilie
und Bohnenkraut – Chèvre à l'ail, persil et sarriette

Zutaten   2–4 kleine frische oder 1 großen Ziegenkäse, frisches, provençalisches Bohnenkraut (S. 21); ersatzweise eignet sich auch getrockneter, fein geriebener Thymian), 1–2 Knoblauchzehen, frische Petersilie, Salz, Pfeffer, 2-4 EL Milch

Die Ziegenkäse mit einer Gabel grob zerkleinern und mit der kalten Milch zu einer geschmeidigen Masse verrühren. Knoblauchzehen hineinpressen, die Kräuter dazugeben, mit Salz und Pfeffer abschmecken und mit Petersilie bestreuen. Der angemachte Ziegenkäse schmeckt auf frischem Baguette zu allen Tageszeiten – am besten natürlich bei einem Picknick in schöner Landschaft.

Omelette mit frischem Ziegenkäse und Bohnenkraut –
Omelette au chèvre et sariette

Zutaten   4 Eier, 2 kleine frische oder $1/2$ großer frischer Ziegenkäse, Bohnenkraut, getrockneter Thymian oder Kräuter der Provence, Salz, Pfeffer, 3 EL Milch

Die Ziegenkäse in dünne, ca. 2 x 2 cm große Stücke schneiden. Die Eier mit Milch, Pfeffer und Salz verquirlen und in die heiße Pfanne geben. Sobald sich auf dem Omelette eine Haut bildet, die Ziegenkäsestücke auf das Omelette setzen. Die Kräuter zwischen den Fingern zerreiben und auf dem Käse verteilen. Die Hitze reduzieren und die Pfanne mit einem Deckel verschließen, damit der Ziegenkäse leicht aufgeht. Nach ca. 3–5 Minuten ist das kleine Zauberwerk fertig und kann mit frischem Baguette, Tomatenscheiben oder einem kleinen Salat serviert werden.

Ziegenkäse (warm) auf Salat mit Croutons – Chèvre chaud

Dieses Gericht kann als Vorspeise oder Hauptgericht gegessen werden. Zur Vorspeise rechnet man pro Person einen Ziegenkäse auf einer Scheibe Baguette, als Hauptgericht empfiehlt sich die doppelte Menge.

In der Provence gibt es eine Salatmischung, die für dieses Gericht wie geschaffen ist – den *Mesclun*. Je nach Jahreszeit ist es eine Mischung von jungen, zarten Blättern von Eichblattsalat, Frisée, Radicchio, Ruccola, Chicoree, Kerbel, Brunnenkresse, Kopfsalat, Löwenzahn oder Spinat.

In Deutschland nimmt man Eichblattsalat, Ruccola, Radicchio, Frisée und dazu noch ein paar Blättchen Brunnenkresse.

Zutaten	(als Vorspeise) entweder 300 g Mesclun oder 1 Eichblattsalat, 75 g Ruccola, $^1/_2$ Radicchio, 20 g Brunnenkresse; 4 Scheiben Baguette, 4 frische Ziegenkäse, 3 Knoblauchzehen, getrocknete Kräuter der Provence, Olivenöl (zum Bestreichen der Käse)
Vinaigrette	3 EL Essig, 3 EL Olivenöl, 3 EL Walnussöl, Zitronensaft, 1 EL Dijon-Senf, 1 gepresste Knoblauchzehe, Pfeffer, Salz, 1 TL Lavendelhonig
Croutons	6–8 Scheiben Baguette vom Vortag, 2 Knoblauchzehen, Olivenöl, Kräuter der Provence

Den Salat putzen, waschen und trocken schleudern. Die Baguettescheiben im Ganzen kurz toasten oder in der Pfanne rösten und mit Knoblauch einreiben. Auf jede Baguettescheibe einen Ziegenkäse legen und mit dem Messerrücken leicht auf dem Brot verteilen, mit Olivenöl beträufeln und mit zwischen den Fingern zerriebenen Kräutern der Provence bestreuen. **Im vorgeheizten Backofen bei 150°C ca. 10 Minuten erwärmen.**

Für die Vinaigrette den Essig mit Zitronensaft, Pfeffer und der in Salz zerdrückten Knoblauchzehe kräftig aufgeschlagen. Anschließend den Senf dazugeben und das Öl vorsichtig unterrühren, bis eine goldgelbe, leicht zähflüssige Konsistenz entsteht. Die Vinaigrette mit Lavendelhonig abschmecken.

Für die Croutons Baguette vom Vortag in kleine Würfel schneiden und in einer Pfanne zusammen mit dünn geschnittenen Knoblauchscheibchen und den zerriebenen Kräutern der Provence in Olivenöl goldgelb gebraten. Den Salat mit der Vinaigrette mischen, portionsweise auf Tellern anrichten und mit den Croutons bestreuen. Pro Teller eine Baguettescheibe mit dem warmen Ziegenkäse auf den Salat geben. Dazu schmeckt ein kräftiger Rotwein, wie Côtes-du-Rhône und frisches Baguette.

Warmer Ziegenkäse auf Brot mit Tomaten – Tartines aillées de chèvre fondant

Zutaten 8 Baguettescheiben, 4 Crottins (mittel alter Ziegenkäse), 4 Tomaten, 1 Knoblauchzehe, 4 EL Olivenöl, 1 TL frischer (oder $1/2$ TL getrockneter) Thymian, Salz, frisch gemahlener Pfeffer

Die Tomaten an der Unterseite kreuzförmig einschneiden, kurz in kochendes Wasser legen und die Haut abziehen. Die Tomaten halbieren, die Kerne entfernen und in kleine Würfel schneiden. Die Tomatenwürfel in einen tiefen Teller geben, salzen, pfeffern und mit Olivenöl begießen. Die Brotscheiben im Toaster oder in der Pfanne kurz anrösten. Die Ziegenkäse quer halbieren. Die Knoblauchzehe schälen, der Länge nach halbieren und den Keim entfernen.

Die gerösteten Brotscheiben gut mit Knoblauch einreiben, die Tomatenwürfel auf den Brotscheiben verteilen und jeweils einen halben Käse darauf legen. Die kleingeschnittenen Thymianblättchen darüber streuen und mit wenig Olivenöl beträufeln.

Bei ca. 150–175°C für 5 Minuten auf einem Gitter, das mit Alufolie ausgelegt ist, in den Backofen schieben.

Mit Trotzkopf- oder Eichblattsalat – angemacht mit einer Vinaigrette aus Olivenöl und Balsamico-Essig – servieren.

Geröstete Brotscheiben mit Ziegenkäse, Tomaten und Ruccola – Pain doré au chèvre

Zutaten 8 Baguettescheiben, 2 frische Ziegenkäse, 4 Tomaten, 2 Knoblauchzehen, 4 EL Olivenöl, 1 Bund Ruccola, Salz, frisch gemahlener Pfeffer

Olivenöl in eine (gusseiserne) Pfanne geben, die Knoblauchzehen längs halbieren und zusammen mit den Baguettescheiben in der Pfanne goldgelb rösten. Die gerösteten Brotscheiben mit dem warmen Knoblauch bestreichen. Die Tomaten in Scheiben schneiden. Den ausgetretenen Saft mit den Baguettescheiben auftupfen. Anschließend die Brote mit dem Ziegenkäse bestreichen und mit den in Scheiben geschnittenen Tomaten belegen. Pfeffern, salzen und jedes Brot dick mit grob geschnittenem Ruccola bestreuen.

Ziegenkäse auf Schinken –
Bouchées de jambon cuit au chèvre

Zutaten 150 g frischer Ziegenkäse, 4 Scheiben gekochter Schinken, 2 Knoblauchzehen, 1 Bund Schnittlauch, 300 g Roquette-Salat (Ruccola), je 1 kleine rote und gelbe Paprikaschote, 1 EL Sherry-Essig, 3 EL Olivenöl, Salz, frisch gemahlener Pfeffer

Den Salat waschen und abtropfen lassen. Die Paprikaschoten waschen, längs halbieren, Stiel und Kerne entfernen und in feine Streifen schneiden. Den Knoblauch schälen, den Keim entfernen und fein hacken oder durch die Knoblauchpresse drücken. Den Ziegenkäse mit Knoblauch, Salz und Pfeffer in einer Schüssel gut mischen. Vom Schnittlauchbund 12 Zweige beiseite legen, den Rest fein hacken und unter die Käsemischung heben.

Auf einem Schneidebrett die Schinkenscheiben ausbreiten, den Fettrand entfernen und die Scheiben der Länge nach jeweils in drei Teile schneiden, um zwölf schmale Scheiben zu erhalten. Auf jede Scheibe etwas von der Käsemischung streichen und aufrollen. Die Schinkenröllchen entweder mit Schnittlauch zusammenbinden oder mit einem Zahnstocher zusammenhalten.

In einer Salatschüssel Sherry-Essig, Pfeffer, Salz und Olivenöl aufschlagen und Salat und Paprikastreifen unterheben.

Auf jeden Teller etwas Salat geben und mit jeweils 3 Schinkenröllchen garnieren. Sofort servieren.

$\mathcal{B}$ROT - PAIN
UNVERZICHTBARES NAHRUNGSMITTEL

Der französische Bäcker heißt „boulanger", sein Laden nennt sich „boulangerie". Die Berufsbezeichnung leitet sich – so ist auf einer Brottüte zu lesen – von „boulenc" ab, der alten Bezeichnung für rundes Brot. La boule (die Kugel) war früher, im 17. Jahrhundert, die übliche Brotform.

Von deutschen Bäckern sind wir hinsichtlich des Baguettes, das auch „französisches Weißbrot" genannt wird, nicht verwöhnt. Es könnte, falls man nur dieses kennt, leicht der Eindruck entstehen, die Franzosen kennen nur eine Sorte Brot – das meist unter den Arm geklemmte Baguette.

In Frankreich wird sehr viel Brot gegessen, und fast zu jedem Essen gereicht (damit lässt sich der Teller für den nächsten Gang abwischen, natürlich nur Zuhause), da wäre es verwunderlich, wenn es nur eine Sorte Baguette gäbe.

Die Vielfalt französischen Brotes ist kaum zu übertreffen, allerdings sind die meisten Sorten aus hellem Teig gebacken. Brot aus Sauerteig ist die Ausnahme und auch das in Deutschland so begehrte Vollkornbrot haben die Bäcker des Südens nicht im Sortiment. Wer nicht darauf verzichten möchte, kann es abgepackt und in Scheiben geschnitten im Supermarkt kaufen. Doch wird man schnell feststellen, dass es nicht so gut zu französischer Küche passt und auch zu Rotwein und Käse ist Baguette die bessere Wahl.

Das Baguette, ca. 60 cm lang und 250 g schwer, wird in vielen Variationen mit jeweils eigenen Namen angeboten.

1978 wurde der behördlich festgelegte Einheitspreis ebenso freigegeben, wie die bis ins kleinste Detail vorgeschriebene Herstellung des Standard-Baguettes. Die Folge war, dass Baguette in hohen Stückzahlen industriell gefertigt und in Supermärkten verkauft wurde. Diese Konkurrenz bedeutete für manch alt eingesessenen Bäcker das Aus. Doch sie nahmen den Kampf gegen das Fabrikbrot auf und erreichten, dass die Behörden die Begriffe „Baguette" und „Boulangerie" gesetzlich schützten. Brot, das mit chemischen Zusätzen versehen war oder dessen Teig tiefgekühlt verarbeitet wurde, durfte sich fortan nicht mehr Baguette nennen. Und nur noch der Bäcker, der am selben Ort seinen Teig herstellt, verarbeitet, backt und verkauft, darf sein Geschäft noch Boulangerie nennen. Die Ladenketten, die in und außerhalb der Supermärkte ihre Fabrikware verkauft hatten, mussten ihre Verkaufsstellen umbenennen – z.B. in „pain chaud" (heißes Brot).

Mich begeistert sowohl der Vorstoß der Bäcker als auch der Schulterschluss mit den Behörden. Es ist einerseits ein Schutz des Verbrauchers, der die Sicherheit haben soll, zu wissen was er kauft. Es ist gleichzeitig ein Auflehnen gegen das Verordnen eines Einheitsgeschmackes durch industriell hergestelltes Brot.

Der freundliche Protest ging noch weiter. Die verschiedenen Mehlhersteller – allen voran die Firma Banette, die größte Mühle Frankreichs – bot ihren Bäckerkunden an, gegen eine geringe Preiserhöhung, noch hochwertigeres Mehl, dem das „Label Rouge" verliehen wurde, zu liefern. Das individuell geformte Brot sollte künftig unter dem Logo „Banette" vertrieben werden.

Gutes Mehl ist die Grundlage für gutes Brot. Und dieses *banette* ist tatsächlich ein ganz besonderes Baguette. Überall dort, wo über einer Bäckerei das Banette-Logo

BOULANGER POUR LE MEILLEUR
DES PAINS

LA BANETTE
A LE BON GOÛT DU PAIN ARTISANAL.
DOUCE ET ÉQUILIBRÉE, ELLE EST
RICHE EN SAUVEURS. CERTAINS Y
RETROUVENT UN PETIT GOÛT DE
BEURRE NOISETTE, ET VOUS ...

hängt, wird Banette nach einem alten, traditionellen Rezept gebacken. Auffallend ist die Form des Banette – es läuft an den Enden spitz zu. Diese besondere Form ist die Garantie dafür, dass das Brot von Hand gefertigt wird. In St. Etienne-du-Grés hatte der Bäcker folgendes Schild aufgehängt: „Glauben Sie, dass Ihr Bäcker um drei Uhr nachts aufstehen müsste, wenn er nur das Brot auftauen würde? Unser Banette ist handgefertigt!"

Der Geschmack ähnelt dem unseres Kastenweißbrotes. Banette hat den Vorteil, dass es auch am Abend noch frisch schmeckt und sich (bei guter Beherrschung der Familienmitglieder) auch bis zum nächsten Morgen hält. Die Franzosen schätzen allerdings eher frisches Brot und verarbeiten das Brot vom Vortag lieber zum Kochen. Damit jeder täglich sein frisches Brot kaufen kann, haben die Bäcker im Süden selbstverständlich auch sonntags geöffnet.

Dann gibt es das sogenannte *ancienne*, das etwas kräftiger gebacken ist und stark mit Mehl bestäubt wird. Da das Brot in der Bäckerei selten in Tüten gesteckt, sondern immer nur in ein kleines Stückchen Papier eingepackt wird, hinterlässt die dicke Mehlschicht des „ancienne" deutliche Spuren auf der Kleidung und im Auto.

Wissen Sie, woran man erkennt, dass Leute in Südfrankreich Urlaub machten? Genau! An den Mehlspuren auf der Rückbank oder dem Beifahrersitz ...

Eine dem Banette sehr ähnliche Philosophie findet sich auch bei der *campaillette*. Das Logo steht für ein hochwertiges Mehl aus einwandfreiem Getreide ohne künstliche Zusätze und wurde ebenfalls mit dem „Label rouge" ausgezeichnet.

Eine weitere Variante des Baguette ist die *ficelle*. Ficelle heißt Bindfaden oder Schnur. Die Ficelle ist wesentlich dünner als das Baguette und etwas kürzer. Das Brot trocknet schnell aus und eignet sich nur zum sofortigen Verzehr. Das trifft auch auf die ähnlich dünne *flûte* zu, die wie eine Flöte geformt ist.

Das *épi* entspricht in der Länge einem Baguette. Seine Form gleicht, wie der Name (épi = Ähre) schon vermuten lässt, einer Weizenähre.

Fougasse wird ein flaches Brot – manchmal aus Blätterteig – mit kunstvollen Flechtmustern genannt. Die Fougasse ist ein herzhaftes Gebäck, dem Kräuter der Provence, Oliven, Anchovis, Schinken oder knusprig gebratener Speck (*lardon*), Käse oder Pilze zugegeben werden.

Zu den ebenfalls geschmacksintensiven Sorten gehören auch die kleinen runden oder ovalen Brote, die mit Zwiebeln, Oliven oder Nüssen verfeinert sind (pain aux oignons, aux olives, aux noix).

Neben den meist länglichen Brotarten gibt es auch runde Varianten. Gängig sind zwei verschiedene Formen: die *boule* (Kugel) mit einem Durchmesser von ca. 20 cm und die *couronne* (Krone, Kranz), eine abgeflachte Kugel, mit einem Loch in der Mitte. Kleine runde Weißbrote sind dazu gedacht, dass man sich zu Hause daraus ein Sandwich zubereitet (zum Beispiel ein *pan bagnat*). Diese Brote gibt es bei jedem Bäcker, doch meistens nur bis zur Mittagszeit. Manche Bäcker bieten auch das fertige pan bagnat an.

Man sollte es in jedem Fall probieren, denn jeder Hersteller verfährt nach seinem eigenen Rezept und regt auch dadurch die eigene Phantasie an. Für die, die es selbst versuchen möchten, hier eine Anregung, wie ich es immer zubereite:

„Gebadetes" Brot (Brot mit salade niçoise) – Pan bagnat

Diese Art des Sandwichs ist eine schmackhafte aber auch sehr fettige Angelegenheit, da die Brothälften vor dem Belegen mit einer Vinaigrette getränkt werden. Man sollte ausreichend Servietten bereit halten – am besten isst man die (tropfenden) Brote draußen in freier Natur und gleich mit freiem Oberkörper ...

Es gibt unterschiedliche Arten der Zubereitung.

Ursprünglich war es eigentlich ein „salade niçoise", bestehend aus Blattsalat, Eiern, Tomaten, Thunfisch etc., der zwischen zwei Brothälften geklemmt wurde. Daraus entwickelten sich die unterschiedlichsten Variationen – allen gemeinsam ist, dass ihr Verzehr häufig Spuren hinterlässt. Daher sollte man darauf achten, dass die Brothälften so flach wie möglich sind. Zum Schutz der Kleidung packt man die Brote am besten in Alufolie.

Zutaten   4 kleine runde Brote oder 2 Baguette, 6 Strauchtomaten, 3 Frühlingszwiebeln, 1 grüne und 1 rote Paprikaschote, einige Salatblätter, $1/_2$ Fenchelknolle, 2 Knoblauchzehen, 16 schwarze Oliven, 12 Anchovisfilets, Sherry-Essig, Olivenöl, Salz, Pfeffer und je nach Geschmack 1 Dose Thunfisch in Zitronen-Basilikumsoße oder natur

Tomaten und Paprikaschoten waschen, halbieren, entkernen und in schmale Streifen schneiden. Den Fenchel in kleine Würfel zerteilen. Das Grün der Frühlingszwiebeln in dünne Ringe schneiden, die unteren hellen Teile würfeln. Die Gemüse mischen, salzen, pfeffern, mit Sherry-Essig und Olivenöl begießen und ca. 20 Minuten marinieren lassen.

In der Zwischenzeit die Brote oder Baguette leicht aushöhlen und das Innere mit Knoblauch ausreiben. In die Brothälften einen Hauch Essig und Öl geben und leicht einreiben. Die Salatblätter waschen und abtrocknen. Anschließend in breite Streifen schneiden und mit dem marinierten Gemüse vermischen. Die Gemüsemischung wird auf jeweils einer Brothälfte verteilt, mit Oliven und Anchovis garniert und zusammengeklappt.

Falls die pan bagnat mit Thunfisch in Basilikum-Zitrone zubereitet werden, so wird dieser mit einer Gabel zerkleinert und mit seiner Marinade vermischt. Diese Mischung auf die Brothälften streichen und die Gemüse darauf geben.

DER APERITIF –
EINE GESELLIGE ANGELEGENHEIT

Der Aperitif – kurz apéro genannt – ist vor einem französischen Essen nicht wegzudenken. Er hat allerdings nicht immer nur eine einleitende Funktion, sondern kann auch separat ohne anschließendes Essen zelebriert werden. Man trifft sich gegen Abend, tauscht ein paar Neuigkeiten aus und genießt den ausklingenden Tag. Das geht nicht ohne feste und flüssige Begleitung. Es werden immer einige Appetithäppchen gereicht, der Phantasie sind dabei keine Grenzen gesetzt. Das Minimum sind Oliven und Erdnüsse.

Zu kleinem, hartem Mandelgebäck bietet man einen „vin doux", einen Dessertwein an. Das kann entweder ein Süßwein sein, wie der Beaumes de Venise oder der etwas herbere, bernsteinfarbene „Vin de noix", der sich mit Mandelschnitten (Croquants) zu einer wunderbaren Komposition verbindet. (Rezept für Mandelkracher siehe Seite 108)

Recht unbekannt ist der **apéritif myro** der selbst gemischt wird. Einen Hinweis darauf fand ich auf einem alten Werbeplakat, das mit folgender Erklärung versehen war: „Recette des bergers transhumants pleine de vertus digestives, le Myro se boit très frais." Der Ursprung dieses Getränkes stammt demnach von Schäfern, die diesen Aperitif zum Feierabend genossen haben. Sie empfahlen für einen kräftigen Myro folgende Mischung: 1/10 crème de myrtille (Heidelbeerlikör) mit 9/10 Rosé (Côtes-de-Provence) aufgießen und gut gekühlt trinken.

Weitere süße Aperitifs sind der Kräuterlikör „Farigoule" (Thymian) und der „Bigarade", ein 35 %iger Likör aus Bitterorangen. Die Kunst liegt darin, süße und bittere Orangen, die aus der Gegend um Nizza kommen, im richtigen Verhältnis zu destillieren, damit das Aroma ausgewogen und weder zu süß noch zu bitter ist.

Hersteller dieses Likörs ist, wie auch für die folgenden Aperitifs die Firma Henri Bardouin „Distilleries et Domaines de Provence", die „für kultivierten Geschmack und Tradition" steht. Firmensitz ist seit 1898 Forcalquier.

Empfehlenswert sind auch die Süßweine **Orange Colombo** und **Noix de la St. Jean** aus dem Hause Henri Bardouin. Sie haben nur 15 % vol. Davon kann man sich ein größeres Glas gönnen. Diese Aperitifs sind in jedem größeren Spirituosengeschäft zu kaufen oder direkt beim Hersteller: ***www.distilleries–provence.com***

Zu den kräftigeren Aperitifhäppchen wird eher das Nationalgetränk **Pastis** (aus dem provençalischen, pastis heißt „Mischung") gereicht. Wer glaubt, dass es sich hierbei um ein „nur" nach Anis schmeckendes Getränk handelt, der kennt nur die beiden bekanntesten Marken. Fragt man die Provençalen danach, äußern sie sich etwas despektierlich, meist mit der abfälligen Bemerkung, dass sie dieses Getränk noch nicht einmal ihrer Schwiegermutter zumuten würden.

Wie viele Sorten **Pastis** tatsächlich existieren, lässt sich kaum feststellen. Neben den großen Marken gibt es eine Reihe kleinerer Destillerien, deren Pastis zwar nicht weltbekannt ist, sich aber hinter den anderen nicht verstecken muss. Mein Lieblingspastis kommt aus Forcalquier, aus dem Hause Henri Bardouin, kurz HB genannt. Er ist eine Mischung aus mehr als 30 Kräutern, darunter Sternanis, Muskat, Zimt, Nelken, Fenchelsamen, Kardamom, schwarzer und weißer Pfeffer, Koriander, Salbei und Réglisse, dem Saft aus der Wurzel des Süßholzstrauches.

Pastis ist der Nachfolger des um 1900 staatlich verbotenen **Absinth**; ein grüner Likör, der ursprünglich aus billigem Alkohol und der Wermutpflanze sowie einem Zusatz aus Anis oder Fenchel destilliert wurde. Da er sehr bitter war, wurde er mit Zucker und Wasser genießbarer gemacht. Dazu legte man auf das Absinthglas einen mit kleinen Löchern versehenen Löffel, auf dem Zucker aufgehäuft war. Der Zucker wurde mit Wasser übergossen und tropfte durch die Löcher in den Ab

sinth, der so zwar einigermaßen trinkbar war, aber immer noch die schlimmsten Wirkungen hervorrief, da sein Alkoholanteil bei knapp 80 % lag. Man sagte dem Absinth nach, dass er Halluzinationen hervorrief, die Trinker erblinden ließ oder in den Wahnsinn trieb und für ihren frühen Tod verantwortlich war.

Gesundheitsschädlich war in erster Linie das ätherische Öl des Echten **Wermut** (Thujon), das bei der Extraktion entstand. Diese Terpenverbindung – ein Nervengift – rief starke epileptische Krämpfe hervor. In geringen Mengen hingegen wirkt Thujon anregend und intensiviert die Wahrnehmung.

Ein ehemaliger Absinthdestillateur namens **Pernod** wollte trotz des staatlichen Verbots nicht auf seine Einnahmequelle verzichten und stellte seine Fabrikation 1931 auf ein Produkt ohne Wermutpflanze um, das Bestandteile wie Anis und andere Kräuter enthielt und die Konsumenten am Leben hielt. Konkurrenz belebt das Geschäft, daher erschien kurz darauf ein Pastis aus dem Hause Ricard, versehen mit dem Zusatz „le vrai pastis de Marseille", der ebenfalls hohen Absatz fand. Die Kräuter werden in großen Fässern zusammen mit Alkohol mazerisiert.

Im Verhältnis 1:5 hat man die ideale Trinkstärke. Zuerst kommen Eiswürfel ins Glas, diese übergießt man mit Pastis und gibt zum Schluss kaltes Wasser dazu. Dabei wird aus dem klaren Pastis das opalfarbene Getränk.

Wer übrigens beim boule verliert, muss die nächste Runde Pastis bezahlen!

Seit 1999 gibt es einen „echten" Nachfolger des Absinth, den **Versinth**. Er enthält – mit Ausnahme der Wermutpflanze – die traditionellen Kräuter des Absinth, und statt des Methylalkohol einen weniger gesundheitsschädlichen Alkohol. Hergestellt wird er in einer „Liquoristerie" (Likörfabrik) in Venelles, einem kleinen Ort nördlich von Aix-en-Provence. Und seit 2001 gibt es wieder Absinth zu kaufen; er enthält keine gefährlichen Substanzen mehr. Seitdem erlebt er als „grüne Fee" eine wahre Renaissance.

Wichtiger als seine Bestandteile ist allerdings die Lebensfreude, die der Genuss von Pastis mit sich bringt, wenn man in einem Straßencafé sitzt, den Boulespielern zusieht und das Gefühl hat, in diesem winzigen Fleckchen der Erde im Paradies zu sein. Genau daran wird es auch liegen, dass Pastis in einem Frankfurter Lokal – nach einem anstrengenden Arbeitstag – anders schmeckt und die Lebensgeister nicht so weckt. Alles hat seine Zeit ...

Und nun zu den kleinen Begleitern des Pastis, bei denen sich die Vorfreude auf das Essen einstellt oder die auch einfach nur den kleinen Hunger bei einem guten Gespräch vertreiben. Eine wunderbare Einstimmung ist Käsegebäck, das zusammen mit eingelegten Oliven, kleinen Scheiben „saucisson sec" (luftgetrockneter Wurst z.B. aus der Ardèche) und kleinen Cornichons gegessen werden kann.

Mandelkracher – Croquants de Provence

Zutaten   3 große Eier, 180 g Honig, 200 g Zucker, je $^1/_2$ TL Vanille- und Mandelaroma, falls vorhanden: 2 TL Orangenblüten- aroma (Eau de fleurs d'orangers), eine Prise Salz, 300 g ganze, ungeschälte Mandeln, 300–335 g Mehl

Eier, Honig, Zucker, Vanille-, Mandel-, Orangenblütenaroma und Salz mit dem elektrischen Rührgerät 2 Minuten verrühren, bis eine homogene Masse entsteht. Mit einem Holzlöffel die Mandeln unterrühren und esslöffelweise das Mehl dazugeben, bis der Teig eine weiche, klebrige Konsistenz bekommt. Mit mehlbestäubten Händen den Teig in vier gleichgroße Stücke teilen und aus jedem Teigstück ein 7 cm langes, 2,5 cm breites und 0,5 cm hohes Stück formen. Die vier Stücke auf ein mit Backpapier ausgelegtes Backblech setzen und **im vorgeheizten Backofen bei 175°C ca. 25 bis 30 Minuten backen**, bis das Gebäck eine gleichmäßige goldgelbe Farbe angenommen hat. Aus dem Ofen nehmen und auf einem Kuchengitter mindestens 10 Minuten abkühlen lassen. Den Ofen nicht abschalten. Danach die einzelnen Stücke auf einem Holzbrett mit einem sehr scharfen Messer diagonal in etwa 1 cm große Streifen schneiden und wieder auf das Backblech setzen. Das Blech auf mittlerer Einschubhöhe für weitere 10–15 Minuten zurück in den Ofen schieben. Das Gebäck ist fertig, wenn es zartbraun gebacken ist.

Die Kekse auf einem Rost auskühlen lassen und wenn sie vollständig erkaltet sind, in einer Blechdose verschließen. So halten sie sich etwa einen Monat.

Käsegebäck – Pailettes au fromage

Zutaten	250 g Mehl, 1 TL Backpulver, je 60 g Parmesan, alter Gouda und Brie (ohne Rinde), 200 g kalte Butter, 1 Ei, 1 Prise Salz, Muskat, Edelsüßpaprika
zum Bestreichen	1 Eigelb, 2–3 EL süße Sahne, 1 Prise Salz, Edelsüßpaprika
zum Bestreuen	Mohn, Kümmel oder getrocknete Kräuter der Provence

Parmesan und Gouda auf einer Käsereibe fein reiben. Mehl und Backpulver mischen, auf die Arbeitsplatte geben und in die Mitte eine Vertiefung drücken. Den geriebenen Käse zusammen mit der in Stückchen geschnittenen Butter und dem kleingeschnittenen Brie auf dem Mehlrand verteilen. Ei und Gewürze in die Mulde geben, die Teigzutaten von innen nach außen mit einem Messer durchhacken, bis kleine Teigbrösel entstehen. Diese schnell mit kalten Händen zu einem glatten Teig kneten und in Klarsichtfolie gepackt 1 Stunde im Kühlschrank durchkühlen lassen. Danach den Teig halbieren und zwischen zwei Schichten Klarsichtfolie ca. 5–8 mm dünn ausrollen. Mit Backförmchen ausstechen oder in ca. 1 cm breite und 2–3 cm lange Streifen schneiden und auf ein mit Backpapier belegtes Backblech legen. Eigelb, Sahne, Paprika und etwas Salz verrühren und die Kekse mit einem Backpinsel mit der Mischung bestreichen. Je nach Geschmack entweder mit Kümmel oder Mohn oder großzügig mit getrockneten, zwischen den Fingern zerriebenen Kräutern der Provence bestreuen und im vorgeheizten Backofen bei 225°C ca. 10–12 Minuten auf der 2. oder mittleren Einschubleiste goldgelb backen.

Das Gebäck auf einem Kuchengitter auskühlen lassen und in einer Blechdose aufbewahren. Es soll sich zwei Wochen halten – dazu habe ich allerdings keine Erfahrungswerte, weil es am besten schmeckt, wenn es noch lauwarm ist; es hat bei mir keine Chance, alt zu werden.

Köstlich sind auch Baguettescheiben, bestrichen mit Tapenade (Olivenpaste). Tapenade ist eine Paste aus grünen oder schwarzen Oliven, Olivenpaste mit Kapern,

Sardellen oder Thunfisch und verschiedenen Gewürzen, die es in Gläsern konserviert oder frisch auf dem Markt zu kaufen gibt. Der Name Tapenade stammt von der provençalischen Bezeichnung für Kapern „tapeno". Tapenade kann entweder zu Salzgebäck oder auf Baguette gestrichen gegessen werden. Auch zu Tomatensalat, frischen Nudeln oder auf warmem oder kaltem Ziegenkäse, als Füllung von gekochten Eiern oder als Dipp zu rohen Gemüsen ist sie eine wunderbare Ergänzung.

Tapenade – Tapenade fraîche

Zutaten   200 g entkernte Oliven (schwarz oder grün), 1–2 Knoblauchzehen, 1 TL Thymian, 1 TL Rosmarin, frisch gemahlener Pfeffer, 1 kleines Glas Olivenöl

Die Knoblauchzehen in kleine Würfelchen schneiden, Thymian und Rosmarin von den Ästchen zupfen – bei getrockneten Kräutern diese im Mörser mit dem Stößel kurz zerreiben, damit die ätherischen Öle freigesetzt werden. Die Oliven im Mixer mit Knoblauch, Kräutern und dem Olivenöl nicht zu fein pürieren.
Die Tapenade auf kleine frisch geröstete Baguettescheiben streichen und servieren.

Tapenade aus schwarzen Oliven – Tapenade aux olives noires

Zutaten   200 g schwarze Oliven, 8 Anchovisfilets, 120 g Kapern, 2–4 EL Olivenöl, 1–2 Knoblauchzehen, $1/2$ TL Dijon-Senf, 2 EL Zitronensaft, Thymian, 1 Lorbeerblatt, Salz, frisch gemahlener Pfeffer, $1/2$ Glas Cognac oder Eau de Vie

Die Anchovisfilets unter fließendem Wasser entsalzen, die Mittelgräte entfernen und die Filets in Streifen schneiden. Die Oliven entkernen und grob zerkleinern. Kapern, Oliven, Anchovis und gepressten Knoblauch in den Mixer geben (oder in einen Mörser, aber das ist sehr zeitaufwändig) und mischen, bis eine breiige Konsistenz entstanden ist. Jetzt werden Kräuter, Senf, Zitronensaft und das Gläschen Schnaps unter Rühren hinzugefügt. Die Paste kann je nach individuellem Geschmack ganz glatt verrührt werden oder noch körnig sein.
Es gibt zwei weitere Varianten der Tapenade, die aus grünen Oliven und Thunfisch zubereitet werden.

Tapenade aus grünen Oliven und Thunfisch – Tapenade aux olives vertes et thon

Zutaten   1 Dose Thunfisch in Olivenöl (170 g Einwaage) oder Natur (dann nach dem Abtropfen 1 EL Olivenöl zufügen), 150 g grüne, entsteinte Oliven, 1–2 Knoblauchzehen, $1/2$ TL Senf, abgeriebene Schale einer unbehandelten Zitrone, 2 EL Zitronensaft, Salz, frisch gemahlener Pfeffer, 4 EL klein geschnittene frische Basilikumblättchen

Den Thunfisch mit einer Gabel in der Dose zerkleinern, mit dem Olivenöl mischen und in den Mixer geben. Die Oliven grob zerkleinern und zusammen mit dem gepressten Knoblauch, der abgeriebenen Zitronenschale, dem Zitronensaft sowie Salz und Pfeffer dazu geben und kurz verrühren. Die Tapenade sollte nicht zu fein werden. In ein Schälchen umfüllen und die Basilikumblättchen untermischen. In einem luftdicht abgeschlossenen Behältnis hält sich die Tapenade im Kühlschrank etwa eine Woche.

Das nächste Rezept stammt von einem Freund, der sich auf diese Zubereitung spezialisiert hat und mich bei unserem letzten Treffen damit überraschte. Die angegebene Menge ergibt ca. zwei Gläser à 200 g:

Thunfisch-Tapenade nach Günter Schulze

Zutaten 200 g Thunfisch (160 g Einwaage), 90 g (Abtropfgewicht) Anchovis ohne Gräten (Sardellen), 2 kleine Gläser Kapern, 1 Glas schwarze und $^1/_2$ Glas grüne Oliven, Olivenöl nach Bedarf, 4 TL milder, körniger (Dijon-)Senf, frisch gemahlener bunter Pfeffer, 1 kleines Gläschen Cognac

Oliven entsteinen und danach (jeweils separat) die Oliven, Kapern und Anchovis mit dem Schneidestab grob zerkleinern, in eine Schüssel umfüllen und esslöffelweise soviel Öl zugeben, bis eine zähflüssige Masse entsteht.
Die Tapenade sollte nicht zu fein werden.
Den mit einer Gabel zerkleinerten Thunfisch, den Senf und den Cognac in die Tapenade einrühren und mit reichlich frisch gemahlenem Pfeffer abschmecken.

Kirschen in Essig – Cerises au vinaigre

Zutaten 500 g (gelbe) Süßkirschen, $^1/_2$ l Weißweinessig, 250 g Zucker, einige Gewürznelken, 1 Stange Zimt

Essig mit Gewürzen und Zucker aufkochen. Kirschen waschen und die Stiele bis auf einen Zentimeter kürzen. Kirschen in den Sud geben und kurz aufkochen lassen. Kirschen abgießen, dabei den Sud auffangen, diesen nochmals aufkochen und etwa um ein Drittel reduzieren.
Kirschen in Einmachgläser oder Marmeladengläser einfüllen, mit Sud bedecken und mit einem Twist-off-Deckel verschließen. Kühl gelagert sind sie nach etwa 6 Wochen verzehrbereit.
Kirschen in Essig eingelegt, sind eine ideale Beilage zu Pasteten (Pâté), die man zur Vorspeise isst.

Champignons mit Kräutern –
Champignons à la provençale

Zutaten 250 g Champignons, $^1/_2$ Zitrone, 1 TL Thymian, 1 TL Rosmarin, 1 Lorbeerblatt, 2–3 Knoblauchzehen, Salz, Pfeffer, 4–5 EL Olivenöl

Die Champignons putzen und in einer Mischung aus 100 ml Wasser, Zitronensaft und Salz kurz aufkochen lassen. Abgießen und abkühlen lassen, danach in ein schmales hohes Gefäß schichten, salzen, pfeffern und mit den Kräutern sowie den feingehackten Knoblauchzehen würzen. Etwa 6–12 Stunden durchziehen lassen. Im Kühlschrank halten sich die Pilze einige Tage.

Knoblauch, mariniert, mit Kräutern –
Ail aux herbes

Zutaten 2 Knoblauchknollen, $^1/_8$ l Weißwein, 2 EL Balsamico-Essig, 1 TL Rosmarin, 1 Lorbeerblatt, 1 TL Thymian, Salz, 10 Pfefferkörner, 1 TL Zucker, 75 ml Olivenöl

Die Knoblauchzehen schälen. Die übrigen Zutaten (außer dem Olivenöl) aufkochen und die Knoblauchzehen für 10 Sekunden in den Sud geben. Im Sud abkühlen lassen und anschließend nach nochmaligem Aufkochen wieder erkalten lassen, das garantiert eine Haltbarkeit von bis zu 6 Monaten. Knoblauch mit Sud in ein 500 ml fassendes, gut verschließbares Gefäß umfüllen und soviel Olivenöl zugießen, bis der Knoblauch fingerbreit damit bedeckt ist. Das Öl schließt den Sud luftdicht ab und verhindert das Eindringen von Keimen. Das Glas gut verschlossen an einem kühlen Ort mindestens für 4 Wochen durchziehen lassen.

Als Beilage zu sämtlichen Aperitifhäppchen empfehle ich marinierte Paprikastreifen, die „Langues de Tarasques" genannt werden, weil sie der Zunge des Ungeheuers von Tarascon ähneln sollen (Rezept im Kapitel „Gemüse" S. 153).

Vorspeisen und Salate

Crevetten mit Knoblauch – Crevettes aux ail

Zutaten (für 2 Personen) 1 Dutzend Crevetten, 2 Knoblauchzehen, 1 EL Pastis, $^1/_2$ Baguette, 1 Chilischote (frisch oder gemahlen), scharfes Paprikapulver, Pfeffer, 1 EL Olivenöl, 1 TL Butter, 5 EL Wasser

Crevetten unter fließendem Wasser abwaschen und den Panzer ablösen. Mit einem scharfen Messer die Crevetten einritzen und den Darm entfernen. Die Knoblauchzehen in dünne Scheibchen schneiden. Olivenöl und Butter in der Pfanne erhitzen. Zuerst die Crevetten kurz anbraten, aus der Pfanne nehmen, auf einem Teller mit Alufolie abdecken und warm halten. Die Knoblauchscheiben im verbliebenen Fett bei schwacher Hitze andünsten, sie dürfen nicht dunkel werden, sonst schmecken sie bitter. Den Knoblauch aus der Pfanne nehmen und beiseite stellen. Die Bratflüssigkeit mit Chili, Paprika und frisch gemahlenem Pfeffer würzen, Pastis und Wasser in die Pfanne geben und gut verrühren. Das in Scheiben geschnittene Baguette in die Flüssigkeit legen (bei Bedarf mit etwas Wasser verlängern), bis sie Farbe angenommen haben.

Die Brotscheiben auf zwei Tellern ausbreiten, darauf die Crevetten anrichten, die Knoblauchscheiben verteilen und servieren.

Gurkensuppe (kalt) mit Kerbel – Soupe de concombres aux cerfeuil

Zutaten 2 Bund Kerbel, 1 Salatgurke, 4 Becher Joghurt, 4 EL Crème fraîche, 1 Echalotte, Saft einer halben Zitrone, 1 EL Balsamico-Essig, Salz, Pfeffer, $^1/_2$ gestrichener TL Chilipulver

Gurke schälen, der Länge nach halbieren, Kerne entfernen und die Gurke in winzig kleine Würfelchen schneiden. Den Kerbel von den Stielen zupfen, waschen und abtrocknen. Die Echalotte schälen und fein hacken.

Zitronensaft, Joghurt, Crème fraîche in eine Salatschüssel geben, Salz hinzufügen und mit einer Gabel gut verrühren. Kerbel fein hacken – einen EL davon zur Seite stellen – und zusammen mit der in kleine Würfel geschnittenen Echalotte in die Schüssel geben. Balsamico angießen und mit Chilipulver bestäuben. Zuletzt die Gurkenwürfelchen einrühren und die Suppe im Kühlschrank drei Stunden durchkühlen lassen.

Vor dem Servieren in kleine Schalen umfüllen und mit dem restlichen Kerbel verzieren.

Melonensuppe (kalt) mit Anis oder frischer Minze – Soupe de melons au pastis ou menthe fraiche

Zutaten 3 reife Melonen (Gallia- oder Honigmelonen, am besten aus Cavaillon), 1 EL Anis-Aperitif (z.b. Ricard) oder alternativ ca. 4 EL frische Minzeblättchen, weißer Pfeffer, etwas Anis- oder Fenchelgrün

Die Melonen der Länge nach halbieren und mit einem Suppenlöffel die Kerne entfernen. Die Fruchthälften in längliche Segmente schneiden und schälen. Im Mixer oder mit dem Pürierstab des Rührgerätes fein zerkleinern; Anis-Aperitif bzw. die in feine Streifen geschnittenen Minzeblättchen sowie den Pfeffer dazugeben und nochmals gut verrühren.

In kleine Schälchen füllen, mit Anis- oder Fenchelgrün bzw. Minze garnieren und für 2–3 Stunden in den Kühlschrank stellen.

Gedünstete Paprika und Auberginen mit Geflügelleber (lauwarm) – Foies de volaille sautés aux poivrons et aubergines (tiède)

Zutaten 2 rote Paprikaschoten, 2 kleine Auberginen, 8 Stück Geflügelleber, 5 EL Olivenöl, 2 EL Butter, 4 kleine runde Ziegenkäse, 1 EL entkernte Kirschen, frisch gemahlener (bunter oder schwarzer) Pfeffer, Majoran (frisch oder getrocknet)

Gemüse waschen, Paprikaschoten halbieren, entkernen und die weißen Häutchen entfernen. Auberginen und Paprika längs in 2–3 cm breite Streifen schneiden. In einer großen Pfanne das Fett erhitzen und die Gemüse darin anbraten, pfeffern, salzen und ca. 10–15 Minuten dünsten.

Die Gemüse an den Pfannenrand schieben und in derselben Pfanne die Geflügelleber braten; mit Majoran würzen. Die Kirschen in der Pfanne erwärmen. In der Zwischenzeit die Ziegenkäse in einer feuerfesten Form bei hoher Temperatur im Backofen leicht bräunen lassen.

Die gegarten Gemüse auf Tellern anrichten, die Leber mit den Kirschen dekorieren, die Ziegenkäse dazu legen.

Austernpilze (lauwarm) auf Ruccola, eine herbstliche Delikatesse – Salade de roquette aux pleurottes (tiède)

Zutaten 250 g Austernpilze, 3 EL Olivenöl, etwas Salz, frisch gemahlener Pfeffer, 2 Knoblauchzehen, 200 g Ruccola

Marinade 1 Knoblauchzehe, 2 EL Essig, 2 EL Balsamico-Essig, 5 EL Olivenöl, 1 EL Walnussöl, Salz, frisch gemahlener Pfeffer, 1 EL Dijon-Senf

Ruccola putzen, waschen, in mundgerechte Stücke rupfen, trocken schleudern und beiseite stellen. Die Austernpilze zusammen mit dem in Scheiben geschnittenen Knoblauch in Olivenöl anbraten und ca. 10 Minuten im eigenen Saft dünsten lassen. Mit Pfeffer und Salz abschmecken.

Für die Marinade zuerst den Knoblauch (mit Schale, dann lässt sich die Knoblauchpresse leichter reinigen) in eine kleine Schüssel pressen, 1 Prise Salz darüber streuen und zu einem Mus verrühren. Essig und Balsamico angießen, frisch gemahlenen Pfeffer dazugeben und aufschlagen. In dünnem Strahl Oliven- und Walnussöl einrühren und so lange schlagen, bis die Marinade eine goldgelbe, dickflüssige Konsistenz erhält. Erst ganz zum Schluss den Senf dazugeben.

Den Ruccola nun entweder mit der Marinade vermischen oder zuerst den Ruccola portionsweise auf den Tellern verteilen, die gebratenen Austernpilze darüber geben und den Salat zum Schluss mit der Marinade beträufeln.

Ruccolasalat mit Ziegenkäse, Kerbel und Pinienkernen – Roquette aux cerfeuil et pignons au chèvre

Zutaten	150 g Ruccola, 1 rote und 1 gelbe Paprikaschote, 2 Bund Kerbel, 4 kleine halbreife Ziegenkäse, 50 g Pinienkerne,
Marinade	1 EL Balsamico-Essig, 3 EL Olivenöl, Salz, frisch gemahlener Pfeffer

Den **Backofen bzw. Grill auf 250° C vorheizen.** Die Paprikaschoten waschen und unzerteilt auf ein Backblech legen. Für **20–30 Minuten in den Ofen schieben** und unterdessen mehrmals drehen, bis sie von allen Seiten gleichmäßig goldbraun geworden sind. Vom Blech nehmen, in Alufolie oder Zeitungspapier (sie lassen sich dann besser schälen) einpacken und etwas abkühlen lassen.

In einer Salatschüssel Balsamico, Salz und Pfeffer verrühren und danach das Olivenöl dazugeben. So lange schlagen, bis die Marinade goldgelb und dickflüssig ist. Die Haut der inzwischen abgekühlten Paprikaschoten abziehen, die Paprikaschoten der Länge nach halbieren, die Kerne entfernen und die Paprika in feine Streifen schneiden. Die Paprikastreifen in einer Salatschüssel mit der Marinade mischen und kurz durchziehen lassen.

Inzwischen die äußere Umhüllung der Ziegenkäse entfernen und die Käse in kleine Würfel schneiden. Kerbel waschen, abtropfen lassen und kleinschneiden. Ruccola ebenfalls waschen, in der Salatschleuder trocken schleudern und in mundgerechte Stücke teilen. – Ziegenkäse, Kerbel und Ruccola zu den marinierten Paprikastreifen geben und vermischen.

In einer kleinen Pfanne die Pinienkerne ohne Zugabe von Fett goldbraun rösten. Salat auf 4 Teller verteilen, mit den Pinienkernen bestreuen, mit Baguette servieren.

Salat mit Ei und gebratenem Thunfisch – Salade au thon

Zutaten   250 g grüne Bohnen (am besten Prinzessbohnen), 400 g kleine neue Kartoffeln, 200 g Salatblätter (z.b. Romana), 400 g Tomaten, 4 hartgekochte Eier, je 2 EL Essig und Zitronensaft, 1 Knoblauchzehe, 1 TL Dijon Senf, 7 EL Olivenöl, 2 EL gehackte Petersilie, Salz, frisch gemahlener Pfeffer, 3 Thunfischsteaks (à 150 g)

Bohnen und Kartoffeln waschen. Die Bohnen in ca. 4 cm lange Stücke schneiden, die Kartoffeln schälen und würfeln. Kartoffeln und Bohnen 15 Minuten zusammen in gesalzenem Wasser garen, abgießen, abtropfen und etwas abkühlen lassen. Den Salat putzen, waschen, trocken schleudern und beiseite stellen. Die Tomaten in kleine Würfel schneiden. Die Eier kochen.

Für die Marinade den Knoblauch (mit Schale) pressen und mit Salz zu einer Paste verrühren. Essig, Zitronensaft und Pfeffer dazugeben, mischen und mit der angegebenen Menge Olivenöl so lange schlagen, bis die Marinade dickflüssig wird. Zum Schluss den Senf unterrühren. Die gegarten Bohnen und Kartoffeln in die Marinade geben, Petersilie darüber streuen und alles miteinander vermischen. Die kleingeschnittenen Tomaten und die Salatblätter zu den Bohnen und Kartoffeln geben.

Die Thunfischsteaks waschen, trockentupfen und in mundgerechte Stücke schneiden. Gesalzen und gepfeffert in einer Pfanne im Olivenöl von jeder Seite ca. 2 Minuten braten, bis sie Farbe angenommen haben (die dicksten Stücke durchschneiden, um zu testen, ob sie gar sind). Thunfisch aus der Pfanne nehmen, auf einem Teller ca. 5 Minuten abkühlen lassen und zusammen mit den geviertelten Eiern vorsichtig unter den Salat heben.

Taboulé

Zutaten   100 g Hartweizengrieß, 6 Tomaten, 2 Zwiebeln, 6 EL Olivenöl, Saft von 2 Zitronen, $1/2$ Bund glatte Petersilie, 4 EL gehackte Minzeblätter, Salz, einige Blätter Kopfsalat, $1/2$ Salatgurke

Vier Tomaten an der Unterseite kreuzförmig einritzen, kurz mit kochendem Wasser überbrühen und häuten. Anschließend die Kerne entfernen und das Fruchtfleisch in Würfel schneiden. Die Zwiebeln schälen und ganz fein würfeln. Petersilie und Minze fein hacken.

In einer Salatschüssel den (ungekochten) Hartweizengrieß mit Zwiebeln, Tomaten, Petersilie und Minze vermischen. Die Zitronen auspressen und deren Saft mit Salz und Olivenöl verrührt über die Salatmischung geben. Gut durchrühren und für mindestens 4 Stunden im Kühlschrank durchziehen lassen. Falls das Taboulé danach noch zu trocken erscheint, kann es nochmals mit etwas Öl und Zitronensaft beträufelt werden.

Kurz vor dem Servieren die Salatblätter waschen, trockentupfen und eine Servierplatte damit belegen. Darauf das Taboulé anrichten. Die Salatgurke in feine Würfel schneiden und unterheben. Die beiden restlichen Tomaten achteln und auf dem Taboulé verteilen. Zum Schluss eine Handvoll Minzeblätter über das Gericht streuen und servieren.

SUPPEN

Die echte südfranzösische Küche ist traditionell eine einfache Küche, in der verarbeitet wird, was die Erde wachsen lässt. Neben vielen Gemüsegerichten sind daher Suppen aller Art sehr beliebt, die früher meistens als Abendessen gereicht wurden (daher auch der Name „souper"). Es gibt ganz einfache Suppen mit wenigen Zutaten wie beispielsweise „aigo boulido" (gekochtes Wasser) oder reichhaltige Suppen, die fast mit einem Eintopf zu vergleichen sind (potage) und mit allen Zutaten versehen sind, die der Gemüsegarten zu bieten hat.

Früher war die Suppe der Hauptbestandteil des Essens der „paysan", der Bauern, die abends müde und hungrig von den Feldern nach Hause kamen. Nach der Suppe ging man schlafen. Ein provençalisches Sprichwort sagt, die Suppe stopft ein Loch – sie füllt den Magen und nimmt den Hunger.

Der einfachsten aller Suppen der „aigo boulido" werden wahre Heilkräfte nachgesagt; sie soll Wunder wirken nach großen Festen mit üppigem Essen, bei (daraus resultierender) Magenverstimmungen und immer dann, wenn etwas gerettet werden muss – und sei es nur die gute Stimmung, um über den Winter zu kommen.

Ein anderes Sprichwort beginnt so: l'eau bouille sauve la vie (heißes Wasser rettet das Leben). Zyniker ergänzen dieses Sprichwort folgendermaßen: „... mais après quelque temps fait mourir les gens" (aber nach kurzer Zeit lässt es die Menschen sterben). Mit dieser Wundersuppe, die trotz der bescheidenen Zutaten einen außerordentlich kräftigen Geschmack entwickelt, beginnt das Kapitel über Suppen:

„Gekochtes Wasser" – Aigo boulido

Zutaten   1 l Wasser, 12 Knoblauchzehen, 2 Lorbeerblätter, evtl.
3 Zweige Salbei, Salz, Pfeffer, 1 Eigelb (oder 1 Eigelb pro
Portion), 8 EL Olivenöl, 4 Scheiben Weißbrot, Salz, Pfeffer

In einem Suppentopf das Wasser, die geschälten Knoblauchzehen, Lorbeer, Salbei und Olivenöl zum Kochen bringen und 15–30 Minuten bei kleiner Hitze weiterkochen lassen. Danach die Suppe mit Pfeffer und Salz (evtl. auch etwas Gemüsebrühe) abschmecken und die Kräuter sowie den Knoblauch herausnehmen.

Je nachdem ob man sich für die Variante mit einem Ei für die ganze Suppe oder mit einem Ei pro Portion entscheidet, trifft man folgende Vorbereitung: entweder ein Eigelb vorsichtig verquirlen und der Suppe beigeben, nachdem die Kräuter entfernt sind oder in jedem Teller ein Eigelb aufschlagen und vorsichtig die Suppe darüber gießen.

Aus den 4 Scheiben Weißbrot kleine Würfel schneiden und in heißer Butter bräu-

nen lassen oder alternativ jeweils die ganzen Scheiben kurz in der Pfanne rösten.
Die Brotwürfel werden über die Suppe auf jedem Teller gestreut.

Einem anderen Rezept folgend, wird zuerst die in Butter geröstete Weißbrot-scheibe in den Teller gelegt, darauf kommt ein EL Käse und darüber die Suppe. Hierbei verzichtet man auf das geschlagene Ei.

Eine andere, sehr schmackhafte und kräftige Suppe ist die Suppe mit Rotwein, Zwiebeln und Knoblauch, deren Rezept seit alters her unverändert geblieben sind. Man sagt, sie sei noch phönizischen Ursprungs, also ein Rezept der Griechen, die vor vielen Jahrhunderten an der französischen Mittelmeerküste lebten.

Rotweinsuppe mit Zwiebeln und Knoblauch – Soupe au vin rouge aux oignons et d'ail

Zutaten   1 Liter trockener Landrotwein, $1/2$ Liter Wasser, 3 Knob-lauchzehen, 2 große Zwiebeln, 4 EL Olivenöl, 1 EL Mehl, evtl. 3 Zweige Salbei, 3 große Tomaten, Salz, Pfeffer, 3–4 Wal-nüsse, 1 EL Kapern, 10–15 schwarze Oliven, Salz, Pfeffer, 2–4 Gewürznelken, einige Fenchelkörner, 1 bouquet garni binden aus 1 Thymianzweig, 1 Lorbeerblatt, 1 kleinen Ros-marinzweig und 5 Stengeln Petersilie

In einem Suppentopf das Olivenöl erhitzen und darin die in grobe Stücke gehack-te Zwiebel leicht bräunen lassen. Die angebratene Zwiebel mit einem EL Mehl bestäuben und mit Wein und einem halben Liter kochendem Wasser ablöschen.
In der Zwischenzeit die Tomaten mit kochendem Wasser brühen und enthäuten, eine Zwiebel mit den Gewürznelken spicken. Die gehäuteten, geviertelten Toma-ten, die gespickte Zwiebel, die Knoblauchzehen, die Walnüsse und das bouquet garni zugeben und im offenen Topf kochen lassen, bis sich die Flüssigkeit um etwa ein Drittel reduziert hat.
Die Suppe durch ein Sieb gießen und der Flüssigkeit nun die Kapern und die schwarzen Oliven zugeben und servieren.

Gemüsesuppe – Pot-au-feu

Die Gemüse zu dieser wohlschmeckenden Suppe sind in südfranzösischen Super-märkten in kleinen Körbchen zusammengestellt. Um den Geschmack abzurunden gibt es eine fertige Würzmischung (**pot-au-feu**) zu kaufen. Von der Firma (auch in Deutschland einer der größten Hersteller von Fertigsuppen und Würzmischungen) gibt es weitere empfehlenswerte Produkte, die aber hierzulande nicht erhältlich sind. – Wer die Gemüse einzeln kaufen möchte, sollte folgende Mengen besorgen:

Zutaten   400 g Rindfleisch (flache Rippe oder Brustkern), evtl. 2 Kno-chen, 2–3 Stangen Lauch, 2 Kartoffeln, 6 mittelgroße Möh-

ren, 2–3 weiße Rübchen (navets), 2 Zwiebeln, 4 Gewürznelken, 1 bouquet garni (aus Thymian, Lorbeerblatt, Rosmarin), 1 Bund glatte Petersilie, 2 Gemüsebrühwürfel oder
1 $^1/_2$ TL pot-au-feu-Würze, Salz, Pfeffer

Wer die Suppe mit Knochen zubereiten möchte, sollte die Knochen vorher ca. 5
Minuten in kochendem Wasser blanchieren. Danach in einem Topf 1,5 Liter
Wasser, das Fleisch (die blanchierten Knochen) sowie $^1/_2$ EL Salz zum Kochen bringen. Auf kleiner Flamme zugedeckt $^1/_2$ Stunde köcheln lassen und anschließend
den Schaum abschöpfen. Die mit Nelken gespickten Zwiebeln, den geputzten und
in Ringe geschnittenen Lauch, die gesäuberten und in Würfel geschnittenen Möhren, Kartoffeln, Rübchen, das bouquet garni, 2 Gemüsebrühwürfel oder 1 $^1/_2$ TL
pot-au-feu-Würze und den Pfeffer zugeben. Eine weitere Stunde köcheln lassen, abschmecken und ganz zum Schluss die kleingehackte Petersilie in die Suppe geben.
Das Fleisch separat auf einem Teller mit Senf oder Cornichons anrichten oder in
die Suppe schneiden.

Gemüsesuppe mit Basilikumpaste – Soupe au pistou

Die Soupe au pistou ist ein Star der provençalischen Sommerküche. Sie wird zum
Abendessen, das die Familie im Freien einnimmt, gereicht. Da diese Suppe immer
auf Vorrat gekocht wird, kann man sie am nächsten Abend als kalte Vorspeise ein
zweites Mal genießen.

Das Originalrezept soll aus Genua stammen. Von dort verbreitete es sich im gesamten südfranzösischen Mittelmeerraum, weil damit zwei Dinge miteinander zu
verbinden waren: die Liebe zur Suppe und die Möglichkeit, die regionalen Ge-
müseerzeugnisse zu verarbeiten. Vor allem die Paste aus Knoblauch und Basilikum, unterscheidet diese Suppe von allen anderen.

Es gibt zahlreiche Variationen der Soupe au pistou. In Vorfreude auf ein gutes
Essen mit Freunden kann man sie gemeinsam kochen und dabei immer neue Ab-
wandlungen erfinden. Jeder schwört auf sein Rezept und wir auf unseres. Unabhängig davon, nach welchem Rezept man sie kocht, wichtig ist, dass sie nicht zu
wässrig ist.

Zwei berühmte Anmerkungen zur Soupe au pistou sind überliefert: Marcel Pagnol
(ein bekannter provençalischer Schriftsteller) warnte vor der schlechten An-
gewohnheit mancher Köche, alles passieren zu wollen. Er beschwerte sich lautstark darüber, wenn die Suppe „in Stücken" auf den Tisch kam, weil er gerne
sehen wollte, was er isst. Seine Empfehlung war ebenso kurz wie schlicht: „es ist
niemals nötig – nie und nimmer", eine Suppe zu Brei zu machen. Der zweite Rat-
schlag bezieht sich auf die Zutaten – man muss die richtigen Proportionen zwischen Kartoffeln und Nudeln selbst herausfinden.

Während die Suppe kocht, kann man seine ganze Aufmerksamkeit auf die Zubereitung des „pistou" verwenden. Pistou ist eine Sauce von weicher, samtiger Konsistenz, die sehr gehaltvoll ist und ihren unvergleichbaren Geschmack erst in Verbindung mit der Suppe entwickelt. Auch hier muss jeder selbst herausfinden, wie das Verhältnis von Knoblauch und Basilikum am besten passt. Für Knoblauch gilt: eher zuviel als nicht genug. Man rechnet mindestens eine Zehe pro Person – bei sechs Personen kann es auch eine ganze Knolle sein. Im Süden ist man weit entfernt von homöopathischen Dosen, wie sie in der feinen Pariser Küche bevorzugt werden. Zu dem im Mörser kleingedrückten oder gepressten Knoblauch kann man ein ganzes Töpfchen Basilikum – feingeschnitten – dazugeben und gut untermischen. Anschließend einen kräftigen Strahl guten Olivenöls dazu gießen. Das zerkleinerte Fruchtfleisch von zwei oder drei gebrühten und gehäuteten Tomaten kann nun in die Paste eingearbeitet werden. Ganz zum Schluss langsam den geriebenen Käse zugeben – je zur Hälfte Parmesan und trockener Emmentaler. „Niemals Gruyère" sagte die französische Nachbarin, „er ist fasrig und wird klumpig!" Parmesan dagegen sei sehr zu empfehlen und anstatt dieses „Holländischen, auf dessen Zugabe man verzichten kann", entweder ein Stück Roquefort oder Ziegenkäse, jeweils ganz fein gerieben.

Zutaten	200 g grüne Bohnen, 125 g weiße Bohnenkerne, 1 Stange Lauch, 4 Möhren, 2–4 Kartoffeln, 2 Zucchini, 3 Tomaten, 100 g Fadennudeln oder Spaghetti
Pistou	6 Zehen oder 1 Knolle Knoblauch, 1 Topf Basilikum, 3 Tomaten, 100 g geriebenen Käse (Parmesan und Emmentaler oder Ziegenkäse), Olivenöl, Salz, Pfeffer

In wenig Olivenöl die geputzten und kleingeschnittenen Gemüse kurz anbraten, mit einem Liter Wasser (oder Gemüsebrühe) auffüllen, salzen, pfeffern und zum Kochen bringen. Die Kochzeit beträgt etwa $1\,^1/_4$ Stunden. Nach ca. 60 Minuten die Nudeln zufügen und bis zum Garen mitkochen lassen. Von Zeit zu Zeit vorsichtig umrühren – die Suppe muss recht dickflüssig sein.

Während die Suppe kocht, wird in einem Mörser aus dem gepressten Knoblauch und den kleingeschnittenen Basilikumblättchen eine Paste gerührt und mit gebrühten und gehäuteten zerkleinerten Tomaten, Olivenöl und dem geriebenen Käse verfeinert (siehe oben).

GEFLÜGEL

Die traditionelle provençalische Küche ist eine bodenständige und bescheidene, die viele Gemüsegerichte kennt, aber auch Fleisch hat seinen Platz. Allerdings ist Fleisch in unserem heutigen Sinne nicht unbedingt das, was auch die provençalische Landbevölkerung darunter versteht.

Für uns bedeutet Fleisch: Rind, Kalb und Schwein – ein alter provençalischer Bauer drückt es so aus: „Wir auf dem Lande, wir ernähren uns von Hühnern, Enten, Kaninchen, Puten, Tauben und Perlhühnern, aber Fleisch brauchen wir eigentlich nicht." Dieses von ihm als „Fleisch" bezeichnete, musste man nämlich kaufen, alles andere, was er aufgezählt hatte, gab es auf dem Bauernhof. Das ist ein Grund, warum die provençalische Küche nur über wenig Fleischrezepte in unserem Sinne verfügt und eher Geflügel- und Wildrezepte zu bieten hat. Der andere Grund ist, dass es früher „Fleisch vom Metzger" nur zweimal im Jahr gab: nur zu Ostern und Weihnachten kam der Metzger ins Dorf und man kaufte für die Feiertage ein, öfter konnte es sich die Landbevölkerung, die selbst kein Vieh aufzog, nicht leisten.

Das hat sich in unseren Tagen geändert, heute hat jeder kleine Ort seine „boucherie" (Metzgerei), die eine große Auswahl an Fleisch jeglicher Art zu bieten hat. Allerdings wird es nicht in der Auslage zur Schau gestellt, sondern bleibt in der Kühlkammer und wird erst bei Bedarf frisch geschnitten. Für den französischen Metzger wäre es ein Albtraum, wenn er sehen würde, dass in deutschen Metzgereien Berge von Schnitzel, Hackfleisch, Kotelette und Rouladen fertig vorbereitet in der Kühltheke liegend auf ihren Käufer warten, der vielleicht erst übermorgen kommt.

Wir haben auf unseren Streifzügen durch die Provence Metzgereien gesehen, deren Auslagen fast leer waren. Außer einem Topf mit Rillettes und zwei verschiedenen Pasteten lagen allenfalls noch ein oder zwei Hühner in der Theke – alles andere war nicht zu sehen. Fragt man den Herrn der Kühlkammer nach einem bestimmten Fleischstück, entspinnt sich sofort ein Gespräch. Er möchte wissen, was Sie kochen wollen und überprüft, ob das gewünschte Stück auch das geeignete ist.

Das haben wir nicht nur einmal erlebt. Als wir beispielsweise Rindfleisch für eine „Daube" kaufen wollten, erklärte der Metzger, dass dazu ein Fleisch zu verwenden sei, das für eine lange Schmorzeit (4 Stunden) geeignet ist und unbedingt marmoriert sein muss. Wir hatten den Test übrigens bestanden und nach dem richtigen Fleisch (Nuss, Schienbein und Wade) verlangt. Der französische Metzger sieht sich eben nicht nur als Fleischverkäufer sondern zu seiner Berufsehre gehört auch die Beratung. Er liebt seinen Beruf, das ist nicht zu übersehen. Wenn man sich mit ihm gemeinsam für ein geeignetes Stück entschlossen hat, beginnt er das Messer zu wetzen und verschwindet kurz in den Tiefen seines Kühlhauses. Nicht selten kommt er dann mit einem halben Rind wieder und beginnt aus dem ganzen Stück – mit beinahe zärtlichem Blick – die gewünschten Teile herauszuschneiden. Man könnte fast den Eindruck gewinnen, dass er sich dabei von dem Tier verabschiedet. Vielleicht kommt diese Zeremonie daher, weil in vielen kleinen Dorfmetzgereien ein großer Stierkopf im Laden hängt und sich der Metzger deshalb verpflichtet fühlt, unter den Augen dieses Tieres die Artgenossen angemessen zu behandeln …

Meinen Eindruck fand ich auch in dem bekannten Buch von Peter Mayle „Ein Jahr in der Provence" bestätigt. In einem Kapitel singt er ein Loblied auf einen bestimmten Metzger in Apt, der beim Fleischkauf auch immer gleich ein Rezept mitliefert.

Angeregt durch diese Schilderung, lief ich durch das Städtchen und machte mich auf die Suche nach dem gepriesenen Metzger. Angelockt durch einen sehr intensiven Duft näherte ich mich einem Laden. Vor dem Geschäft stand das typische Gestell, in dem *poulets rôtis* vor sich hin garten. Diese **Rotissage** gehört zur Mittagszeit (auf dem Land meist nur sonntags) vor den Laden eines jeden Metzgers, der etwas auf sich hält. Das darin gegarte Produkt hat übrigens nicht die entfernteste Ähnlichkeit mit dem, was man aus deutschen Imbissbuden kennt, diese nur unzureichend gebräunten Produkte unbekannter Herkunft, mit schlaffer Haut … Französische poulets stammen meist aus der Bresse, sind also besonders fleischig und schmackhaft, zart und saftig. Man erkennt sie an den dunklen Beinen bzw. Füßen – dies dürfte auch der Grund sein, warum sie immer komplett in der Auslage zu sehen sind und nur auf besonderen Wunsch werden diese Wahrzeichen abgetrennt.

Im Näherkommen stellte ich fest, dass der Duft, der sich wie eine Glocke über die Straße gelegt hatte, allerdings nicht allein von diesen wunderbaren Hähnchen verströmt wurde, sondern von größeren Fleischstücken, die ich zunächst für Lammkeulen hielt. Auf jeder Keule thronte in einem großen Klecks Senf eine ganze Knoblauchknolle und lullte mich mit ihrem betörenden Duft ein. Ob das der gesuchte Metzger war oder nicht, spielte keine Rolle mehr als ich den Laden betrat. Freundlich trennte er das gewünschte Tier von seinen Leidensgenossen, erklärte, dass es sich um eine „gigot de dinde", eine Truthahnkeule handelt und packte sie für den Transport in einen Warmhaltebehälter.

Ich machte es mir – nach der ersten positiven Erfahrung mit ihm – zur Gewohnheit, in jedem Urlaub einen Abstecher nach Apt zu machen, um bei ihm einzukaufen. Als ich ihm eines Tages erzählte, dass ich jedes Mal auf der Fahrt nach Sault einen Stop einlege, um seine „dindots" zu genießen, versprach er, dass ich im nächsten Jahr die Keule wieder zum gleichen Preis bekommen werde, wie heute. „Fragen Sie nach mir, falls nur mein Sohn im Laden ist. Sie sollten aber auch mein „lapin au moutarde" versuchen" – genießerisch rollt er die Augen – „falls Sie es nicht schon kennen ..."

Da er in mir die Hausfrau zu erkennen glaubte, beschwor er mich, zu der Keule nur ein „petit purée" (Kartoffelpüree) zu machen, „Madame, das ist die beste Ergänzung. Falls Sie keine Zeit haben, ein 'Aligot' zuzubereiten, kann es auch ein ganz normales Püree sein – sogar aus dem Supermarkt 'Casino' von gegenüber".

Ich fragte natürlich nach der Zubereitung seines Aligot und auf seinen Rat hin entstand eine sehr schmackhafte Abwandlung des gewöhnlichen Kartoffelpürees mit Crème fraîche, Käse und Haselnüssen (S. 150).

Im nächsten Jahr kam ich wieder und stellte enttäuscht fest, dass keine Putenkeule in der „Rotissage" vor sich hin drehte. Der Sohn sah wohl meine traurigen Augen und fragte, ob ich in eineinhalb Stunden wiederkommen könnte – er wird mir eine Keule zubereiten! Ich konnte es nicht glauben, aber ich hatte richtig verstanden. Er hatte sich nur für mich in die Küche gestellt und mir mein Abendessen gesichert, ohne zu wissen, dass ich meinen Abendgästen von dieser Keule vorgeschwärmt hatte und sie fast nicht zum Kosten gekommen wären. Glücklich zog ich von dannen und holte später die transportbereit verpackte Keule bei ihm ab. Mal ehrlich – das hätte jeder deutsche Metzger doch auch gemacht oder? Damit ich in Zukunft nicht mehr ein Jahr auf diesen Genuss warten muss, fragte ich nach dem Rezept und erhielt folgende kurze Anweisung:

Truthahnkeule mit Senfkruste – Gigot de dinde au moutarde

Zutaten 1 Truthahnkeule (mit Knochen ca. 1,5 kg), 1 Knoblauch-knolle, 4–5 EL Dijon-Senf, 5 Echalotten. 75 ml Weißwein, 1 Tasse Wasser, 2 EL Sahne, 2 EL Olivenöl, 1 TL Mondamin

Die Truthahnkeule unter fließendem Wasser waschen und trockentupfen, anschließend salzen und pfeffern. In einem Bräter das Olivenöl erhitzen und die Keule darin anbraten, danach herausnehmen und beiseite stellen. Die fein gewürfelten Echalotten in den Bräter geben und bräunen lassen.

Den Backofen auf 220° C vorheizen. Die Putenkeule auf der Oberseite dick mit Senf bestreichen, die Knoblauchzehe quer halbieren und beide Hälften in den Senf drücken. Die Putenkeule in den Bräter zurücklegen, die Hälfte der angegebenen Menge Weißwein und Wasser angießen und den Bräter in den Backofen schieben. Nach 15 Minuten die Temperatur auf 150° C reduzieren und weitere 60 Minuten garen. In dieser Zeit den restlichen Weißwein angießen und die Keule mehrmals mit dem Bratenfond begießen.

Am Ende der Garzeit die Keule aus dem Bräter nehmen, in Alufolie einpacken und im Backofen, dessen Temperatur nun auf 100°C heruntergedreht wird, warmhalten. Die Sauce auf der Herdplatte bei starker Hitze im Bräter oder einem kleineren Topf auf die Hälfte reduzieren; das dauert etwa 15 Minuten. Anschließend 1 TL Mondamin mit dem restlichen Wasser verrühren und der kochenden Sauce beifügen. Sauce von der Kochstelle nehmen und 2 EL Crème fraîche einrühren. Die Keule aus der Alufolie nehmen, die Knoblauchhälften entfernen und einige Zehen in die Sauce drücken.
Als Beilage ist **Aligot** (siehe Kartoffelrezepte, S. 150) zu empfehlen.

Putenbrustfilet mit Senfkruste – Filet de dinde au moutarde

Zutaten   1 Truthahnkeule oder -brustfilet, 4 EL Dijon-Senf, 1 Knoblauchknolle

Das Putenbrustfilet in eine flache, gebutterte Auflaufform legen und die Oberseite mit reichlich Senf bestreichen. Auf den Senf die beiden Hälften der Knoblauchknolle legen und im vorgeheizten Backofen bei 200°C je nach Größe ca. 20–30 Minuten garen.

Geflügel hat in der provençalischen Küche traditionell einen hohen Stellenwert. Früher hatte jeder Landbewohner – und war sein Grundstück noch so klein – einen Hinterhof, in dem sich Geflügel aller Arten tummelte.
Großstädter hatten diesen Luxus nicht. Daher versprach Heinrich IV, als er seine Herrschaft begann, der Pariser Bevölkerung, dass er dafür sorgen wird, dass sie jeden Sonntag ein Huhn im Topf haben werden.
Ein Einkauf auf einem Markt in der Nähe von Aix brachte mich auf eine neue Zubereitungsart für Hähnchen. In einem großen Imbisswagen waren an der Rückseite Stangen angebracht, auf denen sich halbe Hähnchen und Hasenschenkel drehten. Auf einem großen Blech unter den Stangen waren verschiedene Gemüsearten ausgebreitet, die einen verführerischen Duft verströmten. Auf einem separaten Blech garten Kartoffelscheiben mit Crème fraîche und Petersilie vor sich hin. Ich konnte nicht widerstehen und kaufte hier unser Mittagessen, das wir zusammen mit einem frischen Baguette und einem prickelnden Rosé aus der Gegend genossen. Am nächsten Tag kochten wir das Gericht nach und waren mit dem Ergebnis sehr zufrieden. (S. 126)

Hähnchen mit verschiedenen Gemüsen – Coq aux légumes

Zutaten	4 Hähnchenschenkel mit Rückenstück oder 8 große Hähnchenschenkel
Bestreichen	7 EL Olivenöl, 2 TL fein geriebener Thymian oder Kräuter der Provence, 4 dicke Knoblauchzehen
Gemüse	2 dicke weiße Zwiebeln, je 2 rote und grüne Paprikaschoten, 4 kleine Zucchini, 2 große Möhren, 2 TL Olivenöl, Pfeffer, 1 TL Gemüsebrühe oder 1 Brühwürfel

Die Hähnchenteile waschen, trockentupfen, mit Salz einreiben und pfeffern. Olivenöl, gepressten Knoblauch und Kräuter verrühren. Die Hähnchenstücke mit der Hälfte der Mischung einreiben und ca. **15 Minuten ziehen lassen**. In der Zwischenzeit das Gemüse vorbereiten. Dazu die Zwiebeln schälen und längs in grobe Streifen schneiden, die Paprikaschoten waschen, längs halbieren, die Kerngehäuse entfernen und in ca. 2 x 3 cm große Stücke schneiden. Die Zucchini waschen und in ca. 0,5 cm dicke Scheiben schneiden. Die Möhre schaben und auf dem Gemüsehobel in ganz dünne Scheibchen hobeln.

Den **Backofen auf 250° C vorheizen**. In einer großen Pfanne die 2 TL Olivenöl erhitzen und zunächst die Zwiebeln und die Paprikaschoten darin kräftig anbraten. Wenn das Gemüse Farbe angenommen hat, Möhren und Zucchini dazugeben, leicht salzen und ca. 5 Minuten weiterschmoren lassen. 150 ml Wasser angießen, die Gemüsebrühe oder den Brühwürfel zufügen und rühren, bis sie sich vollständig aufgelöst haben. Das Gemüse nochmals 5 Minuten dünsten und dann auf der Fettfangschale des Backofens ausbreiten. Die Fettfangschale auf der zweiten Einschubleiste von unten in den Backofen schieben. Auf der nächsthöheren Einschubleiste auf dem Rost die Hähnchenteile einschieben und **insgesamt 30 Minuten garen lassen**. Nach **15 Minuten die Hähnchenteile mit der restlichen Öl-Knoblauch-Kräuter-Mischung bestreichen, drehen und die Hitze auf 180° C reduzieren**, wenn die Haut knusprig und braun ist.

Am Ende der Garzeit die Hähnchenteile vom Rost nehmen und zusammen mit dem Gemüse auf einer großen Platte anrichten. Wer möchte, kann das Gemüse nochmals mit Olivenöl beträufeln. Dazu passt sowohl ein Rosé als auch ein kräftiger Rotwein (z. B. „Lirac") und Baguette oder Kartoffelpüree und stimmungsvolle Musik von Cesaria Evora („Café Atlantico").

Hähnchen in Rotwein - Coq au Tavel

Zutaten *für 10 gute Esser:* 2 Hähnchen à 1,5 kg, 300 g kleine Zwiebeln, 1 Glas Eau-de-Vie (Schnaps), 2 Flaschen Tavel (Rosé aus dem Anbaugebiet Tavel), 4–6 Knoblauchzehen, 1 bouquet garni (Lorbeerblatt, Thymian- und Rosmarinzweige), 2 TL Salz, frisch gemahlener Pfeffer (12 Umdrehungen der Pfeffermühle), 300 g weiße Champignons, 80 g Butter, 20 g Mehl

Jedes Hähnchen in etwa 10 Teile schneiden, den Speck würfeln und mit kaltem Wasser in einem kleinen Topf 3–4 Minuten kochen lassen. In einer Kasserolle 25 g Butter erhitzen und die Speckwürfel zusammen mit den kleinen Zwiebeln bräunen lassen. Nachdem sie Farbe angenommen haben, werden sie herausgenommen und in diesem Fett nach und nach die Hühnerteile angebraten, wobei nur der Boden bedeckt sein sollte.

Sobald die erste Lage goldfarben ist, werden sie herausgenommen und beiseite gestellt. Sind alle Teile angebraten, werden sie zusammen in die Kasserolle gegeben und mit dem Eau-de-Vie übergossen, der bei großer Hitze angesteckt wird. Abgelöscht wird mit dem Wein und 2 dl Wasser.

Gehackten Knoblauch und das bouquet garni hinzufügen, salzen, pfeffern, zum Fleisch geben und den Topf fest verschließen. Als Garzeit rechnet man bei jungem Geflügel eine dreiviertel Stunde, bei älteren Hähnchen ca. eine halbe Stunde länger. Während die Hähnchenteile auf kleiner Flamme schmoren, werden die Champignons feinblättrig geschnitten und in der restlichen Butter angebraten. Gegen Ende der Garzeit werden sie mit ihrem Bratenfond zu den Hähnchen gegeben. Früher nahm man zum Eindicken der Soße ein wenig Blut, den gleichen Zweck erfüllt auch kalte Butter, die mit Mehl verknetet wird. Die wird dem fertigen Gericht beigegeben und unter sorgfältigem Rühren wird das Ganze nochmals für zwei Minuten zum Kochen gebracht.

Vor dem Servieren die Sauce nochmals abschmecken, das bouquet garni entfernen und das Gericht zusammen mit frischen Nudeln, einem Kartoffelgratin (S. 150) oder Baguette und einem knackigen Salat der Saison servieren.

Zum Essen empfehle ich – und das gilt grundsätzlich –, denselben Wein zu trinken, den Sie auch zum Kochen verwendet haben!

Hähnchen mit Gemüse und Oliven – Poulet à la provençale

Zutaten 1 Hähnchen à 1,5 kg, 5 Tomaten, 2 Zucchini, 4 Frühlingszwiebeln, 60 g schwarze Oliven, 1 Glas Weißwein, Olivenöl,
4 Lorbeerblätter, 4 Thymianzweige, Pfeffer, Salz

Olivenöl in einem Topf oder einer Pfanne mit Deckel erhitzen. Das Hähnchen in
mehrere Stücke teilen und im heißen Öl von allen Seiten goldgelb anbraten. In
einem Topf ca. $1/2$ l Wasser zum Kochen bringen. Die Tomaten am unteren Ende
kreuzförmig einritzen und für ca. eine Minute ins kochende Wasser geben, abschrecken und die Haut abziehen. Die Tomaten vierteln. Die Zucchini in ca. 5 mm
dünne Scheiben schneiden und in die Pfanne zum Hähnchen geben. Die kleingeschnittenen Frühlingszwiebeln, die Tomatenviertel ebenfalls dazu geben und mit
Weißwein ablöschen, pfeffern und salzen. Lorbeerblätter und Thymianzweige in
die Soße legen, das Kochgeschirr verschließen und 40 Minuten bei mittlerer Hitze
köcheln lassen.

In der Zwischenzeit die Oliven entkernen. Falls sie sehr salzig sind, sollten sie in
einem kleinen Topf mit kaltem Wasser zum Kochen gebracht werden und einige
Minuten zum Entsalzen darin bleiben, bevor sie dem Gericht beigefügt werden.
Nach dem Ende der Garzeit das Fleisch auf einer Platte anrichten und mit der Soße
übergießen.

Hähnchen mit Pastis und Rouille – Coq au Pastis et rouille

Zutaten *für 6 gute Esser:* 2 Hähnchen à 1,5 kg, $1/2$ l Olivenöl, 6 Tomaten, 2 Zwiebeln, 5 Scheiben Weißbrot, einige getrocknete
Fenchelstangen, 6 Knoblauch zehen, 1 Glas Pastis, 1 großer
Bund Petersilie, 4 Kartoffeln, 2 Döschen Safranfäden, Salz,
frisch gemahlener Pfeffer

Rouille 1 Knoblauchzehe, die (gegarte) Hähnchenleber, 2 Peperoni,
1–2 EL Olivenöl

Am Vortag – mindestens aber 3 Stunden vor Zubereitung – die Hähnchen in mehrere Teile zerlegen und in einer Terrine zusammen mit dem Safran, ein wenig Salz
und frisch gemahlenem Pfeffer, dem Pastis und einem Glas Olivenöl marinieren. In
einem großen Topf oder einer Kasserolle Zwiebeln, Knoblauchzehen, gebrühte,
gehäutete und zerkleinerte Tomaten anbraten und unter Rühren gut vermischen.
Die getrockneten Fenchelstangen, die feingehackte Petersilie und die abgetropften
Hähnchenteile dazugeben. Mit der Marinade ablöschen und kochendes Wasser
zugießen, bis das Fleisch bedeckt ist. Zugedeckt etwa zehn Minuten auf großer
Flamme kochen lassen.

Die in dicke Scheiben geschnittenen Kartoffeln dazugeben und weitere 20 Minuten zugedeckt schmoren lassen. Kurz vor dem Servieren nochmals aufkochen lassen, damit sich das Olivenöl gut mit der Sauce vermischt.

Im Mörser oder im Mixer wird die Hähnchenleber mit 1 Knoblauchzehe, den Peperoni und Olivenöl zerkleinert, $1/_2$ Tasse kochendes Wasser und 2–3 Kartoffelscheiben zugeben und pürieren, anschließend in die Soße geben und gut verrühren.

Hähnchen mit Thymian – Coq au thym

Zutaten   1 (ausgenommenes) Hähnchen à 1,5 kg, 5 Scheiben Bacon, Speck oder nicht zu stark geräuchertes Dörrfleisch, 1 Bund Thymian, 4–6 EL Olivenöl, Salz, frisch gemahlener Pfeffer

Thymian von den Ästchen zupfen und auf einem Teller ausbreiten. Die Hähnchen in mehrere Teile zerlegen, salzen, pfeffern und im Thymian wenden. Anschließend mit Speck umwickeln und zusammenbinden. Das Olivenöl in einem Bräter erhitzen, die Hähnchenteile hineingeben und kurz anbraten. Bei 200°C in den vorgeheizten Backofen schieben und mindestens 20 Minuten garen lassen. Im abgeschalteten Ofen nochmals 10 Minuten ruhen lassen und servieren.

Hühnchen mit 50 Knoblauchzehen – Poulet au cinquante gousses d'ail

Zutaten   1 (ausgenommenes) Huhn à 1,5 kg, 10 EL Olivenöl, 50 Knoblauchzehen, je 1 Bund Rosmarin und Thymian, 6 Salbeiblätter, 2 Lorbeerblätter, einige Stengel Petersilie, ein Stückchen Sellerie, 1 Kräutersträußchen (1 Lorbeerblatt, einige Zweige Thymian, Rosmarin, einige Stengel Petersilie, 1Stück Sellerie), Salz, frisch gemahlener Pfeffer

Das Huhn innen salzen und pfeffern, das bouquet garni hineinstecken, 5–10 ungeschälte Knoblauchzehen dazugeben und das Huhn zunähen. Alternativ zum Zunähen kann man das Huhn auch oben und unten mit einem kleinen und einem größeren mit Knoblauch eingeriebenen alten Weißbrotstück verschließen. In einen Bräter das Olivenöl gießen, das Hähnchen hineinlegen und mit den restlichen Knoblauchzehen umlegen. Ebenfalls in den Bräter kommt das gebundene Kräutersträußchen aus Lorbeer, Thymian, Rosmarin, Petersilie und Sellerie. Den Deckel auf den Bräter geben und diesen mit einer aus Mehl und Wasser gerührten Paste gut verschließen. Bei mittlerer Hitze (etwa 150–170° C) wird das Huhn 1– $1^{1}/_2$ Stunden im Backofen garen lassen ohne zwischendurch den Deckel zu öffnen. Das Gericht wird im Bräter auf den Tisch gestellt, der jetzt erst vor den Augen und Nasen der Gäste geöffnet wird. Die Knoblauchzehen können geschält und auf Weißbrot zerdrückt als Beilage zum Huhn gegessen werden.

Gedünstete Geflügelleber mit Feigen –
Foies de volaille aux figues

Zutaten   600 g Geflügelleber, 80 g Butter, 4 EL Sherry-Essig, 8 reife
feste Feigen (frisch), 25 ml Traubensaft, 2 EL Zucker,
2 Zweige Koriander, Salz, frisch gemahlener Pfeffer

Feigen waschen und in gleichmäßig große Scheiben schneiden. Mit der Hälfte der
Butter in eine Pfanne geben und einige Minuten dünsten. Mit Zucker bestäuben
und leicht karamellisieren lassen. Die Hälfte des Traubensaftes dazugeben, salzen,
pfeffern und auf kleiner Flamme 5–6 Minuten köcheln.

In einer zweiten Pfanne die restliche Butter erhitzen, die Geflügelleber dazugeben,
kurz anbraten, salzen und pfeffern. Den restlichen Traubensaft angießen, zum
Kochen bringen und ca. 8–10 Minuten unter Rühren erhitzen, bis die Flüssigkeit
verkocht ist. Die Leber entnehmen, in der heißen Pfanne den Essig schwenken
(Vorsicht dampft), die Feigen mit ihrer Flüssigkeit sowie die Leber hinzufügen und
schnell durchmischen.

Leber und Feigen auf vorgewärmten Tellern anrichten. Die Flüssigkeit durch ein
Sieb gießen und auf die Teller träufeln. Zuletzt mit Korianderblättchen verzieren.

WILDGERICHTE – GIBIER

Da echte Provençalen meist leidenschaftliche Jäger sind, haben Rezepte mit Wild einen hohen Stellenwert in der provençalischen Küche. Verwunderlich ist, dass der Wildbestand auch heute noch reichhaltig ist, wenn man bedenkt, dass in einem Dorf ein Viertel der Einwohner passionierte Jäger sind.

Die Zeit der Jagd ist die fünfte Jahreszeit. Zu Beginn der Saison im Spätsommer, der von den Jägern herbeigesehnt wird, ist die südfranzösische Presse „La Provence" oder auch der „Nice Matin" voll mit Jagdabenteuern.

In den verschiedenen Départements beginnt die Saison an unterschiedlichen Wochenenden, was natürlich eine Art „Jagdtourismus" zur Folge hat, denn keiner kann es abwarten, den ersten Schuss abzugeben.

Doch weiß die Presse nicht nur über Jagderfolge zu berichten, sondern auch über kuriose Jagdunfälle, die leider nicht immer glücklich enden. Gerade das erste Wochenende ist besonders verletzungsträchtig und bietet viel Stoff für die Berichterstattung. Mal ist ein besonders eifriger Jäger auf der Spur eines kapitalen Wildschweins in eine Schlucht gestürzt, mal wurde versehentlich ein Hund zur Strecke gebracht oder Hund und Jäger waren beim traditionellen Sammeln nach der Jagd noch verschollen. Obwohl immer in wahren Horden gejagt wird, geht doch manchmal der ein oder andere verloren und hat bis zum Redaktionsschluss noch kein Lebenszeichen von sich gegeben.

Meist beginnt die Saison am ersten oder zweiten Septemberwochenende und man erkennt diese wichtige Zeit daran, dass man glaubt in der Nähe eines Kriegsschlachtfeldes zu wohnen. Von allen Hängen schallen die Schüsse ins Tal hinab. Aus den Schluchten dringen die Geräusche von Hunden und Jägern, die hier ihren mörderischen Neigungen nachgehen und die vom Büchsenknallen begleitet werden.

Jagdbeginn ist – warum weiß der Himmel – morgens um sieben Uhr. Das Knallen der Schüsse und das Bellen der Hunde, die ebenso aufgeregt und ungeduldig sind, wie die „chasseurs" selbst, reißen meine Schwester und mich unvermittelt zu nachtschlafender Zeit aus dem Sonntagsschlaf. Unser täglicher Joggingvorsatz gerät stark ins Wanken – denn kein Spaziergänger, selbst wenn er couragiert ist, wagt sich aus dem Haus. Wer möchte schon am Sonntag auf offenem Feld sterben? Es ist kein Scherz, sondern der gutgemeinte Rat der nichtjagenden Einheimischen, zu denen auch unsere Vermieterin gehört, die sogar noch präzisiert, dass die Jäger, besonders um die Mittagszeit „en ivresse" (im Rausch) auf alles schießen, was sich bewegt.

Wir konnten an dem bewussten Sonntag, an dem die Jagd eröffnet wurde, unseren Nachbarn am Spätnachmittag – nach ausgedehntem Mittagessen und Mittagsschläfchen – zur Tat schreiten sehen. Bekleidet mit blauen Shorts, T-Shirt, Badeschlappen und blauem Leinenhütchen mit Krempe, das Gewehr wie eine Umhängetasche an den Körper gepresst, ging er gezielt auf die erste Baumreihe abseits seines Hofes zu. Vor ihm tänzelte sein Hund, die Nase auf dem Boden, mit steil aufgerichteter Rute und offensichtlich wichtigem Auftrag. Kaum waren die beiden zwischen den Bäumen verschwunden, begann das Geknalle. Es kann jedoch nicht von Erfolg gekrönt gewesen sein, denn beide kamen einige Zeit später mit leeren Händen zurück.

Im Jahr darauf bot sich uns das gleiche Bild – allerdings mit einer kleinen Veränderung: der Hund, der im letzten Jahr noch so fröhlich vor seinem Herrn hersprang, schlich nun hinter ihm her und zog den rechten Hinterlauf nach. Warum? Wir fragten den Besitzer, und er erklärte, dass er versehentlich seinen Hund getroffen hatte.

Nur sonntags und an einem weiteren Wochentag darf gejagt werden, aber wir hörten die Schüsse an jedem Tag. Welcher Franzose hält sich schon an Vorschriften und wer soll diese auch kontrollieren?

Nun hat die französische Umweltministerin durchgesetzt, dass zumindest der Mittwoch mit einem generellen Jagdverbot belegt wird, da an diesem Nachmittag die Kinder schulfrei haben und im Freien ungefährdet spielen sollten.

Dieser Vorstoß entfesselte einen Sturm der Entrüstung bei den Jägern, ebenso wie das Verbot, vor dem offiziellen Jagdbeginn auf Zugvögel zu schießen.

Die Jäger sagen, sie wollen dann auf das Federvieh schießen, wenn es da ist und nicht erst, wenn es schon in Afrika angekommen ist. In einer seenreichen Gegend im Rhône-Delta jagte man also Enten, natürlich nur „canard fatigué", also „müde" Enten, oder noch präziser ausgedrückt, Enten, die zu schwach für den Weiterflug nach Afrika waren. Eine charmante Verweigerung, gültiges Recht anzuerkennen, vor allem, wenn man nur gute Absichten hatte …

Und außerdem sei eine derartige Regelung nicht bekannt. Vorausgesetzt es gäbe da ein neues Gesetz, dann wäre es im Rathaus ausgehängt – da hing aber nichts.

Meine Kollegen erwarten meine Rückkehr aus dem Herbsturlaub immer mit Spannung, um neue Jagdmeldungen aus dem Nachbarland zu hören. Für das Thema sensibilisiert, durchstöberten sie die örtliche Presse und überraschten mich mit diesem Artikel aus der *Frankfurter Allgemeinen Zeitung*:

FRANZOSE ERSCHIEßT KUH – Er wollte Raben jagen – doch der Waidmann erschoss eine Kuh und schitt mehr als tausend Haushalte vom Stromnetz ab. Wie die französische Justiz berichtete, legte der 31jährige auf Raben an, die sich auf einer Hochspannungsleitung niedergelassen hatten. Dabei beschädigte er die

Isolatoren. Wenig später entdeckte ein Bauer, daß eine seiner Kühe getötet worden war. Eine verirrte Kugel von einem Übungsschießen des Mannes war der Kuh zum Verhängnis geworden.

Der Beginn der Jagdsaison wird auch durch die Themensetzung der Schaufensterdekoration einschlägiger Waffengeschäfte in Erinnerung gebracht. Ist der Franzose ohnehin schon ein Waffennarr, übertrifft er sich jetzt zum Herbst hin Jahr für Jahr aufs Neue. Angeregt und unterstützt wird er von den immer neuen Einfällen ganzer Industriezweige. Besonders schmuck ist das Jagdmesser mit einer Klingenlänge von fast 30 cm und einem Kompass im Griffstück, damit der eifrige Jäger zum Abend hin auch wieder nach Hause findet. Hübsch sind auch die Wasserbehälter, die allerdings häufiger Pastis und Marc (Tresterschnaps) als Wasser enthalten, denn der frühe Morgen kann noch „un peu frais" sein, und wer friert schon gerne bei der Jagd?

Praktisch ist auch der kleine Kachelfeldofen, der zum Aufwärmen von Mensch und Menu geeignet erscheint. Gerne werden auch bestimmte Gurtbänder getragen, die neben einer Vielzahl von verschiedenen Haken auch über eine Befestigung zum Halten eines Bajonetts verfügen – dies vermutlich für den Fall, dass die Munition zu Ende ging, bevor der Feind erlegt ist. So gerüstet, macht sich der „chasseur" zusammen mit seinem „chien de chasse" bereit, den wilden Tieren der französischen Wälder gegenüberzutreten und sie zu besiegen.

Nun ist der echte „chasseur" und seine Sinnesgenossen zwar bewaffnet bis an die Zähne und verfügt mit ihnen gemeinsam über ein Waffenarsenal, das geeignet wäre, das ganze Land von Wild ob auf dem Boden oder in der Luft zu befreien, doch geht es meist nur den armen Häschen an den Kragen. Dies wird auch durch eine wunderbare Bildberichterstattung in „La Provence" anschaulich bestätigt. Auf dem ersten Bild sieht man drei Jäger, drei Gewehre, einen Hund und ein Kaninchen. Das zweite Bild zeigt die doppelte Anzahl aller Beteiligten und auf dem dritten Bild wird dokumentiert, dass es neun Jägern im Zusammenspiel mit drei Hunden und neun Gewehren gelungen ist, drei Häschen zur Strecke zu bringen. Wen wundert es da noch, dass die gleiche Zeitung kurz darauf zum wiederholten Male die Wildschweinplage und vor allem die rasante Vermehrung der „sangliers" beklagt, die dazu führt, dass ganze Landstriche mit saftigen Maisfeldern dem Erdboden gleichgemacht wurden.

Dieser Ansporn wird nicht von allen „chasseurs" auch als solcher verstanden. So gesellig, gemütlich, lautstark plaudernd und vor Lebenslust sprühend wie die Provençalen sonst sind, zeigen sie sich auch bei der Ausübung ihres liebsten Hobbys. Im Wald wird nicht leise flüsternd zwischen den Bäumen hindurchgepirscht, sondern grüppchenweise redend, gestikulierend und lachend auf den breiten Waldwegen dahingezogen. Dann und wann wird ein Schlückchen Pastis oder

Vieux Marc aus den mitgeführten Flaschen genommen, zwischendurch wird ein Stückchen von der guten harten Wurst abgeschnitten und manchmal kurz aufgehorcht, ob da nicht ein Keiler durch die Büsche bricht. Meist ist es aber nur ein Jagdfreund, der sich dann freudig zu ihnen gesellt. Man nimmt ein Schlückchen und setzt den Weg gemeinsam fort, wobei heftig über die zu erwartenden Jagderfolge oder die bedauerlichen Unfälle diskutiert wird. Böse Zungen behaupten, dass einige dieser Unfälle sich möglicherweise dadurch ereigneten, dass sich ein „chasseur", der schon eifrig der mitgeführten Überlebensflasche zugesprochen hatte, durch ein Rascheln im Gebüsch zu einer Schussabgabe animiert sah. Freilich kann kein Mensch vorher überprüfen, ob sich in dem Gebüsch ein Wildschwein oder ein Jäger befindet, sonst wäre die Beute ja auf und davon. Im Zweifelsfall gilt also die Parole: Schießen.

Damit übrigens die kostbaren, überaus intelligenten und mit fast übernatürlichen Fähigkeiten ausgestatteten Jagdhunde nicht einmal Ziel einer solchen Fussilade werden, tragen sie Glöckchen – „clochette" genannt – um den Hals, das hat sicher schon manchem Hund das Leben gerettet.

Heilig ist allerdings selbst in der heißesten Jagdphase die Mittagszeit. Im Gegensatz zu den Jägern hat diese Zeit für die Hunde übrigens nicht die gleiche Bedeutung, insbesondere ganz am Anfang der Jagdsaison. Dann ist der Hund durch monatelange Jagdabstinenz in seinem Zwinger so engagiert, dass er die Mittagszeit verschnüffelt und auch die aufgeregten Rufe seines Herrn nicht hört. Was tut der chasseur, wenn er mehrmals und vergeblich, laut und mehr oder weniger deutlich nach seinem „chieng" gerufen hat und der Befehl „vieng issi!" ungehört verhallt? Richtig, er überlässt den chieng vorläufig seinem Schicksal, geht nach Hause zum Essen und kommt am Nachmittag gestärkt zurück, um die Suche nach dem Hund erneut aufzunehmen, der sich dann meist freiwillig am Ausgangspunkt eingefunden hat.

Der Jagdnachmittag verläuft übrigens etwas ruhiger als der Vormittag. Die Jäger sind satt, zufrieden und erzählen sich gegenseitig, was es zu essen gab. Dann werden noch einige Pläne geschmiedet, welchem Wildbestand am nächsten Wochenende der Garaus gemacht wird und man trennt sich zur Abendessenszeit glücklich und ausgeglichen über den gelungenen Ausgang des heutigen Jagdtages.

Zur Überleitung auf die folgenden Rezepte rund ums Wild verrate ich zunächst mein „Hasenrezept". Das Tier habe ich natürlich nicht selbst erlegt, sondern auf dem Markt in St. Rémy gekauft.

Kaninchen mit Thymian – Lapin au thym

Zutaten *für 2 Personen:* 1 Kaninchen (1,2 kg), 14–16 Scheiben Schinkenspeck, 2 Stangen Bleichsellerie, 2 Möhren, 3 Knoblauchzehen, 6 Echalotten, 2 Tomaten, 1 Bund Thymian, 2 Lorbeerblätter, 4–6 EL Oliven- und Traubenkernöl, je 1 Glas Wasser und Weißwein, 1 TL Bouillon oder Gemüsebrühe (Würze), evtl. Salz, frisch gemahlener Pfeffer

Das Kaninchen in 8 Teile schneiden, abwaschen, trockentupfen und mit frisch gemahlenem Pfeffer würzen. Die Thymianblättchen von den Ästchen zupfen und das Fleisch darin mehrmals wenden. Anschließend mit dem Speck umwickeln und verschnüren.

Die Gemüse – mit Ausnahme der Tomaten – zerkleinern. In einer Mischung aus Traubenkern- und Olivenöl die Kaninchenteile in einem Bräter anbraten (wenn das Öl dunkel geworden ist, sollte es gegen frisches ausgetauscht werden, da die Sauce sonst bitter schmeckt).

Das Fleisch herausnehmen und auf einer Platte beiseite stellen. In dem Bratfett nun die Echalotten, die Möhren und den Sellerie kurz anbraten, mit Weißwein und Wasser ablöschen. Mit etwas Gemüsebrühe würzen, die Knoblauchzehen und die Lorbeerblätter zusammen mit dem Fleisch in den Sud zurückgeben und bei mittlerer Hitze weiter schmoren. Nach 15 Minuten Kochzeit die gebrühten und gehäuteten Tomaten in die Sauce geben und abschmecken. Nach weiteren 15–20 Minuten ist das Fleisch gar.

Falls die Sauce durch den Speck zu salzig erscheint, können noch 1–2 rohe, geschälte und in dicke Scheiben geschnittene Kartoffeln hinzugegeben werden, die das Salz „aufsaugen".

Als Beilage bevorzugen wir Baguette, einen frischen Salat und einen fruchtigen Rosé, am besten einen Côtes-de-Provence.

Im Winter schmecken Rosenkohl und Kartoffelgratin (S. 150) dazu und ein kräftiger Rotwein – zum Beispiel ein Gigondas.

Kaninchen mit Kräutern – Lapin aux herbes

Zutaten für 2 Personen: 1 Kaninchen, 1 Bündel Thymian, 2 Lorbeerblätter, 3 Zweige Rosmarin, 1 Zweig Sarriette (oder Bohnenkraut), 2 Echalotten, 10 EL Oliven- und Traubenkernöl, mehrere EL Dijonsenf, Salz, frisch gemahlener Pfeffer

Das Kaninchen abwaschen, trockentupfen und mit Thymianblättchen, Lorbeer, Rosmarin und Bohnenkraut zusammen in einen Bräter legen, mit Olivenöl übergießen und zugedeckt über Nacht durchziehen lassen.

Am nächsten Tag das Kaninchen mit den Kräutern füllen und dick mit Senf bestreichen. Nochmals mit Olivenöl übergossen wird es dann zugedeckt in den vorgeheizten Backofen geschoben und ca. 45–60 Minuten bei 180° C gegart. Nach der Hälfte der Garzeit wird es gesalzen und zwischendurch immer wieder mit dem austretenden Fleischsaft oder Weißwein leicht beträufelt.

Kaninchen mit Wacholderbeeren und Olivenöl – Lapin au genèvrier

Zutaten 1 Kaninchen (1,2 kg), 14–16 Scheiben Schinkenspeck, 2 Möhren, 3 Knoblauchzehen, einige Thymianblättchen, 10–15 Wacholderbeeren, 4–6 EL Olivenöl, Bouillon aus 1 Glas Wasser und 1 TL Bouillon oder Gemüsebrühe (Würze), Salz, frisch gemahlener Pfeffer

Das Kaninchen in 8 Teile schneiden, abwaschen, trockentupfen und mit frisch gemahlenem Pfeffer würzen. Die Kaninchenteile zusammen mit den zerdrückten Wacholderbeeren und mit Olivenöl überträufelt über Nacht in einem geschlossenen Kochgeschirr durchziehen lassen.

Am nächsten Tag die Fleischstücke herausnehmen, jeweils einige Thymianblättchen darauf geben, mit dem Speck umwickeln und verschnüren.

In einer mit Butter eingepinselten Kasserolle zusammen mit den Möhren und den halbierten Knoblauchzehen in den auf 180° C vorgeheizten Backofen schieben. Von Zeit zu Zeit mit der Brühe begießen und mit geschlossenem Deckel 45-60 Minuten garen lassen.

Kaninchen in Rotwein mit schwarzen Oliven – Lapin aux olives

Zutaten 1 Kaninchen (1,2 kg), 1 mittelgroße Möhre, 3 Knoblauchzehen, 3 Echalotten, 10 schwarze Oliven, 2–4 EL Olivenöl, $^1/_8$ l Rotwein, $^1/_8$ l Wasser, 1 TL Gemüsebrühe oder $^1/_2$ Brühwürfel, Salz, frisch gemahlener Pfeffer

Das Kaninchen in 8 Teile schneiden, abwaschen, trockentupfen und mit frisch gemahlenem Pfeffer würzen. Die Kaninchenteile in einem Bräter in Olivenöl von allen Seiten anbraten und leicht bräunen lassen. Das Fleisch aus dem Bräter nehmen und kurz beiseite stellen.

Die kleingeschnittenen Echalotten sowie die fein gewürfelte Möhre ins Bratgeschirr geben und bräunen lassen. Anschließend leicht mit Mehl bestäuben, mit Rotwein ablöschen und auf die Hälfte reduzieren. Nun das Wasser angießen, den Brühwürfel dazugeben und rühren, bis sich der Würfel aufgelöst hat. Die Oliven entsteinen, kleinschneiden und zusammen mit den Kaninchenteilen in den Bräter zurückgeben. Die Hitze soweit reduzieren, dass die Sauce nur noch leicht köchelt und weitere 20–25 Minuten bei geschlossenem Deckel und auf kleiner Flamme schmoren lassen. Falls das Fleisch nicht ganz von der Soße bedeckt ist, empfiehlt es sich, es nach der Hälfte der Garzeit zu drehen, damit es nicht austrocknet.

Mit Baguette oder Kartoffelpüree servieren. Als weitere Beilage eignet sich ein einfaches Gemüse aus 2 Möhren und 2 Zucchini, die in Olivenöl angebraten und mit geschlossenem Topfdeckel ca. 20 Minuten gedünstet werden.

Dazu schmeckt ein kräftiger Rotwein, beispielsweise ein Bandol.

Kaninchenkeulen in Senfsauce – Cuisses de lapin au moutarde

Zutaten 4 Kaninchenkeulen, 2 Echalotten, 1 Sträußchen Thymian, 4–6 EL Olivenöl, 1 Glas Weißwein, 3 EL Crème fraîche, 3 EL Dijon–Senf, Salz, frisch gemahlener Pfeffer

Die Kaninchenkeulen mit frisch gemahlenem Pfeffer würzen und ganz kurz von beiden Seiten in einer Pfanne mit heißem Olivenöl anbraten. Sobald das Fleisch Farbe angenommen hat, die in kleine Würfelchen geschnittenen Echalotten und den von den Stielen gezupften Thymian dazugeben. Mit dem Weißwein ablöschen und 45 Minuten auf kleiner Hitze köcheln lassen.

Die Keulen aus der Soße nehmen, salzen und mit Alufolie abgedeckt beiseite stellen. In die Soße crème fraîche und Senf einrühren, mit Pfeffer und Salz abschmecken.

Mit Baguette und Salat servieren. Rosé (Tavel, Gigondas, Château Simian) passt im Sommer am besten dazu.

Kaninchenkeulen an Tomatengemüse – Cuisses de lapin au coulis de tomates

Zutaten 4 Kaninchenkeulen, 4 Zweige Thymian, 2 Zweige Rosmarin, 1 Lorbeerblatt, 1 weiße Zwiebel, 1,5 kg reife Tomaten, 3 Knoblauchzehen, 3 Echalotten, 1 Lorbeerblatt, 4–6 EL Olivenöl, $^1/_2$–1 Glas (0,2 l) Rotwein, Gewürzmischung „4épices" (Muskat, Zimt, Nelken, Pfeffer), Salz, frisch gemahlener Pfeffer

Die Kaninchenkeulen mit frisch gemahlenem Pfeffer würzen und in Olivenöl von allen Seiten anbraten. Die Thymian- und Rosmarinzweige sowie die in feine Würfel geschnittene weiße Zwiebel in die Pfanne zu den Kaninchenkeulen geben, zu gleichen Teilen Rotwein und Wasser angießen und zugedeckt ca. 20 Minuten schmoren lassen.

Die Tomaten mit einem spitzen Küchenmesser anritzen, mit kochendem Wasser überbrühen, kurz stehen lassen und enthäuten. Die Echalotten schälen, in feine

Würfelchen schneiden und in Olivenöl anbraten. Die in Achtel geschnittenen Tomaten zugeben, den Rotwein angießen, das Lorbeerblatt und die Gewürzmischung zugeben und unter ständigem Rühren bei mittlerer Hitze ca. 20–30 Minuten einkochen lassen.

Die Kaninchenkeulen bis zur Fertigstellung des „Tomatencoulis" in Alufolie eingepackt, warm stellen. Sobald das Tomatengemüse die gewünschte Konsistenz hat, wird es zusammen mit den Kaninchenkeulen auf Tellern angerichtet.

Als Beilage eignet sich Baguette und als Getränk ein kräftiger Rosé oder ein leichter Rotwein.

Kaninchenfrikassee in Weißwein – Lapereau sauté en gibelotte

Zutaten   1 Kaninchen, 1 Zwiebel, 1 bouquet garni (Thymian, Rosmarin, Lorbeerblatt), 12 Echalotten, 12 Champignonköpfe, 2 EL Schweineschmalz, 1 EL Mehl, $^1/_2$ Flasche Weißwein, 1 l Bouillon oder Gemüsebrühe (Würze), Salz, frisch gemahlener Pfeffer

Das Kaninchen in 12 Teile schneiden, abwaschen und trockentupfen. In einem Bräter das Schweineschmalz erhitzen, die in Würfel geschnittene Zwiebel und die Kaninchenteile hinzufügen und anbraten. Anschließend mit Mehl bestäuben und mit dem Wein und der Bouillon bzw. Gemüsebrühe übergießen. Mit Salz und Pfeffer würzen, das bouqet garni dazugeben und auf kleiner Flamme köcheln lassen.

Wenn das Gericht nach 45 Minuten fast gar ist, das Fleisch aus der Sauce nehmen und in einer Servierschüssel warm stellen. Die Sauce in einem separaten Topf passieren und entfetten. In der Zwischenzeit die Echalotten pellen und im Ganzen in einer Pfanne andünsten, nach 5–10 Minuten die Champignons dazugeben und für weitere 5 Minuten mitdünsten lassen. Die Echalotten und die Champignons zur Sauce geben. Zuletzt das Fleisch mit der Sauce übergießen und heiß servieren.

Hasenpfeffer – Civet de lièvre

Zutaten   1 Kaninchen oder Hase, 50 g gewürfelten Speck, 2 Zwiebeln, 1–2 Möhren, 3 Knoblauchzehen, 2 Zweige Thymian, 1 Lorbeerblatt, 1 Zweig Sarriette (oder Bohnenkraut), 4–6 EL Olivenöl, $^1/_2$ Flasche Rotwein, 1 TL Bouillon oder Gemüsebrühe (Würze), Salz, frisch gemahlener Pfeffer

Aus dem Kaninchen Leber und Galle entfernen (die Galle kann „entsorgt" werden, die Leber kühl stellen, man braucht sie für die Sauce). Für die Marinade eine Zwiebel in grobe Stücke schneiden, die Möhren längs und quer halbieren und zusammen mit Knoblauchzehen, Thymian, Lorbeer und Sarriette in ein abdeckbares Bratgeschirr geben.

Das Kaninchen in 6–8 Stücke teilen, zu den Kräutern geben, salzen, pfeffern und mit der halben Flasche Rotwein übergossen an einem kühlen Platz über Nacht durchziehen lassen.

Am nächsten Tag das Fleisch aus der Marinade nehmen und trockentupfen. Die Marinade durch ein grobes Sieb gießen, die Gemüse herausnehmen, die Kräuter zusammenbinden.

In einer Kasserolle den gewürfelten Speck auslassen und die Speckwürfel aus dem Fett nehmen. In diesem Fett die Kaninchenteile zusammen mit einer grob gehackten Zwiebel rundum anbraten, mit einigen Esslöffeln der Marinierflüssigkeit ablöschen und bei kleiner Hitze schmoren lassen.

In der Zwischenzeit die restliche Marinade mit 2 Esslöffeln Bouillon mischen und in einem separaten Topf zusammen mit dem Gemüse und den Kräutern mindestens auf die Hälfte einkochen lassen. Anschließend in die Kasserolle zum Fleisch geben. Nach insgesamt 30-40 Minuten ist das Fleisch gar.

Kurz vor Ende der Garzeit die Hasenleber in 4 Teile schneiden und in wenig Schweineschmalz in einer kleinen Pfanne kurz anbraten. Unmittelbar vor dem Servieren die Leber zur Sauce geben.

Eine Variante dieses Rezeptes sieht vor, die Sauce gegen Ende der Kochzeit mit Blut anzudicken. Dazu wird das Blut mit ein wenig Essig verdünnt und in die heiße Sauce gerührt, die danach nicht mehr kochen darf, da sie sonst gerinnt. Alternativ kann auch 25 g kalte Butter mit 1–2 TL Mehl verknetet werden, das macht die Sauce ebenfalls sämig.

Als Beilage eignen sich eine Mischung aus kleinen Champignons und glasig gedünsteten Echalotten, die zusammen mit in Olivenöl angebratenen Weißbrotscheiben dekorativ auf der Platte mit dem Fleisch arrangiert werden. Ein kräftiger Rotwein wie Bandol oder ein Côtes-du-Rhône passt ausgezeichnet dazu.

Trifft man im Spätherbst entlang einer einsamen Landstraße auf seltsam gekleidete Männer – von der Tarnkombination bis hin zum Blaumann, der unter mehreren Schichten Sweatshirts und einer dicken Weste verborgen ist – die im Abstand von mehreren Metern die Straße säumen, dann sind das chasseurs, die auf Wildschweine Jagd machen. Locker auf einen Stock gestützt, das Gewehr über den Arm gehängt, stehen sie und beobachten die Gegend. Sie ziehen immer engere Kreise und hoffen, mit dieser Taktik die ersehnte Beute zu erlegen. – Aber es wären keine Franzosen, wenn sie die Wartezeit nicht mit angeregten Gesprächen zu füllen wüssten oder einem Schlückchen aus der stets griffbereiten „bouteille“.

Bei der kräftezehrenden Wildschweinjagd wird dann auch gerne zur Mittagszeit ein Picknick eingelegt. Zu diesem Zweck werden dann die wunderbaren getrockneten Würste in dicke Scheiben geschnitten und aus der Hand zu einem Stück Baguette gegessen.

Nach der Siesta geht es dann weiter und wenn man erfolgreich war, kann das Sanglier dann bald zu Schinken, Wurst und natürlich zu einer wunderbaren „Daube de sanglier" verarbeitet werden.

Wildschweinbraten – Daube de sanglier

Zutaten   für die Marinade (am Vortag): 2 EL Olivenöl, 6 Knoblauchzehen (grob gewürfelt), 1 dicke Zwiebel (in Ringe geschnitten), 4 Möhren (grob gewürfelt), 1 Petersilienwurzel, 1 l Rotwein (Côtes-du- Rhône), 100 ml Rotweinessig, 1 l Wasser, 18 schwarze Pfefferkörner, 6 Zweige Thymian, 3 Zweige Rosmarin, 6 Stengel Sariette (oder getrocknetes Bohnenkraut), 1 TL Salz, 1 Stück unbehandelte Orangenschale (10 cm lang, 1 cm breit), 4 Nelken, 1 Lorbeerblatt, 1,75 kg Wildschweinfleisch (aus der Schulter) in ca. 5 x 5 cm große Würfel geschnitten

Zubereiten   2 EL Olivenöl, 4 Knoblauchzehen (gehackt), 1 Zwiebel, 2 EL Mehl, 1 Lorbeerblatt, 1 Stück unbehandelte Orangenschale (10 cm lang, 2 cm breit), 1 TL Salz, frisch gemahlener, schwarzer Pfeffer, 1–2 EL schwarzer Johannisbeergelee

Für die Marinade die Zwiebeln, den Knoblauch, die Möhren und die Petersilienwurzel grob scheiden. In einem großen Topf das Olivenöl erhitzen und darin zunächst Zwiebeln und Knoblauch glasig dünsten, dann Petersilienwurzel und Möhren dazugeben und leicht Farbe annehmen lassen. Mit Rotwein ablöschen, danach Rotweinessig und Wasser sowie die Kräuter in die Marinade geben und aufkochen lassen. Bei reduzierter Hitze etwa 30 Minuten ohne Deckel köcheln lassen. Anschließend auf Zimmertemperatur abkühlen lassen.

Das vorbereitete und in ca. 5 x 5 cm große Würfel geschnittene Fleisch in eine große Keramikschüssel legen, mit der Marinade übergießen und abgedeckt über Nacht (oder besser für 24 Stunden) im Kühlschrank durchziehen lassen.

Am nächsten Tag das Fleisch aus der Marinade nehmen und gründlich trockentupfen. Die Marinade durch ein Sieb gießen und aufheben. Die Kräuter und die Gemüse entfernen, sie werden nicht mehr benötigt.

In einem Bräter das Olivenöl erhitzen, Zwiebeln und Knoblauch 1–2 Minuten anschwitzen und danach das Fleisch dazugeben. Unter gelegentlichem Wenden ca. 10 Minuten bei großer Hitze kräftig anbraten. Man muss sich damit arrangieren, dass bei mariniertem Fleisch während des Anbratens Flüssigkeit austritt, und dass das Fleisch daher nie ganz dunkel wird. Diese Flüssigkeit kann entweder bei großer Hitze reduziert werden oder man gießt sie in ein Gefäß und gibt sie während des Kochvorgangs wieder dazu.

Wenn die Fleischstücke angebraten sind, werden sie mit Mehl bestäubt. Unter Rühren das Mehl bräunen, etwas von der bisher entstandenen Flüssigkeit aufnehmen lassen und warten bis sich Röststoffe gebildet haben.

Mit 150 ml Marinade ablöschen und damit die Röststoffe aufrühren. Die restliche Marinade angießen und Lorbeerblätter, Orangenschale, Salz und Pfeffer in die Sauce geben. Das Gericht zum Kochen bringen und dann bei geschlossenem Deckel so lange köcheln lassen, bis sich das Fleisch mit einer Gabel zerteilen lässt. Je nach Art des Fleisches müssen hierfür 2–3 Stunden gerechnet werden. Bei jungem Wildschweinfleisch reichen 1–1 $^1/_2$ Stunden aus.

Wenn das Fleisch mürbe ist, wird es aus der Sauce genommen und warmgestellt. Im offenen Topf nun die Sauce auf etwa die Hälfte reduzieren (dauert ca. 30 Minuten), das Fleisch wieder dazugeben und für wenige Minuten mitkochen lassen, damit es Serviertemperatur erhält.

Kurz vor dem Servieren die Sauce mit dem Johannisbeergelee abschmecken.

Als **Beilage** eignet sich Kartoffelpüree (z.B. Aligot, S. 150 oder Kartoffelpüree mit schwarzen Oliven, S. 149) und ein frischer Blattsalat.

Zur **Vorspeise** kann man lauwarme Austernpilze auf Ruccola (S. 114) servieren und als Nachtisch passt ganz ausgezeichnet Rosmarin-Orangen-Sorbet (S. 191) mit einem Klecks Lavendelhonigeis (S. 192).

Rehragout – Civet de chevreuil

Zutaten 1,7 kg Rehschulter (oder Nacken), 2 kleine Möhren, 80 g Schalotten (Frühlingszwiebel), 2 Knoblauchzehen, 1 bouquet garni (aus je 2 Zweigen Thymian und Rosmarin und einem Lorbeerblatt), 2 EL Mehl, 30 g Butter, 1 Flasche (trockener) Rotwein, Salz, frisch gemahlener Pfeffer, Muskat, 2 EL Butter, 100 g kleine Zwiebeln

Ein wenig Öl in einem Bräter erhitzen, das in Würfel geschnittene Fleisch dazugeben und anbraten. Anschließend mit Mehl bestäuben und das Mehl leicht bräunen lassen. Mit dem Wein ablöschen und rühren, bis sich die Röststoffe gelöst haben. Das bouquet garni zusammen mit den klein geschnittenen Möhren, den grob zerkleinerten Schalotten, dem in Stücke geschnittenen Knoblauch, Salz, Pfeffer und Muskat zum Wein geben und zugedeckt **ca. 30 Minuten im Backofen bei 180° C** schmoren lassen.

Kurz vor Ende der Garzeit in einer Pfanne die feingehackten Zwiebeln in Butter goldgelb bräunen und kurz vor dem Servieren zum Fleisch geben.

Perlhuhn mit Feigen – Pintade aux figues

Zutaten 2 Perlhühner, 1 kg frische Feigen, 1 großes Glas Weißwein, 1 Glas Wasser, Olivenöl und ein Stückchen Butter, Salz, frisch gemahlener Pfeffer

Die ausgenommenen Perlhühner in einem großen Bräter in Butter und Olivenöl von allen Seiten anbraten. Die Hälfte der Feigen halbieren und zu den angebratenen Perlhühnern in den Bräter geben. Mit Wein und Wasser ablöschen, würzen und **zugedeckt 40 Minuten köcheln** lassen. Nun die restlichen Feigen hinzufügen und noch eine Viertelstunde auf kleiner Flamme weiterkochen lassen. Vor dem Servieren die Sauce passieren und zusammen mit dem Fleisch auf einer großen Platte anrichten. Dazu passt Reis.

FLEISCHGERICHTE –
LES VIANDES

Ein klassisches und ganz altes Rezept ist die „daube provençale", ein marinierter Rinderschmorbraten, für dessen Zubereitung es unzählige Variationen gibt. Dieses Schmorgericht hat seinen Namen durch das Zubereitungsgeschirr erhalten. Es wurde früher in einer daubière gekocht, einem Topf aus Gusseisen oder Keramik, der mit einem besonders fest schließenden Deckel versehen war, in dessen Mitte sich eine Vertiefung befand. In diese Vertiefung wurde während des langsamen Kochvorganges Wasser gegossen, wodurch sich innen am Deckel mehr Flüssigkeit bildete, die kräftige Würzstoffe enthielt, die so in die Soße gelangten. Das Gericht kann auch in jedem anderen Bräter zubereitet werden. Wichtig ist, dass es am Vortag in eine Marinade gelegt wird und über Nacht an einem kühlen Ort durchzieht und dass es lange genug kocht (4-6 Stunden). Ideal sei es, wenn das Gericht insgesamt dreimal gewärmt würde, bevor es serviert wird, weihte mich eine meiner Vermieterinnen ein, die mich zu Daube provençale eingeladen hatte. Dazu wird das Fleisch nach dem Marinieren angebraten und etwa eine Stunde köcheln lassen. Nachdem es komplett abgekühlt ist (am besten über Nacht), sollte es erneut für zwei bis drei Stunden bei mittlerer Hitze garen. Am Tag des Verzehrs wird es zum dritten Mal erwärmt und für die restliche Kochzeit (je nach Konsistenz nochmals eine bis drei Stunden) zu Ende gegart.

Provençalischer Rinderschmortopf – Daube provençale

Zutaten 1 kg Rindfleisch (Nuss, Schienbein oder Wade oder gemischt), 3 Zwiebeln, 3 Karotten, 2 bouquet garni (Kräutersträußchen aus Lorbeer, Thymian, Rosmarin), 5 Pfefferkörner, 6 Nelken, 4–6 Knoblauchzehen, 125 g durchwachsener Speck, 1 Zweig Thymian, 2 Stück Orangenschale (unbehandelt), ¹/₂ Bund glatte Petersilie, 1 Flasche trockener Rotwein (z.B. Burgunder), 1 kleines Gläschen Essig, Olivenöl, Salz, Pfeffer

Aus Rotwein, Essig, 2 mit Nelken gespickten, halbierten Zwiebeln, den in Scheiben geschnittenen Karotten, einem bouquet garni und einem Thymianzweig eine Marinade zubereiten, der noch die grob gestoßenen Pfefferkörner, die 3 Knoblauchzehen und eine Orangenschale beigefügt werden.

Das Fleisch in nicht zu kleine Würfel schneiden und mindestens 4–5 Stunden oder über Nacht in der Marinade durchziehen lassen und dabei mehrmals wenden. Es sollte nicht im Kühlschrank stehen sondern an einem kühlen Ort.

Am nächsten Tag in einer Kasserolle den Speck auslassen; die Speckstücke danach entfernen. Eine gehackte Zwiebel und das abgetropfte Fleisch zugeben und unter Wenden kräftig anbraten. Zum Schluss das ebenfalls abgetropfte Gemüse aus der Marinade dazugeben. Das Ganze mit einem Teil der Marinierflüssigkeit erhitzen und bei offenem Deckel ca. 25 Minuten kochen lassen. Die übrige Marinierflüssigkeit in einem separaten Topf aufkochen, auf die Hälfte reduzieren und zusammen mit dem zweiten bouquet garni, den restlichen Knoblauchzehen und einigen Pfefferkörnern zum Fleisch geben. Nun einen halben Liter kochendes Wasser angießen, pfeffern, salzen und die „daube" **fest verschlossen ca. 4–5 Stunden auf kleiner Flamme köcheln** lassen. Nach dem Ende der Garzeit wird die Soße in ein Sieb abgegossen und das Gemüse kann teilweise püriert werden oder zusammen mit dem Fleisch auf einer Platte angerichtet und mit der Soße übergossen werden.

Die klassische **Beilage** ist eine **macaronade**, also Makkaroni, die mit der Soße übergossen und geriebenem Käse in einer Gratinform überbacken werden. Dazu werden die Makkaroni in 4 cm lange Stücke zerbrochen und in Salzwasser fast gar gekocht. Man schüttet sie ab und lässt sie abtropfen. Anschließend werden sie schichtweise in eine Gratinform gegeben, gesalzen und gepfeffert. Löffelweise werden sie nun mit der Soße befeuchtet und mit einer dünnen Schicht geriebenem Käse bedeckt. Dies solange wiederholen, bis alle Nudeln verbraucht sind. Die Form kommt **für ca. 20 Minuten bei 200° C in den vorgeheizten Backofen.**

Wem diese Beilage zu aufwendig oder zu mächtig ist, der kann auch einfach Baguette dazu essen.

Provençalischer Rinderbraten nach Metzgerart – Rôti de bœuf de Tradition Bouchère à la provençale

Zutaten

1,2 kg Rindfleisch z.B. faux filet (Schulterfilet oder Bugfilet / Mageres Meisel), 100 g schwarze (entkernte) Oliven, 50 g Speck, 2 Zucchini, 1 Aubergine, 1 gelbe Paprikaschote, 1 rote Paprikaschote 4 Tomaten (gebrüht und enthäutet), 1 Zwiebel, 2 Knoblauchzehen, 1 bouquet garni, 2 Rosmarinzweige, 4 EL Olivenöl, Saft einer Zitrone, Salz, Pfeffer

Die Hälfte der Oliven mit einer Knoblauchzehe, 2 EL Olivenöl und abgezupftem Rosmarin mischen. Das Fleisch pfeffern und salzen und in der angerührten Olivenmischung 15 Minuten marinieren lassen. Die Gemüse in der Zwischenzeit waschen, in 1 cm dicke Scheiben schneiden, Auberginenscheiben mit Salz bestreuen, sie „schwitzen" lassen und die Flüssigkeit mit einem Küchentuch abtupfen. Die Paprikaschoten von Kernen und Innenhäutchen befreien und in lange Streifen schneiden.

In einer **Sauteuse** (etwas höhere Pfanne mit Deckel) das restliche Öl erhitzen, darin Speck, Zucchini, Aubergine, in Würfel geschnittene Zwiebel, Paprikastreifen und kleingeschnittenen Knoblauch goldgelb anbraten. In der Zwischenzeit die Tomaten überbrühen, häuten, vierteln und zusammen mit dem bouquet garni und den restlichen Oliven zu dem angebratenen Gemüse geben. Zitronensaft, Salz und Pfeffer hinzufügen und zugedeckt auf kleiner Flamme 30 Minuten dünsten lassen.
Das marinierte Fleisch in eine feuerfeste Form legen, mit der Marinade bestreichen und **im vorgeheizten Ofen 25 Minuten bei 210° C braten.** Am Ende der Garzeit herausnehmen und in Alufolie gepackt noch 5–8 Minuten ruhen lassen, bevor es angeschnitten wird.
Das Fleisch auf einer Platte anrichten und mit dem gedünsteten Gemüse umgeben. Als Beilage eignet sich Baguette oder Kartoffelpüree.

Kalbsschnitzel mit Echalotten und Lorbeer – Escalope de veau aux échalots et laurier

Zutaten   4 Kalbsschnitzel, 4 Echalotten, 3 Tomaten, 1 Glas trockener Weißwein, 1 Zweig Thymian,1 Bund Petersilie, 1 Lorbeerblatt, 4 EL Crème fraîche, Olivenöl und Butter zum Anbraten, Salz, Pfeffer

Die Schnitzel in Butter und Olivenöl **ca. 5–10 Minuten von beiden Seiten braten,** aus der Pfanne nehmen und warmstellen. In der Pfanne die feingehackten Echalotten kurz bräunen, mit dem Weißwein ablöschen und aufkochen lassen. In der Zwischenzeit die gebrühten, gehäuteten und entkernten Tomaten kleinschneiden und zusammen mit dem Lorbeerblatt, 3 Esslöffeln gehackter Petersilie und dem Thymianzweig in die Pfanne geben.
Nach ca. 15 Minuten die Temperatur reduzieren und die 4 EL Crème fraîche unterrühren. Die Schnitzel auf einer Platte anrichten und mit der Soße begießen. Die restliche Petersilie fein hacken, über das Fleisch streuen und servieren.
Als Beilage: Reis und ein fruchtiger Weißwein (Pouilly Fumé, Chablis, ein Château d'Estoublon oder ein Château Simian)

Provençalischer Kalbsbraten – Rôti de veau provençal

Zutaten   2 kg Kalbfleisch, 1 Flasche trockener Weißwein, 1 Lorbeerblatt, 2–3 Knoblauchzehen, 1 Zweig Thymian, etwas Bohnenkraut, 10 Pfefferkörner, 2 Nelken, Salz, etwas Zimt, 500 g Möhren, 2 halbierte Fenchelknollen, 8 Stangen Lauch (nur die hellen Anfangsstücke verwenden), 8–10 kleine Zwiebeln oder Echalotten, 125 g schwarze Oliven, 2 EL Crème fraîche, Salz, Pfeffer

Aus Weißwein, Lorbeerblatt, Knoblauchzehen, Thymianzweig, Bohnenkraut, Pfefferkörnern, Nelken, Salz und Zimt eine Marinade rühren und das Fleisch hineingeben. Falls es nicht ganz bedeckt ist, noch etwas Wein zufügen. Das Fleisch mit einer Gabel mehrmals einstechen und hin und wieder wenden. Es sollte ca. 15 Stunden in der Marinade liegen.

Vor dem Anbraten 4 Zwiebeln in Scheiben schneiden, einen Bräter dünn mit Butter ausstreichen, mit den Zwiebelscheiben und den Oliven auslegen. Das Fleisch aus der Marinade nehmen, mit Butter bestreichen und zu den Zwiebeln und Oliven in den Topf geben. Über das Fleisch die Marinade gießen und zwei Stunden bei mittlerer Hitze schmoren lassen; dabei immer wieder mit der Soße begießen.

In der Zwischenzeit die Karotten der Länge nach halbieren und quer durchschneiden, die Fenchelknollen längs in Stücke schneiden und mit den grobgehackten restlichen Zwiebeln und den in Ringen geschnittenen hellen Teilen der Lauchstangen in den Schmortopf geben. Ca. 15–30 Minuten mitschmoren lassen, bis die Gemüse weich sind.

Fleisch und Gemüse aus dem Sud nehmen und auf einer Platte warmstellen. Den Sud bei starker Hitze etwas reduzieren. Zum Schluss die Crème fraîche unterziehen und die Soße über Fleisch und Gemüse geben.

Kalbs- oder Schweinelende mit Lauch – Filet mignon aux poireau

Zutaten 800 g Kalbsfilet, 1 Glas trockener Weißwein, 1 kg Lauch (nur das Helle verwenden), Salz, Pfeffer, Schweineschmalz

Das Kalbsfilet in einem Bräter von allen Seiten kurz in Schweineschmalz anbraten, salzen und pfeffern. Während es Farbe annimmt, mit dem Weißwein begießen und zugedeckt bei mittlerer Hitze 45 Minuten köcheln lassen.

In der Zwischenzeit den Lauch putzen, dabei das Weiße in große Stücke schneiden und ca. 10 Minuten in zwei Liter kochender Gemüsebrühe blanchieren.

Nach 45 Minuten das Fleisch aus dem Bräter nehmen und warmstellen. Den Lauch nun für 5 Minuten in den Bräter geben und mit einer Gabel mehrmals in der Soße drehen, bis er sich vollgesogen hat. Zum Schluss noch 4 EL heißes Wasser zugeben und das Fleisch für ein bis zwei Minuten zum Lauch geben und durchziehen lassen.

Schweinelende mit Echalotten – Filet mignon aux échalottes

Zutaten 800 g Schweinelende, $^{1}/_{4}$ Glas Rosé, 3 Echalotten, 1 große Möhre, 1–2 Tassen Wasser, 1 Zweig Rosmarin, 1 EL Senf, 1 EL Olivenöl, Salz, Pfeffer

Schweinelende säubern und rundum mit frisch gemahlenem Pfeffer einreiben. Olivenöl in einem Bräter erhitzen und bei großer Hitze das Fleisch von allen Seiten kurz anbraten. Zwiebel und Möhre in feine Würfel schneiden, zu dem angebratenen Fleisch geben und ca. 5 Minuten rösten. Mit dem Rosé sowie der Hälfte des Wassers ablöschen.

Den **Backofen auf 200° C vorheizen** und das Fleisch mit der Flüssigkeit, den Zwiebelchen und Möhren in eine feuerfeste Form geben (mit Deckel oder mit Alufolie abdecken) und zugedeckt 15 Minuten braten lassen. Danach die Temperatur auf 175° C reduzieren und weitere 10 Minuten garen lassen.

Das Fleisch aus der Form herausnehmen und in Alufolie gepackt im ausgeschalteten Backofen noch 10 Minuten ruhen lassen, damit der Saft beim Anschneiden nicht austritt. Während das Fleisch ruht, die Sauce in einen Topf umfüllen und bei großer Hitze reduzieren. Das restliche Wasser angießen, mit Senf, Pfeffer und Salz abschmecken. Das Fleisch aufschneiden, den austretenden Fleischsaft noch zur Soße geben und servieren.

Dazu passen alle Arten von Kartoffeln und Gemüse oder Salat.

In der Provence gibt es im Gegensatz zum Norden Frankreichs keine Viehweiden. Im Süden wird Gemüse und Obst kultiviert und die Tierzucht beschränkt sich überwiegend auf Ziegen und Schafe.

Ziegen und Schafe sind nicht nur als Lieferant von Käse geschätzt, auch das Lammfleisch spielt eine große Rolle. Es ist kein Vergleich zu deutschem Fleisch, denn die französischen Lämmer wachsen auf Kräuterwiesen auf und das Fleisch erhält dadurch eine ganz besondere Note.

Sehr bekannt für sein besonderes Aroma ist das Fleisch der Lämmer aus Sisteron.

Lammkeule in Knoblauchcreme – Gigot d'agneau à la crème d'ail

Zutaten	1 Lammkeule, 75 g Butter, 10 Knoblauchzehen, $1/2$ Liter Fleischbrühe (Glas), 2 EL Tomatenmark, Salz, Pfeffer
Beilagen	grüne Bohnen oder ein Gemüse aus Flageolets (Bohnenkerne, die es als Gemüse in Konserven gibt oder getrocknet, Seite 158 ff) und Baguette

Die Lammkeule mit Butter bestreichen und in eine Kasserolle legen. **Bei 200° C im Backofen braten** – die **Garzeit beträgt pro Pfund Fleisch ca. 15 Minuten.** Nach der Hälfte der Garzeit wird die Keule gesalzen und gepfeffert.

Für die Knoblauchcreme die Knoblauchzehen zunächst in kochendem Wasser blanchieren, mit kaltem Wasser abschrecken und im Mörser pürieren. Das Knoblauchpüree mit der Fleischbrühe, Bratsaft und Tomatenmark in einem Topf zum Kochen bringen, mit Salz und Pfeffer würzen und ca. 5 Minuten eindicken lassen.

Gekochte Lammkeule in Knoblauchsoße – Gigot d'agneau sauté et sauce d'ail frais

Zutaten 1 ausgelöste Lammkeule ohne Knochen (ca. 1,5 kg für 6 Personen), je 2 Zweige frischen Rosmarin und Thymian, frisch gemahlenen Pfeffer, 4–6 Knoblauchzehen

Kochsud 1 Glas Fleischbrühe, 1 l Wasser, 2 Stangen Lauch, 1 Karotte, 1 Stück Sellerie, 2 Zwiebeln, 4 Nelken, Pfeffer, Salz, 5 Lorbeerblätter

Soße $^1/_2$ l saure Sahne und 4 EL Crème fraîche oder $^1/_2$ l Crème fraîche légère, 1 TL scharfen Dijon-Senf, 1 Frühlingszwiebel, 1 Bund Schnittlauch, 3–9 Knoblauchzehen, Salz, Pfeffer, 4–6 EL Olivenöl

Den Sud aus Fleischbrühe, Lauch, Karotte, Sellerie, Zwiebeln, Nelken, Pfeffer und Salz aufkochen und ca. 30 Minuten bei reduzierter Hitze weiter köcheln lassen.

In der Zwischenzeit die ausgelöste Lammkeule von Fett und dicken Häuten befreien, mit frischem Rosmarin, Thymian, grob geschrotetem Pfeffer und einigen Knoblauchzehen belegen, zusammenklappen und mit Küchenzwirn fest zusammenbinden. Die Lammkeule in die köchelnde Brühe legen, die Temperatur reduzieren und ca. 1 $^3/_4$ Stunden ziehen lassen.

Für die Sauce die saure Sahne oder crème fraîche cremig rühren, die Knoblauchzehen hineinpressen und den Senf dazugeben. Die Frühlingszwiebel und den Schnittlauch in feine Ringe schneiden und unterrühren, Mit Salz und frisch gemahlenem Pfeffer abschmecken und zum Schluss das Olivenöl vorsichtig mit einer Gabel unterziehen.

Als Beilage eignen sich neue Kartoffeln und ein junger Rotwein oder Rosé.

Lammfilet mit Möhren – Filet d'agneau aux carottes

Zutaten 8 Lammfilets, 4 Möhren, 4–6 EL Olivenöl, Thymian (frisch oder getrocknet), frischen und getrockneten Koriander, Salz, frisch gemahlener Pfeffer

Möhren schälen und der Länge nach vierteln und in feine Streifen schneiden. Das Olivenöl in einer Pfanne erhitzen. Die Möhren darin anbraten, salzen, mit Koriander würzen und garen bis sie noch bissfest sind. Lammfilets in Stückchen schneiden. Die Filets pfeffern und rundum mit fein gemahlenem Thymian einreiben. In einer zweiten Pfanne Olivenöl erhitzen und die Lammfilets darin braten. Die Filets zusammen mit den Möhren auf den Tellern anrichten, mit frischem Koriander garnieren und servieren.

KARTOFFEL GERICHTE

Das Kartoffelangebot in Frankreich ist ein sehr vielfältiges, das unseres bei weitem übertrifft. Vor allem findet man dort die Feinschmeckerkartoffel **La Ratte**, eine festkochende sehr wohlschmeckende Kartoffel. Es gibt sie in allen Größen, manchmal sind sie winzig – so groß wie ein Fingerglied, bei uns würde sie als „Saatkartoffel" in dieser Größe wieder im Boden verschwinden. Dabei ist sie so fein und zart, mit hauchdünner Schale, dass man sie ungeschält essen kann. Dazu eine Mischung aus Quark und crème fraîche légère mit ein paar Kräutern und einer Zehe Knoblauch – köstlich!

Sehr auffallend sehen die Kartoffeln mit roter Schale aus, die es auch manchmal in Deutschland zu kaufen gibt. Sie sind ebenfalls festkochend, innen zartgelb und schmecken sehr kräftig nach Kartoffeln. Wenn man sie roh aufschneidet, sieht man eine zartrote Maserung, die sich beim Kochen leider vollständig verliert.

Eine ganz besondere Kartoffel ist **La Violette**. Sie ist, wie der Name schon sagt, dunkelviolett, auch nach dem Kochen. Ein ungewohnter Anblick, diese lilafarbene Kartoffel, mit leichtem Nussaroma. Bei uns schaffen es nicht alle Kartoffeln auf den Tisch, da sie schon vorher mit etwas Salz und Olivenöl genascht werden …

Kartoffelpüree nach Großmutters Art – Pommes de terre à la grandmère

Zutaten   1,2 kg mehlig kochende Kartoffeln, $1/4$ l heiße Milch, 50 g Butter, 1 Prise Salz, frisch gemahlener Pfeffer

Die Kartoffeln waschen, schälen und vierteln oder achteln und in einem Topf mit gesalzenem Wasser ca. 20 Minuten kochen lassen. Nach dem Garen die Kartoffeln abgießen, durch die Kartoffelpresse drücken und mit der Butter zusammen wieder zurück in den Topf geben. Unter Rühren ca. 3 Minuten „trocknen" lassen. In der Zwischenzeit die Milch sehr stark erhitzen und nach und nach mit einem Holzspatel unter das Püree rühren und mit Salz und Pfeffer abschmecken.

Kartoffelpüree mit Olivenöl und schwarzen Oliven – Pommes de terre aux olives noires

Zutaten   1 kg mehlig kochende Kartoffeln, $1/2$ l heiße Milch, 12 schwarze Oliven, 10 EL Olivenöl, 1 Prise Salz, 30 g frisch geriebener Parmesan

Dieses Püree sollte ca. 1 Stunde vor dem Essen zubereitet werden, damit es gut durchziehen kann.

Die Kartoffeln waschen, schälen und vierteln oder achteln und in einem Topf mit gesalzenem Wasser ca. 20 Minuten kochen lassen.

Kurz vor Ende der Garzeit die Milch in einem separaten Topf stark erhitzen und beiseite stellen.

Die Kartoffeln abgießen und durch die Kartoffelpresse drücken. Das Olivenöl mit einem Holzspatel nach und nach unterrühren und das Püree mit Salz abschmecken. Anschließend ca. $^3/_4$ der Milch unterrühren bis das Püree ganz locker ist. Die entsteinten Oliven in schmale Streifen schneiden und unter das Püree mischen. Zum Schluss den frisch geriebenen Parmesan dazugeben. Das Püree für ca. 1 Stunde bei gelegentlichem Umrühren warm stellen. Sollte es nicht locker genug sein, kann noch etwas Milch zugegeben werden.

Kartoffelpüree mit Haselnüssen – Aligot

Zutaten — 1 kg mehlig kochende Kartoffeln, 125 g Crème fraîche (oder crème double), 40 g Butter, 50 g Tomme de Savoie (Hartkäse), $^1/_2$ TL Butter, 2 Knoblauchzehen, 40 g grob gehackte Haselnüsse, etwas Salz

Die Kartoffeln schälen, würfeln und in ungesalzenem Wasser zusammen mit den Knoblauchzehen **20 Minuten kochen.** Nach dem Abgießen die Kartoffeln durch eine Püreepresse drücken und in einen breiten Topf geben.

Das Püree mit wenig Salz bestreuen und durchrühren. Den Käse reiben und zusammen mit der Crème fraîche und der Butter vermischen und unter die Kartoffeln heben. Je stärker man rührt, desto lockerer wird das Püree.

In einer Pfanne in einem halben Teelöffel Butter 40 g grob gehackte Haselnüsse bräunen und mit der Butter über das Püree geben.

Die kalorienreduzierte Zubereitung: Beim Abschütten der Kartoffeln 125 ml des Kochwassers auffangen und mit 75 ml Milch und 2 EL Crème fraîche verrührt anstelle der Crème fraîche zu den gestampften Kartoffeln geben.

Kartoffelgratin – Gratin dauphinois

Kartoffelgratin lässt sich auf verschiedene Arten zubereiten. Das erste Rezept beschreibt die traditionelle Art, die beiden folgenden Zubereitungsarten sind schneller zubereitet, nicht ganz so kalorienreich und geringfügig anders in den Zutaten.

Zutaten — 1 kg Kartoffeln, 400 ml Sahne (oder 100 ml Sahne und 300 ml Milch), frisch geriebenen Muskat, 2 Knoblauchzehen, Salz, Pfeffer, 30 g Butter, 50 g geriebener Käse (Comté, Emmentaler, Appenzeller)

Die Kartoffeln waschen, schälen und in feine Scheiben schneiden (am besten mit einem Gemüsehobel). Die Kartoffeln zusammen mit der Milch-Sahne-Mischung in einen Topf geben und mit Muskat, Pfeffer und Salz würzen. **Bei mittlerer Hitze ca. 20 Minuten köcheln lassen.** In der Zwischenzeit den Backofen auf 210° C vorheizen, eine Gratinform mit Knoblauch ausreiben und mit Butter einfetten. Die Kartoffel-Sahne-Mischung in die Gratinform umfüllen, mit dem geriebenen Käse bedecken und mit Butterflöckchen besetzt in den Backofen auf mittlerer Einschubleiste schieben. Dort ca. **20 Minuten überbacken,** bis sich eine goldgelbe Kruste gebildet hat.

Die schnelle Variante erfordert an zusätzlichen Zutaten 3 kleine oder 1 großes Lorbeerblatt, 1 Thymianzweig, 1 TL getrockneten Thymian und 1 Knoblauchzehe. Die Sahne wird durch eine Mischung aus 300 ml Milch und 100 ml Sahne ersetzt.

Die Kartoffeln waschen, schälen in feine Scheiben schneiden und zusammen mit der Milch-Sahne-Mischung, dem Lorbeer, der gepressten Knoblauchzehe, dem getrockneten Thymian, Salz, Pfeffer und dem frischen Thymianzweig in einen Topf geben. **Bei mittlerer Hitze ca. 15 Minuten garen lassen,** dabei immer wieder mit einem Holzlöffel durchrühren, damit die Flüssigkeit nicht anbrennt. Bei Bedarf noch Milch angießen. Das Überbacken erfolgt wie im Originalrezept.

Für die dritte Variation (aus rohen Kartoffeln) benötigt man 1 kg Kartoffeln, 200 ml Milch, in die 2 EL Crème fraîche eingerührt werden, 1 Knoblauchzehe, 1 Ei, 50 g geriebenen Käse (Comté, Emmentaler, Appenzeller), Salz, frisch gemahlenen Pfeffer und Muskat

Die Kartoffeln waschen, schälen und auf dem Gemüsehobel in feine Scheiben schneiden. Den Backofen **auf 225° C vorheizen.** Eine Gratinform mit einer Knoblauchzehe ausreiben, am Boden mit Butter leicht einfetten, die rohen Kartoffeln schichtweise ausbreiten, jede Schicht salzen und pfeffern. In einem Gefäß zuerst das Ei verrühren, dann Milch, Crème fraîche, gepressten Knoblauch, Salz, Pfeffer und Muskat unterrühren. Den Käse entweder der Mischung zufügen oder separat über den Kartoffeln verteilen.

Die Gratinform auf mittlerer Höhe in den vorgeheizten Backofen stellen und mindestens **40 Minuten überbacken** bis die Kartoffeln weich sind und sich eine goldene Kruste gebildet hat.

Herzoginkartoffeln – Pommes de terre Duchesse

Zutaten   1 kg Kartoffeln, 4 Eigelb, 60 g Butter,1 TL Salz, frisch geriebenen Muskat, 1 l Wasser

Die Kartoffeln waschen, schälen und in Viertel schneiden. In 1 l Salzwasser ca. 15–20 Minuten kochen, abschütten und passieren (oder durch die Kartoffelpresse drücken oder mit dem Schneidestab fein zerkleinern).
Anschließend mit der Butter verrühren, drei Eigelb zugeben und mit Pfeffer, Salz

und Muskat würzen. Die Mischung sollte eine Paste ergeben, die sich mit den Händen formen lässt.

Nun können entweder kleine runde Taler geformt oder mit Hilfe eines Spritzbeutels kleine Häufchen direkt auf ein mit Backpapier ausgelegtes Backblech gespritzt werden.

Bevor das **Blech in den auf 150°C vorgeheizten Backofen** geschoben wird, bestreicht man die Herzoginkartoffeln nochmals mit Eigelb und lässt sie goldgelb backen.

Alternativ können Herzoginkartoffeln auch in der Pfanne mit Butter gebraten werden.

GEMÜSE ALS VORSPEISE, BEILAGE ODER HAUPTGERICHT: KALT ODER WARM – LES LÉGUMES

Paprikaschoten mariniert – Langues de Tarasques

Zutaten   8 rote, gelbe und grüne Paprikaschoten, 2 EL Weißwein, 2 EL Weißweinessig, 6 Knoblauchzehen, 1 Lorbeerblatt, 1 EL Kräuter der Provence (getrocknet), $^1/_2$ Bund frisches Basilikum, 6 EL Olivenöl, Salz, Pfeffer

Die Paprikaschoten für ca. 1 Stunde bei 100–125° C in den Backofen legen, bis die Haut Blasen wirft; dabei alle 15 Minuten um jeweils 90° drehen. Anschließend aus dem Backofen nehmen, in Zeitungspapier abkühlen lassen und die Haut abziehen.
Die Paprikaschoten vierteln, die Kerne und weißen Häutchen entfernen.
Die Knoblauchzehen in feine Streifen schneiden. Aus Weißwein, Weißweinessig und Olivenöl eine Marinade herstellen.
Anschließend den Boden einer flachen Glasschale mit einer Schicht Paprikaschoten auslegen, einige Scheibchen Knoblauch darüber geben, salzen, pfeffern, fein zerriebene Kräuter der Provence sowie die abgezupften Basilikumblättchen darauf verteilen und mit einem Teil der Marinade bedecken. Schicht für Schicht auf diese Weise aufeinanderlegen und die restliche Marinade darüber verteilen.
Einige Stunden durchziehen lassen – zum Aperitif oder als Zwischengang servieren.

Paprikaschoten mariniert – Poivrons en marinade

Zutaten   8 rote, gelbe u. grüne Paprikaschoten, 1 Zitrone, 3 Knoblauchzehen, 10–15 EL Olivenöl, Salz, frisch gemahlener Pfeffer

Die Paprikaschoten für ca. 1 Stunde auf einem Backblech auf mittlerer Einschubhöhe **bei 100–125° C in den Backofen** legen, bis die Haut sich dunkel färbt und Blasen wirft; dabei alle 15 Minuten um jeweils 90° C drehen. Die Paprikaschoten herausnehmen, In Zeitungspapier einpacken und ca. 15 Minuten abkühlen lassen.
Anschließend die Haut abziehen, die Paprikaschoten halbieren und die Kerne und weißen Häute entfernen.
Die Paprikaschoten längs in ca. 1 cm breite Streifen schneiden und in eine Schüssel geben. Mit dem Saft einer halben Zitrone und einer Mischung aus Olivenöl, Pfeffer, Salz und gepresstem Knoblauch begießen und mindestens 1 Stunde im Kühlschrank durchziehen lassen. (Dies ist eine von vielen Variationen!)

Ratatouille – eine Gemüsekomposition

Die Ratatouille gehört zu den bekanntesten Gemüsegerichten der Provence. Sie kann eine Mischung verschiedener Gemüse sein oder auch nur aus Paprika zubereitet werden.

Für die klassische Ratatouille aus Zucchini, Auberginen, Paprikaschoten, Tomaten, Zwiebeln und Knoblauch, erfordert die traditionelle Zubereitung, dass alle Gemüsesorten einzeln angebraten werden.

Hierin liegt das Geheimnis des unvergleichlichen Geschmackes der wahren Ratatouille, der einzigartigen Komposition aus sonnengereiftem Gemüse, Olivenöl und frischen Kräutern.

Ratatouille auf traditionelle Art – Ratatouille traditionelle

Zutaten für 6–8 Personen:1 kg Zucchini, 1 kg Auberginen, 1 kg rote, gelbe und grüne Paprikaschoten, 1,5 kg Tomaten, 500 g Zwiebeln, 3 Knoblauchzehen, 1 Zweig Rosmarin, 2 Zweige Thymian, 1 Lorbeerblatt, Olivenöl, Salz, Pfeffer

Die Gemüse waschen. Die Auberginen in Scheiben schneiden mit Salz bestreuen und „schwitzen" lassen. Das Salz bindet die Bitterstoffe. Anschließend mit einem Küchentuch trocken tupfen und in Olivenöl ca. 5 Minuten anbraten, aus der Pfanne nehmen und in einen Topf umfüllen.

Nacheinander die kleingeschnittenen Zucchini, die Paprikaschoten und die Zwiebeln ebenfalls in Olivenöl anbraten und zu den Auberginen geben. Zuletzt die Tomaten mit heißem Wasser überbrühen, häuten, entkernen und in kleine Würfel schneiden. Sie können angebraten oder gleich zu der Gemüsemischung gegeben werden. Die Gemüse sollten in dem Topf gut vermischt sein.

Rosmarin, Thymian, das Lorbeerblatt, gepressten Knoblauch, Salz und Pfeffer hinzufügen und alles nochmals 30 Minuten auf kleiner Flamme köcheln lassen.

Ratatouille mit Zitronen – Ratatouille aux citrons confits

Zutaten 4 Zucchini, 3 Auberginen, 2 große reife Tomaten, 1 rote Paprikaschote, 3 Knoblauchzehen, 4 eingelegte Zitronen (citron confit, in Salzlake und Essig, gibt es auf Märkten oder in marokkanischen Geschäften), 15 scharf eingelegte Oliven (pimenté), 2 Zwiebeln, 1 EL Ras-el-Hanout (scharfe Würze auf Chilibasis), Olivenöl, Salz, Pfeffer

Die in Streifen geschnittenen Gemüse (Auberginen, Zucchini und Paprikaschote) einzeln (separat) anbraten.

Die klein gehackten Zwiebeln und Knob-
lauchzehen goldgelb anbraten und alles
zusammen in eine **Sauteuse** umfüllen.
Die in Würfel geschnittenen Tomaten und
Zitronen sowie die Oliven und Gewürze
untermischen und für eine Stunde auf kleiner
Flamme köcheln. lassen.
Diese Ratatouille schmeckt warm ebenso
wie kalt.
Kalt kann man sie zum Aperitif mit kleinen gegrillten Baguettescheiben essen.

Ratatouille aus Paprikaschoten – Ratatouille aux poivrons mixtes

Zutaten je 3 rote, gelbe und grüne Paprikaschoten, 4 reife Tomaten,
3 Knoblauchzehen, 2 weiße Zwiebeln, 1 Bund Frühlingszwiebel, 15 schwarze Oliven, $1/_2$ Bund glatte Petersilie, Olivenöl, Salz, Pfeffer

Die Paprikaschoten halbieren, die Kerne entfernen waschen und in große Stücke
schneiden. In einem Topf, einer Kasserolle oder einer **Sauteuse** (Pfanne mit hohem
Rand und Deckel) 3 EL Olivenöl erhitzen, die Paprika darin kurz anbraten und bei
milder Temperatur 15 Minuten garen.
In der Zwischenzeit den Knoblauch und die Zwiebeln schälen und klein schneiden. Die Tomaten waschen, halbieren, die Kerne entfernen und in Würfelchen
schneiden. Knoblauch, Zwiebeln und Tomaten zu den Paprikaschoten geben, pfeffern, salzen und auf kleiner Flamme 30 Minuten im eigenen Saft köcheln lassen.
Von den Frühlingszwiebeln das dunkle Grün entfernen, die hellen Teile grob zerkleinern und zu dem Gemüse geben, weitere 10 Minuten garen lassen.
Zuletzt die Oliven dazugeben und ca. 5 Minuten erwärmen. Auf einer großen
Platte anrichten und mit gehackter Petersilie bestreuen.
Die Ratatouille kann warm oder kalt mit Baguette gegessen werden.

Ratatouille auf Nizzaer Art – Ratatouille niçoise

Zutaten 2 Auberginen, je 2 rote, gelbe und grüne Paprikaschoten,
2 Zucchini, 4 Tomaten, 4 Zwiebeln, 2–4 Knoblauchzehen,
1 Zweig Rosmarin, 2 Zweige Thymian, 1 Lorbeerblatt,
10 EL Olivenöl, Salz, frisch gemahlener Pfeffer, und falls
gewünscht die Füllung von 3 groben Bratwürsten oder
„merguez"

Die Tomaten mit heißem Wasser überbrühen, häuten, entkernen (sonst entsteht zuviel Flüssigkeit) und das Fruchtfleisch in kleine Würfel schneiden.

Die Auberginen in Scheiben schneiden mit Salz bestreuen und ca. 10 Minuten „schwitzen" lassen (das Salz bindet die Bitterstoffe).

In der Zwischenzeit die Zucchini in Scheiben schneiden. Die Paprikaschoten halbieren, die Stiele, Kerne und weißen Häute entfernen und in nicht zu kleine Stücke oder Streifen schneiden. Die Zwiebeln und den Knoblauch schälen und klein schneiden.

Falls die Ratatouille mit Fleisch zubereitet wird, werden zuerst aus der Bratwurstfüllung kleine Klöße geformt und ca. 10 Minuten rundum angebraten; aus dem Fett nehmen und beiseite stellen.

Im gleichen Fett oder in Olivenöl werden nun die Paprikaschoten, die Zwiebeln und die Knoblauchzehen angebraten. In einer separaten Pfanne das Olivenöl erhitzen und darin die gut abgetrockneten Auberginenscheiben von beiden Seiten ca. 5-10 Minuten hellbraun anbraten.

Danach aus der Pfanne nehmen und in den Topf mit der Paprika-Zwiebel-Mischung umfüllen. In dem restlichen Öl werden die Zucchini etwa 5 Minuten von beiden Seiten leicht gebräunt und ebenfalls zu der Gemüsemischung in den Topf gegeben und gut vermischt.

Nun fügt man die Tomatenwürfel, Rosmarin- und Thymianzweige, das Lorbeerblatt, Salz und Pfeffer hinzu und lässt das Ganze nochmals 30 Minuten zugedeckt auf kleiner Flamme garen.

Sollte das Gemüse zu viel Saft gezogen haben, kann man diesen reduzieren, indem die Ratatouille noch einige Minuten bei höherer Temperatur und offenem Deckel weitergekocht wird.

Wie zu den anderen Ratatouille Rezepten reicht man auch hierzu am besten Baguette.

Erfahrungsgemäß bleibt immer etwas Ratatouille übrig – man kann sie am nächsten Tag wärmen oder in Kombination mit anderen Zutaten (Nudeln, gekochten Eiern, Mozarella) kalt oder lauwarm nochmals genießen.

Ebenfalls aus Nizza stammt die Kombination mit Nudeln – als Salat:

Nudelsalat mit Ratatouille – Salade de pâtes à la niçoise

Zutaten 400 g Ratatouille (vom Vortag), 300 g Tagliatelles (schmale Bandnudeln), 80 g kleine schwarze Oliven aus Nizza, 1 Knoblauchzehe, 3 EL Olivenöl, 1 EL Balsamico-Essig, Salz, frisch gemahlener Pfeffer, 10–15 Blätter Basilikum

Die Tagliatelles nach Packungsanleitung in gesalzenem Wasser kochen. In der Zwischenzeit die Knoblauchzehe in eine kleine Schüssel pressen (wenn man sie ungeschält presst, lässt sich die Knoblauchpresse besser reinigen), Balsamico und Olivenöl zugeben und mit Salz und frisch gemahlenem Pfeffer gut mischen.

Die abgetropften Nudeln in eine große Schüssel geben und mit der Vinaigrette aus Olivenöl, Balsamico, Salz und Pfeffer vermischen. Zum Schluss die kalte oder erwärmte Ratatouille und die Oliven unterrühren und mit klein gezupften Basilikum-Blättchen garniert servieren.

Eine weitere Variante ist diese:

Quiche mit Ratatouille und Mozzarella – Tarte à la Ratatouille et au mozzarella

Zutaten *für den Teig:* 200 g Mehl, 100 g Butter, eine Prise Salz, kaltes Wasser, 300 g Ratatouille (vom Vortag), 125 g Mozzarella, 10 EL flüssige Sahne, 3 Eier, 1 EL Olivenöl, Salz, frisch gemahlener Pfeffer, falls gewünscht 2 Scheiben Parmaschinken oder gekochten Schinken

Den Backofen auf 210° C vorheizen. Aus Mehl, Salz und in Flöckchen geschnittener, kalter Butter einen Teig kneten und so lange kaltes Wasser zugeben bis sich daraus eine (feste) Kugel formen lässt. Eine flache Keramik-Tortenform (22 cm) mit 1 El Olivenöl auspinseln und den Teig auf dem Boden mit den Fingerspitzen verteilen.

Den Mozzarella abtropfen lassen und in kleine Stückchen schneiden. In einer großen Schüssel die Eier mit der Sahne verschlagen, salzen und pfeffern. Zu der Eiermischung die Ratatouille und die Mozzarellastücke hinzufügen und gut mischen. Die Zubereitung auf dem Teig verteilen und auf mittlerer Einschubhöhe 35 Minuten im Backofen garen lassen.

Bei ausgeschaltetem Ofen noch 5 Minuten ruhen lassen und dann mit einer Beilage aus grünem Salat servieren.

Eine Variante für Fleischesser:

In die Eier-Gemüsemischung zwei kleingeschnittene Scheiben Parmaschinken oder gekochten Schinken geben und zubereiten wie oben beschrieben.

Eine andere Verwendungsmöglichkeit ist die „eisgekühlte" Ratatouille mit weichgekochten Eiern (Ratatouille glacée aux oeufs mollets)

Eisgekühlte Ratatouille mit weichgekochten Eiern – Ratatouille glacée aux oeufs mollets

Zutaten 400 g Ratatouille (vom Vortag, im Kühlschrank gut gekühlt), 8 Eier, frisch gemahlener Pfeffer, Salz (Fleur de sel)

Die Eier in kochendem und gesalzenem Wasser 5 Minuten kochen lassen, abschrecken, vorsichtig schälen und halbieren.

Die Ratatouille auf 4 Teller verteilen, und mit je vier Eihälften pro Teller anrichten.

Die Eier mit Fleur de sel (siehe Seite 49) und frisch gemahlenem Pfeffer würzen.

Das Gericht mit gegrillten und gebutterten Baguette-Scheiben servieren.

Flageolets – Bohnenkerne

Dieser in Deutschland noch gänzlich unbekannten Gemüseart möchte ich einige Zeilen und Rezepte widmen: „Flageolets" sind die kleinen hellgrünen Kerne von Stangenbohnen – nicht zu verwechseln mit „fèves", den Saubohnen oder dicken Bohnen. Flageolets kann man konserviert in Dosen oder als getrocknete Hülsenfrüchte kaufen, muss dann allerdings längere Zubereitungszeiten einrechnen.

Die getrockneten Kerne werden nach einem einfachen **Grundrezept** gekocht, wobei man **für vier Personen** folgende Zutaten rechnet:

Zutaten 250 g Flageolets, einige Zweige Thymian, 1 Lorbeerblatt, frische Petersilie, 1 Möhre, 1 Zwiebel gespickt mit 2–3 Nelken, 1 Prise Salz

Die Flageolets mit kaltem Wasser bedeckt in einem Topf zum Kochen bringen und 2 Minuten kochen lassen. Abgießen und mit heißem Wasser abspülen, um die Stärke auszuwaschen. Erneut Wasser zum Kochen bringen, die Gewürze und Gemüse hinzufügen und in das kochende Wasser die Bohnenkerne hineingeben. Ca. **45 Minuten bei mittlerer bis kleiner Flamme köcheln** lassen – die Kerne dürfen nicht zu weich werden – und werden erst ganz zum Schluss gesalzen.

Flageolets passen zu fast allen Fleischgerichten oder ergeben in Kombination mit anderen Zutaten ein komplettes Gericht.

Flageolets mit Schinken – Flageolets aux jambon

Zutaten 1 Dose Flageolets oder 250 g getrocknete Flageolets, 1 Stange Lauch, 1 Zwiebel, 100 g roher, luftgetrockneter Schinken (Serrano oder Aoste etc.), 2 Frühlingszwiebeln, 1 EL Weinessig, 1 Eigelb, 1 EL Butter, 1 EL Mehl, 1–2 Knoblauchzehen, Salz, frisch gemahlener Pfeffer

Die Flageolets nach dem Grundrezept kochen oder aus der Konservendose nehmen und zusammen mit der dazugehörigen Flüssigkeit erwärmen. Eine Tasse von der Kochflüssigkeit zurückbehalten für die Sauce.

Schinken, Lauch, Zwiebel und Frühlingszwiebeln kleinschneiden und zusammen mit dem gepressten Knoblauch in der Butter bräunen lassen. Anschließend mit Mehl bestäuben und auf kleiner Flamme kurz anschwitzen. Die zurückbehaltene Kochflüssigkeit angießen und 10 Minuten köcheln lassen. Daraufhin die Bohnen hineingeben und nochmals 10 Minuten mit geschlossenem Deckel ziehen lassen. In einem kleinen Gefäß Eigelb, Essig und etwas von der beiseite gestellten Kochflüssigkeit mischen, die Bohnen vom Herd nehmen und damit übergießen. Gut vermischen, mit Salz und Pfeffer abschmecken und servieren.

Flageolets mit Butter und Speck – Flageolets aux lardons

Zutaten 1 Dose Flageolets (265 g Einwaage) oder 250 g getrocknete Flageolets, 1 Möhre, 1 Zwiebel, 100 g durchwachsener Speck oder Dörrfleisch, 70 g Butter, 1 Zweig Rosmarin, 1 Lorbeerblatt, Salz, frisch gemahlener Pfeffer

Die Möhre und die kleingeschnittene Zwiebel in einem Topf in 20 g Butter andünsten, danach reichlich kaltes Wasser angießen, die getrockneten Bohnenkerne, die Kräuter und den gewürfelten Speck zugeben und **45 Minuten kochen** lassen. Bei Flageolets aus der Dose verfährt man ebenso, dann allerdings reduziert sich die Kochzeit auf 10 Minuten.

Die Kochflüssigkeit abgießen, das Gemüse in eine Schüssel umfüllen und die restliche Butter in Flöckchen darauf verteilen und rühren, bis die Butter geschmolzen ist. Kräftig mit frisch gemahlenem Pfeffer würzen und mit Salz abschmecken.

Flageolets in Sahnesauce – Flageolets à la crème

Zutaten 1 Dose Flageolets (265 g Einwaage) oder 250 g getrocknete Flageolets, $^1/_2$ Bund Petersilie, einige Zweige frischen Kerbel, 0,4 l Crème fraîche, Salz, frisch gemahlener Pfeffer

Die Flageolets nach dem Grundrezept kochen (oder aus der Konservendose nehmen; die Garzeit beträgt dann allerdings nur 10 Minuten), und sie nach Ende der Garzeit noch heiß mit der Kochflüssigkeit in eine **Sauteuse** (flache Pfanne mit hohem Rand) geben. 0,3 l Crème fraîche angießen und bei starker Hitze die Flüssigkeit ungefähr auf die Hälfte einkochen lassen.

In der Zwischenzeit die Kräuter hacken und mit der restlichen Crème fraîche verrühren. Die Flageolets in eine Schüssel umfüllen, mit Salz und Pfeffer abschmecken, die Kräuter-Sahne-Mischung darüber zerfließen lassen und ohne nochmals umzurühren sofort servieren.

Gedünstete Flageolets mit Champignons –
Flageolets à l'étouffés aux champignons

Zutaten 1 Dose Flageolets (265 g Einwaage) oder 250 g getrocknete Flageolets, 250 g Tomaten oder 1 große Dose Tomaten, 25 g Champignons, 80 g Butter, 1 kleine Stange Lauch, 1 Petersilienwurzel, 0,1 l trockenen Weißwein, 1 Prise Zucker, Salz, frisch gemahlener Pfeffer

Die Flageolets nach dem Grundrezept kochen (oder aus der Konservendose nehmen). In der Zwischenzeit die Tomaten brühen, häuten, entkernen und klein schneiden (oder Dosentomaten verwenden). Sellerie und Lauch fein hacken und in etwas Butter andünsten. Die Champignons in Streifen schneiden und zur Petersilienwurzel-Lauch-Mischung geben. Den Weißwein angießen und verkochen lassen. Anschließend die Tomaten hinzufügen, mit Salz, Pfeffer, Zucker abschmekken und **15 Minuten kochen** lassen. Die fertigen Flageolets in die Sauce geben und einige Minuten durchziehen lassen.

Auflauf aus Flageolets und Zucchini –
Flageolets et courgettes en ragout

Zutaten 1 Dose Flageolets (265 g Einwaage) oder 250 g getrocknete Flageolets, 1 kg Zucchini, 500 g Rinderhackfleisch, 1–2 Brötchen, 4 Knoblauchzehen, 2 EL gehackte Petersilie, $1/2$ TL gemahlenen Piment, 1 Ei, 0,1 l Olivenöl, 3 Zwiebeln, 500 g Tomaten (oder 1 kleine Dose Tomaten), Salz, frisch gemahlener Pfeffer

Die Flageolets **25 Minuten nach dem Grundrezept kochen** (oder aus der Konservendose nehmen). Zwischenzeitlich das Hackfleisch, die in Milch eingeweichten und ausgedrückten Brötchen, das Ei, den gepressten Knoblauch und die Petersilie mischen und mit Piment, Salz und Pfeffer würzen. Aus der Fleischmasse Bällchen formen und 15 Minuten im heißen Olivenöl bei kleiner Hitze braten. Währenddessen die Tomaten in heißem Wasser brühen, häuten, entkernen und klein hacken. Den Backofen auf 180° C vorheizen. Die Fleischbällchen aus der Pfanne nehmen, beiseite stellen und im gleichen Öl die feingehackten Zwiebeln und die vorbereiteten Tomaten etwa 5 Minuten garen. Da die Sauce recht flüssig sein soll, kann es nötig sein, noch etwas Wasser anzugießen. Nach Ende der Garzeit die Sauce durch ein Sieb passieren. Die Flageolets auf den Boden einer feuerfesten Form (mit Deckel) legen, die in dicke Scheiben geschnittenen Zucchini darauf verteilen, die Fleischklößchen darüber geben und mit der Tomatensauce übergießen. **Zugedeckt im Backofen 1$1/2$ bis 2 Stunden garen.**

Kichererbsen – Pois chiches

Eine hierzulande ebenfalls weitgehend unbekannte Gemüseart, die im gesamten Mittelmeerraum weit verbreitet ist, sind die Kichererbsen.
Aufgrund ihres hohen Eiweißgehaltes sind sie ein sehr wertvolles und gesundes Gemüse.
Die erbsenähnlichen, hellgelben Kügelchen gibt es meist in getrocknetem Zustand zu kaufen; vor ihrer Zubereitung müssen sie, wie andere getrocknete Hülsenfrüchte auch, erst eingeweicht bzw. kurz aufgekocht werden. Danach verarbeitet man sie beispielsweise zu Salat weiter.

Kichererbsensalat – Pois chiches en salade

Zutaten	300 g getrocknete Kichererbsen, $^{1}/_{2}$ TL Salz, Pfeffer, 1 TL Mehl
Marinade	1 kleingehackte Zwiebel,1 EL Essig, 5 EL Olivenöl, 1 Knoblauchzehe, 2 EL gehackte Petersilie, Salz, frisch gemahlener Pfeffer

Am Vorabend die Kichererbsen in lauwarmem Wasser mit Salz, Pfeffer und etwas Mehl einweichen und 24 Stunden ziehen lassen.
Am nächsten Tag die Flüssigkeit abgießen und die Kichererbsen, gut bedeckt mit frischem Wasser, in einem emaillierten oder gusseisernen Topf zum Kochen bringen (Kochgeschirr aus Metall kann oxydieren). Dem Kochwasser etwas Zucker oder Bicarbonat (Natron) beifügen – das verkürzt die Garzeit.
Nach dem Aufkochen die Hitze etwas reduzieren und 20 Minuten kochen lassen.
Danach das Wasser abgießen, nochmals frisches Wasser auffüllen, etwas Salz und Pfeffer einrühren und erneut zum Kochen bringen.
Nach weiteren 10–15 Minuten Kochzeit testen, ob die Erbsen gar sind; sie können ruhig noch etwas Biss haben. Die Erbsen abgießen (das Kochwasser kann man aufheben und als Grundlage für eine Gemüse- oder Kichererbsensuppe nehmen). Aus Essig, Öl, Knoblauch, Zwiebel, Salz und Pfeffer eine Marinade rühren, mit den Erbsen vermischen. Zum Schluss die Petersilie darüber streuen.
Nach dem Erkalten als herzhafte Vorspeise servieren.

Kichererbsen mariniert – Pois chiches en marinade

Zutaten	300 g getrocknete Kichererbsen, 2 Knoblauchzehen, 1 große und 6 kleine Zwiebeln, 1 Gewürznelke, 2 Zitronen, 1 TL Mehl, 1 Thymianzweig, 1 Glas trockener Weißwein, 5 EL Olivenöl, Salz, 1 TL schwarze Pfefferkörner

Am Vorabend die Kichererbsen in lauwarmem Wasser mit Salz, Pfeffer und etwas Mehl einweichen und 24 Stunden ziehen lassen. Am nächsten Tag die Flüssigkeit abgießen und die Kichererbsen, mit frischem Wasser bedecken, 1 Knoblauchzehe und 1 mit der Gewürznelke gespickten große Zwiebel beifügen und in einem emaillierten oder gusseisernen Topf zum Kochen bringen (Kochgeschirr aus Metall kann oxydieren). Nach dem Aufkochen die Hitze etwas reduzieren und 2 Stunden auf kleiner Hitze köcheln lassen. Die Erbsen abgießen (das Kochwasser aufheben und als Grundlage für eine Gemüse- oder Kichererbsensuppe nehmen).

In einer großen Pfanne das Olivenöl erhitzen, die gut abgetropften Kichererbsen dazugeben und mit einem Holzlöffel kräftig umrühren. Nacheinander Pfefferkörner, Thymianzweig, Knoblauchzehe und kleine Zwiebeln zu den Kichererbsen geben und zwei Minuten dünsten. Danach den Weißwein, 1 Glas Wasser sowie den Saft der ausgepressten Zitronen angießen. Erneut zum Kochen bringen und bei großer Hitze zugedeckt so lange kochen, bis sich die Flüssigkeit um zwei Drittel reduziert hat. Das Gericht auf Zimmertemperatur abkühlen lassen und als Vorspeise servieren.

Kichererbsensuppe mit Salbei – Soupe de pois chiches à la sauge

Zutaten 500 g getrocknete Kichererbsen, Salz, Pfeffer, 1 TL Mehl, 2 $^1/_2$ l Wasser, 2 Zwiebeln, 200 g Karotten, 1 Knoblauchzehe, 1 Thymianzweig, Salz, frisch gemahlener Pfeffer, Olivenöl, 5 große Blätter Kopfsalat, 10 Salbeiblätter

Am Vorabend die Kichererbsen in lauwarmem Wasser mit Salz, Pfeffer und etwas Mehl einweichen und 24 Stunden ziehen lassen. Am nächsten Tag in einem großen Topf mit der angegebenen Wassermenge die abgetropften Kichererbsen, die Zwiebeln, den Knoblauch, die in Scheibchen geschnittenen Karotten, die in Streifen geschnittenen Salatblätter, die Salbeiblätter und den Thymianzweig zum Kochen bringen. 3 Stunden auf mittlerer bis kleiner Flamme sanft köcheln lassen, abschmecken und mit einem Schuss Olivenöl begossen servieren.

Falls das Wasser zu sehr einkocht, kann je nach Belieben nochmals Wasser angegossen werden. Die Suppe kann entweder klar oder püriert gegessen werden. Zum Pürieren nimmt man Salbei, Zwiebeln und die Salatblätter aus der Suppe, püriert die Flüssigkeit mit Hilfe eines Pürierstabes oder im Mixer, gibt die entfernten Zutaten anschließend wieder dazu und gießt das Olivenöl an.

Eine ganz andere Zubereitungsart sind Pfannkuchen aus Kichererbsenmehl – eine typische Spezialität aus Nizza. Dort wird sie Socca genannt und die beste Socca gibt es täglich bei Thérèse auf dem Nizzaer Markt zu kaufen. Ihr Stand hat Tradition und existiert seit Jahrzehnten. In einem alten Benzinfass brennt ein ordentliches Feuer, auf dem die Socca warmgehalten wird. Daneben steht Thérèse, in die Jahre

gekommen aber noch immer eine attraktive Erscheinung, leicht spanisch anmutend, erinnert sie eher an eine Carmen als an die Nizzaer Socca-Verkäuferin. Meist trägt sie kleidsames Schwarz, kombiniert mit Rot – die Haare eng am Kopf, streng nach hinten frisiert, wartet sie auf Kundschaft und ihren Lieferanten, der sich manchmal mehrmals stündlich auf einem knatternden Motorrad zwischen den Marktständen hindurchschlängelt und frische Socca abliefert. Diese transportiert er auf einem großen Deckel auf seinem Anhänger. Schnell werden die Deckel auf der Tonne getauscht, der leere für die nächste Lieferung, der mit der frischen Socca kommt zum Wärmen auf die Tonne.

Bei jedem Einkauf auf dem Markt holen wir uns eine Riesenportion ab, die wir direkt aus der Hand essen. Dazu werden einige Streifen des hauchdünnen Teiges mit einem Messer einmal längs und mehrmals quer geschnitten, auf dem Blech zu einer handlichen Größe zusammengeschoben, kräftig mit frischem Pfeffer gewürzt und in ein Stück Pergament eingepackt. Man isst die glühendheiße Socca entweder an Ort und Stelle unterm Sonnenschirm und lässt die Marktbesucher an sich vorbeiziehen oder direkt aus der Hand und genießt im Weiterschlendern das Marktgetümmel. Wie Thérèse ihre Socca zubereitet, verrät sie nicht, aber wir haben ein Rezept gefunden, nach dem sie ähnlich schmeckt, wie die frische aus Nizza. Natürlich fehlt die Benzintonne zum Warmhalten ...

Kichererbsenpfannkuchen – Socca

Zutaten   250 g Kichererbsenmehl, 1 TL Salz, 150 g Olivenöl, $3/4$ l Wasser, $1/2$ Bund Frühlingszwiebeln, frisch gemahlener Pfeffer, 1 Backform Ø 30 cm

Das Kichererbsenmehl in $3/4$ l Wasser einrühren, das Salz zufügen und drei Stunden ruhen lassen. Anschließend gut durchrühren, um die Schicht, die sich an der Oberfläche gebildet hat, wieder mit der Masse zu verbinden. Die Mischung mit einem Schöpflöffel entweder in eine sehr große Backform (Ø 30), in die das Olivenöl gegossen wurde oder auf der mit Olivenöl bestrichenen Fettfangschale des Backofens verstreichen.

Die Frühlingszwiebeln klein schneiden und darüber verteilen. Im auf **220 °C vorgeheizten Backofen ca. 45 Minuten** backen lassen, bis sich eine Kruste gebildet hat. Die Socca wird auf dem Blech in Streifen geschnitten, je nach Bedarf mit Salz und frisch gemahlenem Pfeffer gewürzt und kann entweder als Beilage zu Gemüse oder pur gegessen werden.

In der Küche Nizzas gibt es viele Gerichte, die noch italienischen Ursprungs sind, wie überhaupt vieles in dieser wunderschönen Stadt daran erinnert, dass Nizza erst seit etwas mehr als hundert Jahren wieder zu Frankreich gehört.

Weder die Architektur Nizzas noch die Menschen oder gar die Sprache – das etwas hart klingende *niçois* – sind mit einer anderen südfranzösischen Stadt zu vergleichen. Nizza ist die Perle der Côte d'Azur! Auch wenn Cannes gelegentlich versucht, ihr den Rang abzulaufen oder größere Bedeutung zu haben – es wird nicht gelingen, weil Nizza so viel mehr Eigentümliches und Typisches hat als Cannes. Nizza ist keine gestylte, sondern eine gewachsene Stadt, auch wenn in den letzten Jahren eine sichtbare Prosperität dafür sorgte, dass der ein oder andere Glaspalast an der Promenade des Anglais entstanden ist. Sie hat ihren Charakter bewahrt.

Wer kennt nicht die farbenfrohen und lebensfreudesprühenden Bilder des Blumenmarkt, der täglich auf dem Cours Saleya, parallel zur Küstenstraße, der „Prom" abgehalten wird? Ein Drittel der Fläche ist nur Blumen gewidmet. Hier gibt es fast alles zu kaufen, was das Herz begehrt und Sehnsucht überkommt mich bei dem Gedanken an die liebevoll gebundenen, fröhlichen bunten Sträuße, die intensiv duftenden Rosen oder die prächtigen Freilandpflanzen. Oleander – hier heißt er „Laurier rose" steht in großen Kübeln an den Marktständen und blüht in weiß, gelb, rosa oder mauve üppig vor  sich hin. Mannshohe Bougainvilleen lassen das Herz jedes Blumenfreundes höher schlagen und präsentieren ihre Blütenfülle in weiß, rosé oder kräftigen Violettönen. Und überall stehen in Töpfen die Mimosenbäumchen, die gerade zwischen ihren schmalen graugrünen gefiederten Blättchen erste Blütenrispen bilden, an denen die gelben Kügelchen schon zu ahnen sind. Da hilft nur ein klarer Kopf, denn diese Pracht geht im deutschen Klima ein wie die sprichwörtlichen Primeln.

Einmal konnte ich doch nicht widerstehen und kaufte mir einen kleinen Feigenbaum, der voller kleiner Feigen hing. Obwohl ich ihn schon lange vor dem Frost zum

Überwintern vom Balkon nahm, hat er alle Blättchen und Feigen verloren und im Frühjahr nicht mehr ausgeschlagen.

Eine gute Erfahrung habe ich mit Olivenbäumchen gemacht. Vor vielen Jahren kaufte ich einen Oliven-Bonsai, den ich sicherheitshalber nicht ins Freie stellte. Zwar hat er nie geblüht aber er ist nicht eingegangen und nun schon fast zehn Jahre alt, mein kleiner Olivier. Nachdem dieses Experiment so gut gelang, habe ich ein etwas größeres Olivenbäumchen gekauft.

Wie gut, dass mir die Verkäuferin geraten hatte, ihn im Sommer einmal pro Woche für zwei bis drei Stunden in einen gefüllten Wassereimer zu stellen, da Oliven sehr viel Wasser brauchen. Der Baum sollte so im Wasser stehen, dass der Stamm drei bis vier Zentimeter unter der Wasseroberfläche ist. Der Stamm sauge sich voll, leite das Wasser in die Blattspitzen weiter, wo sich kleine Tropfen bilden. Diese laufen über die Blattunterseite ab und befeuchten auf diese Weise die Blätter. Im November muss er kräftig zurückgeschnitten werden, sonst würde er im Frühjahr nicht blühen. Allerdings ist es mir noch nicht gelungen, ihn zum Blühen zu bringen.

Begleiten Sie mich noch ein Stück auf meinem Einkauf? Ein kurzer Halt am Obststand, um einige Melonen für die Vorspeise zu kaufen.

Die kleinen hellgrünen Melonen mit den grünen Streifen aus Cavaillon sind die besten. Kopien aus Spanien können den Cavaillon-Melonen nicht das Wasser reichen. Davon enthalten sie übrigens zuviel und zu wenig Aroma, um nicht zu sagen: sie schmecken nach nichts.

Ob das Aroma einer Melone gut ist, prüft man ganz einfach: man riecht daran. Wenn sie einen intensiven Duft verströmt, dann hat sie die richtige Reife. Die Verkäuferin ist übrigens gerne bei der Auswahl behilflich und schnuppert ebenfalls. Wenn sie dann sagt: „quel parfum!", dann ist das die richtige.

Ich freue mich schon jetzt auf das Abendessen! Zur Melone wird es luftgetrockneten Schinken geben und dazu ein Gläschen Beaumes de Venise.

Auf dem Weg zum Stand mit Gewürzen fällt mir dieses hübsche Arrangement eines Korbes mit Artischockenblüten auf.

Die Schürze der Marktfrau hat die selben Farben wie die Dekoration ihres Marktstandes.

Auberginen

Auberginen haftet der Ruf an, ungeliebt zu sein und ihr Dasein beschränkt sich darauf, Zutaten für Ratatouille zu sein. Doch zu unrecht! Dieses Gemüse gleicht einem verborgenen Schatz und daher sollte ihm eine kleine Würdigung zukommen.

Wie Kartoffeln und Tomaten sind auch Auberginen Nachtschattengewächse. Die im französischen Mittelmeerraum am häufigsten angebaute Art ist die längliche, dunkelviolette Aubergine. Daneben gibt es zahlreiche Arten, die sich in Farbe und Form deutlich von der uns bekannten Sorte unterscheiden: weiß, gelb, grün, rosa, gesprenkelt oder fast schwarz – rund wie eine Tomate, gerade oder gebogen oder klein wie Erbsen. Auf provençalischen Märkten findet man Auberginen in diesen wunderschönen Formen und Farben. Neben den länglichen violetten Auberginen werden auch die kleinen, sehr fleischigen – genannt „Américains" ebenso geschätzt, wie die kleinen runden oder ovalen, die sich vorzüglich zum Füllen mit Fleisch oder einer Mischung aus (altem) Weißbrot, Eigelb, etwas Knoblauch und Petersilie eignen.

Nach welchen Gesichtspunkten wählt man sie aus? Auberginen werden immer geerntet, bevor sie ganz reif sind, sonst werden sie so hart und bitter, dass sie ungenießbar sind. Frische Auberginen erkennt man an ihrer glänzenden festen Schale. Ist die Haut zerknittert, matt und geht die Farbe ins Bräunliche über, kann man sicher sein, dass sie schon zu lange lagern.

Roh sollten sie – mit Ausnahme der weißen – nicht gegessen werden, da ihr Fleisch Solanin enthält, einen giftigen Farbstoff, der erst beim Kochen unschädlich wird. Um ihre Bitterstoffe zu binden, empfiehlt es sich, die Auberginenscheiben vor der Zubereitung für 10 Minuten in Salz zu legen, sie „weinen zu lassen". Schon nach kurzer Zeit bilden sich auf den Salzkristallen kleine Tropfen, die sich leicht mit einem Küchentuch abtupfen lassen – damit haben sie ihren bitteren Geschmack verloren.

Für Feinschmecker und Freunde der schnellen Küche bieten sich drei ganz einfache aber sehr schmackhafte Zubereitungsarten an: als Püree, knusprig gebacken oder gekocht.

Auberginenpüree – Caviar d'aubergines

Zutaten   3–4 Auberginen, 4–6 Knoblauchzehen, einige TL Olivenöl,
                 Kümmel, Zitronensaft, Salz, frischer Pfeffer

Die Auberginen müssen vor der Herstellung des Pürees zuerst im Backofen vorgegart werden. Dazu halbiert man sie der Länge nach und streicht die Innenseite mit Olivenöl ein. Mit der Schnittfläche nach unten werden sie auf ein Backblech (mit Backpapier auslegen) gelegt und in den auf 200° C vorgeheizten Backofen geschoben. Nach ca. 30 Minuten sind sie gar und werden vom Backblech genommen. Mit einem Löffel das weiche Fruchtfleisch aus der Schale heben und in ein Schälchen füllen. Die Masse mit Olivenöl, ein wenig zerriebenem Kümmel, gepresstem Knoblauch, einigen Tropfen Zitronensaft, Salz und Pfeffer vermischen und eventuell pürieren.

Anschließend die Auberginenmasse auf kleiner Flamme für etwa 10 Minuten leicht erwärmen und fertig ist ein „Auberginenkaviar", der Ihnen auf der Zunge zergeht und Sie dahinschmelzen lässt.

Dieser Auberginenkaviar kann zur Vorspeise auf Baguette oder zu frischen (rohen oder blanchierten) Gemüsen (als Dipp) gegessen werden.

Auberginenscheiben paniert – Aubergines en croustillants

Zutaten   3–4 Auberginen, etwas Mehl, 1 Ei, Paniermehl (Semmelbrösel), Salz, frischer Pfeffer, Olivenöl und Butter zum Braten

Die Auberginen in 1 cm dicke Scheiben schneiden und mit Salz bestreuen, bis sich kleine Tröpfchen gebildet haben, die mit Küchenkrepp abgetupft werden. Die Auberginenscheiben salzen, pfeffern und zuerst in Mehl und danach im geschlagenen Ei und dem Paniermehl wenden.

In einer Pfanne Olivenöl und Butter erhitzen, die Auberginen darin bei mittlerer Hitze beidseitig ca. 5 Minuten braten, bis sie eine goldbraune Kruste bekommen.

Außen knusprig, innen zerfließend sind die Auberginenscheiben eine wahre Köstlichkeit und können zusätzlich zu gefülltem Gemüse (Tomaten, S. 171 und 172, Zucchini, S. 175) oder zu Gemüsegratin gereicht werden (S. 178).

Gekochte Auberginen, gewürfelt – Aubergines en dés, cuites à l'eau

Zutaten   3–4 Auberginen, 1 Knoblauchzehe, 1 l kaltes Wasser, 50 g
                 Salz, Olivenöl und Butter zum Braten

Die Auberginen schälen, in kleine Würfel schneiden und für ca. 15 Minuten in 1 Liter kaltes Wasser legen, dem 50 g Salz zugefügt wurden.

Herausnehmen, das Wasser zum Kochen bringen und die Auberginenwürfel 2 Minuten im kochenden Wasser blanchieren. Die Flüssigkeit abgießen und die Auberginen 15 Minuten abkühlen lassen.

In der Zwischenzeit in einer großen Pfanne ein Stück Butter zusammen mit Olivenöl erhitzen und die Auberginen in die Pfanne geben. Auf einer Gabel eine Knoblauchzehe aufspießen und damit die Auberginen im heißen Fett verrühren, bis sie eine goldgelbe Farbe angenommen haben.

Auberginen-Tomatengratin – Gratin aux aubergines et tomates

Zutaten

4 große Auberginen, 6 Tomaten, 2 Scheiben altes Weißbrot, 3 Knoblauchzehen, etwas Fenchelgrün, $1/2$ Tasse Milch, 1 Sträußchen Petersilie, 1 kleiner Bund Schnittlauch, Olivenöl, Salz, frisch gemahlener Pfeffer

Die Auberginen waschen, abtrocknen und der Länge nach in zwei Hälften teilen. Die Schnittflächen mit Salz bedecken und 30 Minuten ziehen lassen. Sorgfältig abtrocknen und von beiden Seiten kurz in einer Pfanne mit Olivenöl anbraten. Sobald das Fruchtfleisch Farbe angenommen hat, die Auberginen aus der Pfanne nehmen und auf einem Küchentuch abtropfen lassen (dabei wird das überschüssige Fett aufgesaugt).

Mit einem Löffel vorsichtig das Innere aus der Schale lösen, dabei einen schmalen Rand stehen lassen.

Eine Auflauf- oder Gratinform dünn mit Butter auspinseln, den äußeren Rand mit halbierten, nicht geschälten aber entkernten Tomaten auslegen und in der Mitte die Auberginen anordnen, mit wenig Salz und Pfeffer bestreuen.

In einer Schüssel in Würfel geschnittenes Weißbrot in Milch einweichen und vollsaugen lassen. Für die Füllung das Weißbrot leicht ausdrücken und zusammen mit dem Auberginenfleisch, gepressten Knoblauchzehen, Fenchelgrün, Petersilie und Schnittlauch mit einer Gabel vermischen und mit Salz und Pfeffer würzen.

Die Füllung in die Tomaten- und Auberginenhälften streichen und zum Abschluss dünn mit Olivenöl beträufelt. Im **vorgeheizten Backofen bei 200° C etwa 25–30 Minuten braten lassen** (bis die Tomaten verkocht sind) und heiß in der Gratinform servieren. Das Gratin kann als Hauptgericht mit Baguette oder als Beilage zu Fleisch und Kartoffeln gegessen werden.

Überbackener Auberginen-Tomaten-Auflauf – Le Tian Nimois

Der „tian" ist ein Keramiktopf für den Backofen, den es auf provençalischen Märkten in allen Farben und Mustern zu kaufen gibt. Der echte „tian" hat einen nach innen gewölbten Deckel, in den man während der Zubereitung im Backofen ein wenig kaltes Wasser hineinschüttet. Dadurch schlägt sich auf der Innenseite des Deckels verstärkt Kondenswasser nieder, das sehr stark mit den Geschmacksstoffen des jeweiligen Gerichtes angereichert ist und dem Gericht zusätzliche Würze gibt. Der „tian" ist für alle Gerichte geeignet, die im Backofen gegart werden.

Angeblich soll es der Dichter Mistral gewesen sein, der diesem Topf den Namen „tian" gegeben hat. – Anstelle eines „tian" kann natürlich für dieses Rezept auch ein anderer feuerfester Topf mit Deckel (z.B. ein „Römertopf") verwendet werden.

Zutaten 6 Auberginen, 6 Tomaten, 4 weiße Zwiebeln, einige EL Olivenöl, 2–3 Knoblauchzehen, 1 Lorbeerblatt, je einen kleinen Strauß Petersilie, Basilikum und Thymian, 10 EL geriebener Gruyère, Salz, frisch gemahlener Pfeffer

Auberginen waschen, abtrocknen, der Länge nach in ca. 1 cm dicke Scheiben schneiden und mit Salz bestreut beiseite stellen, um die Bitterstoffe zu binden.

In der Zwischenzeit die Tomaten überbrühen, abziehen und die Kerne entfernen. Die Zwiebeln schälen, in Ringe oder Scheiben schneiden und in einer Pfanne in einem Esslöffel Olivenöl leicht bräunen lassen.

Die Auberginen mit einem Küchenpapier abtupfen, pfeffern, beidseitig in Mehl wenden und ebenfalls in Olivenöl goldbraun braten.

Den tian oder die Auflaufform einölen, auf den Boden das Lorbeerblatt legen und darüber die Auberginenscheiben, Tomatenstücke und Zwiebelwürfel schichten. Den Knoblauch fein hacken, mit den klein geschnittenen Kräutern und dem Gruyère mischen und über das Gemüse streuen. Schicht um Schicht in den Topf legen, bis alle Zutaten verbraucht sind. Mit einer dünnen Schicht Gruyère bestreuen und **ca. 30 Minuten bei 180° C überbacken** lassen.

Tomaten

Tomaten sind ein wichtiger Bestandteil der südfranzösischen Küche. Nicht auszudenken, wenn es dieses göttliche Gemüse nicht gäbe!

Die ersten Tomaten der weltweit etwa tausend Arten hatten die Größe einer Kirsche und kamen aus Peru. Noch heute gibt es dort diese wildwachsende Sorte. Die Ureinwohner bauten sie an und boten sie den spanischen Kolonialherren als „tomalt" an. Aus diesem aztekischen Namen wurde das heutige Wort „Tomate". In Europa wuchs die Tomate zunächst als Zierpflanze. Im 16. Jahrhundert fand sie erstmalig Verwendung in der italienischen Küche; sie bekam den klangvollen Namen „pomodoro", goldener Apfel. Nach der Kartoffel ist die Tomate das weltweit am meisten verzehrte Gemüse.

Obwohl es Tomaten das ganze Jahr über zu kaufen gibt, ist ihre Glanzzeit natürlich der Sommer. Außerhalb der Saison sollte man zum Kochen lieber auf geschälte Tomaten in Konserven ausweichen – ihr Aroma ist in jedem Fall besser als das der von weit her importierten Tomaten, die grün gepflückt werden und kaum die Sonne gesehen haben.

Tomaten sind das Gemüse, das sowohl roh als auch gebraten, gekocht oder gedünstet schmeckt, das als Hauptgericht oder Beilage serviert werden kann und dabei als Suppe, Sauce, Gratin oder in gefüllter Version gut zur Geltung kommt. Roh schmecken die kleinen runden Tomaten – vor allem die Strauchtomaten (tomates en grappes) – am besten.

Zum Kochen und Braten sind die ovalen länglichen ideal, da ihr Wassergehalt geringer ist und sie auch gekocht einen intensiven Geschmack behalten – im Gegensatz zu ihren runden Verwandten.

In Frankreich ist das Experiment gelungen, alte, längst vergessene Tomatensorten zu züchten. Manche Sorten sehen nicht besonders appetitlich aus, zum Beispiel die von dunkelvioletter Farbe.

Die faustgroßen roten Tomaten heißen „cœur de bœuf", Rinderherz, winzig kleine Tomaten, von ca. 2 cm Länge und länglicher Form haben den Namen „cœur de pigeon", Taubenherz.

Gebratene Tomaten auf provençalische Art – Tomates rôties à la provençale

Zutaten   *für 8 Personen:* 12 ovale Tomaten, 4 EL bestes Olivenöl, 3 Knoblauchzehen, eine Mischung feiner Kräuter wie Petersilie, Estragon, Basilikum und Rosmarin, 4 EL Rotwein- oder Piment-Essig, grobes Meersalz oder fleur de sel, frisch gemahlener Pfeffer, 1 große, flache Kasserolle (25 x 41 cm) um alle Tomaten in einer Lage auszubreiten

Die Tomaten der Länge nach in zwei Hälften teilen und entkernen. In einer großen Pfanne (**Sauteuse**) das Olivenöl vorsichtig erhitzen. Den **Backofen auf 200° C vorheizen.**

Wenn das Olivenöl gut erwärmt ist, die Tomaten mit der Schnittfläche nach unten nebeneinander in die Pfanne legen und zugedeckt etwa 3–4 Minuten auf kleiner Flamme garen lassen, dabei nicht wenden. Die Tomaten aus der Pfanne nehmen und mit der Haut nach unten, in einer Lage auf dem Boden der Kasserolle schuppenartig ausbreiten (da sie sich beim Überbacken noch zusammenziehen). Der Bratensaft aus der Pfanne wird nun zusammen mit dem Essig über die Tomaten geträufelt, anschließend sparsam salzen (wer mag, kann auch einen halben Teelöffel Zucker über die Tomaten streuen). Die gewürfelten Knoblauchzehen und die fein gehackten Kräuter dazugeben und hauchdünn mit Semmelbrösel abstreuen.

Die offene Form **auf mittlerer Einschubleiste in den Backofen schieben und mindestens 30 Minuten brutzeln lassen.** Wenn die Tomaten sich an den Rändern dunkel färben, können sie aus dem Ofen genommen und serviert werden. Statt der Semmelbrösel können die Tomaten vor dem Überbacken auch dünn mit frisch geriebenem Parmesan bestreut werden.

Überbackene Tomaten mit Auberginenpüree – Tomates grillées aux purée d'aubergines

Zutaten 3 kleine Auberginen, 8 Tomaten, 250 g Pfifferlinge, je 100 g schwarze und grüne (entkernte) Oliven, 3 Knoblauchzehen, 1 Sträußchen Petersilie, 5 EL Olivenöl, Salz, frisch gemahlener Pfeffer, 2–3 EL Semmelbrösel

Die ungeschälten Auberginen der Länge nach halbieren und für ca. 30 Minuten mit kaltem, gesalzenem Wasser bedeckt einweichen. In der Zwischenzeit die Pfifferlinge putzen und in kleine Würfelchen schneiden. Die Auberginen aus dem Salzwasser nehmen, abtropfen lassen und in einer Pfanne in 2 EL heißem Olivenöl anbraten. Nach ca. 1–2 Minuten zwei Esslöffel heißes Wasser, ganz wenig Salz und frisch gemahlenen Pfeffer hinzufügen. Die Pfanne zudecken und bei mittlerer Hitze die Auberginen zu Püree verkochen lassen.

Anschließend Oliven, Knoblauchzehen und die gehackte Petersilie zu dem Mus geben. In der Zwischenzeit in einer zweiten Pfanne die Pfifferlinge in einem EL Olivenöl anbraten und wenn sie gar sind, unter das Auberginenmus rühren und auf kleiner Flamme warmhalten. Die Tomaten in der Mitte teilen, das restliche Olivenöl in einer Pfanne erhitzen und die Tomaten mit der Schnittfläche nach unten darin kurz andünsten.

Die Tomatenhälften mit der Schnittstelle nach oben in eine mit Butter gefettete Gratinform setzen, mit dem Auberginenmus bestreichen und mit Semmelbrösel bestreuen. **Bei ca. 225° C im vorgeheizten Backofen auf mittlerer Einschubleiste mindestens 15 Minuten überbacken** und sofort servieren.

Tomaten-Zucchini-Auflauf mit Ziegenkäse – Tian de tomates et courgettes

Zutaten 10 Strauchtomaten, 350 g frischen Ziegenkäse (oder abgepackten „Cantadou") oder 1 Rolle kräftigen Ziegenkäse, 450 g Zwiebeln, 8 mittelgroße Zucchini, 6 EL Olivenöl, Salz (fleur de sel), frisch gemahlener Pfeffer, 6 Zweige Thymian, 6 Zweige Rosmarin

Den Backofen **auf 180° C vorheizen.** Die Zwiebeln schälen und in nicht zu feine Ringe schneiden. Die Zucchini waschen und in dünne Scheiben schneiden.

In 2 EL Olivenöl kräftig anbraten, sie dürfen goldgelb bis hellbraun werden. Die Tomaten waschen und in Scheiben schneiden. Den Ziegenkäse ebenfalls in ca. 1 cm dicke Scheiben schneiden.

In eine gefettete Auflaufform zunächst eine Lage Zucchini anordnen, salzen, pfeffern und je einen Zweig Thymian und Rosmarin darauf legen. Darüber kommt eine Lage Tomaten, die in der gleichen Art gewürzt und mit einer Lage Ziegenkäse bedeckt werden. Die Auflaufform Schicht um Schicht füllen; den Abschluss sollten Ziegenkäse und Kräuterzweige bilden.

Die Auflaufform **für 45 Minuten auf mittlerer Einschubhöhe in den vorgeheizten Backofen stellen und nach der Hälfte der Garzeit die Temperatur auf 150° C reduzieren.**

In einem weiteren EL Olivenöl die Zwiebeln ca. 20 Minuten in der Pfanne schmoren lassen, heraus nehmen und abgedeckt beiseite stellen.

Nach Ende der Garzeit die Auflaufform aus dem Backofen nehmen, den Inhalt auf vier Teller verteilen und jeweils mit einem schmalen Ring gebratener Zwiebeln umgeben. Sofort servieren.

Vorbereitungszeit ca. 25 Minuten – Garzeit: 45 Minuten

Tomaten-Fenchel-Auflauf – Tian de tomates et fenouil

Zutaten   8 dicke Strauchtomaten, 6 Kartoffeln, 4 Echalotten, 2 Fenchelknollen, 8 EL Crème fraîche, Salz (fleur de sel), 4 EL Milch, frisch gemahlener Pfeffer, 1 Ei, 1 kleines Stück Butter, 2 EL Olivenöl

Den Backofen **auf 180° C vorheizen.** Die Kartoffeln waschen und in der Schale 15–20 Minuten kochen. Die Echalotten schälen und in kleine Würfel schneiden. Die Fenchel waschen, die äußere Umhüllung entfernen, die Knollen halbieren, das Grüne herausnehmen und beiseite legen. Die halbierten Fenchel in ca. 0,5 cm dicke Scheiben schneiden und zusammen mit den Echalotten ca. 10 Minuten dünsten. Die Tomaten an der Unterseite über Kreuz einritzen, in kochendes Wasser legen, abschrecken, häuten und in ca. 1 cm dicke Scheiben schneiden. Die gekochten Kartoffeln pellen, in Scheiben schneiden und auf dem Boden einer mit Butter gefetteten Auflaufform auslegen. Die Kartoffeln pfeffern und salzen, mit den Tomatenscheiben belegen, nochmals pfeffern und salzen. Den Abschluss bilden die gedünsteten Fenchelstückchen, die mit dem Fenchelgrün vermischt werden. Das Olivenöl über die Gemüse träufeln. Crème fraîche mit Milch, Ei, Salz und Pfeffer verrühren und über dem Auflauf verstreichen. **Im vorgeheizten Backofen 20–30 Minuten fertig garen** lassen.

Gefüllte und überbackene Tomaten – Tomates farcies

Zutaten pro Person 3 große feste Tomaten, 2 Zwiebeln, 1–2 Eier, 4 Scheiben Baguette, 3 Knoblauchzehen, 1 Sträußchen Petersilie, 5 EL Olivenöl, Salz, Pfeffer, 2–3 EL Semmelbrösel, 1 EL frisch geriebener Parmesan

Die Tomaten waschen, die Deckel im oberen Fünftel rundum abschneiden, die Kerne mit einem TL herauskratzen und die Tomaten abtropfen lassen. Die ausgehöhlten Tomaten innen salzen und pfeffern. Die Zwiebeln fein hacken und in einer Pfanne in 2 EL heißem Olivenöl goldgelb anbraten. Zugedeckt ca. 5 Minuten dünsten lassen, bis sie weich sind.

In einer Schüssel das in kleine Stücke geschnittene Baguette mit den angebratenen Zwiebeln und den gepressten Knoblauchzehen mischen. Petersilie fein hacken und dazugeben. Die Eier aufschlagen, mit einer Gabel durchrühren, salzen, pfeffern und nach und nach der Brotmischung beigeben; sie sollte nicht zu flüssig werden.

Den Backofen **auf 200° C vorheizen.**

Parmesan reiben und mit den Semmelbröseln vermischen.

In der Zwischenzeit die Füllung mit einem Esslöffel bis zum oberen Rand in die Tomaten streichen. Die Tomaten in eine Auflaufform setzen, mit Olivenöl beträufeln und jede Tomate mit einer dünnen Schicht Parmesan-Semmelbrösel bestreuen.

Im vorgeheizten Backofen **ca. 20 Minuten überbacken lassen.** Das Gericht eignet sich als Beilage – dann rechnet man pro Person eine Tomate – oder als Hauptgericht mit einem Salat und frischem Baguette.

Überbackene Tomaten mit Ziegenkäse – Flan de tomates au chèvre

Zutaten 8 große, feste Tomaten, 250 g frischer Ziegenkäse 45 cl Milch, 3 Eier, Salz, frisch gemahlener Pfeffer, 2–3 EL Oregano oder Thymian (frisch oder getrocknet)

Die Tomaten waschen, in Scheiben schneiden und in eine mit Olivenöl oder Butter gefettete Auflaufform schichten. Den Ziegenkäse in Scheiben schneiden und auf den Tomatenscheiben verteilen. Die Eier mit der Milch in einer Schüssel verquirlen, mit Salz und Pfeffer würzen und in die Auflaufform geben. Die Blättchen des frischen Oregano (oder Thymian) abzupfen oder den getrockneten Oregano zwischen den Fingern zerreiben und darüber streuen. Im Backofen **bei 180° C etwa 30–40 Minuten garen.** Der Auflauf kann heiß, lauwarm oder kalt als Beilage oder Hauptgericht gegessen werden.

Zucchini

Zucchini – auf französisch courgettes – sind auf den südlichen Wochenmärkten in unterschiedlichen Formen erhältlich. Neben der auch bei uns bekannten länglich schmalen, kräftig grünen Zucchini gibt es kleine runde courgettes von ganz hellem Grün mit weißen Streifen.

Dann gibt es noch die wunderschönen ca. 20 cm langen leuchtend gelben Zucchiniblüten, die entweder frittiert, paniert oder in einem dünnen Teig ausgebacken zum Essen angeboten werden. Zucchini können als Rohkost zusammen mit geraspelten Möhren und einem leichten Dressing oder zu einem Anchovisdip gegessen werden.

Sie eignen sich zum Überbacken oder auch als Gemüsebeilage. In der Kombination mit Tomaten lassen sich wunderbare Gerichte kreieren.

Besonders delikat schmecken Zucchini, wenn man sie in ganz hauchdünne, längliche Scheiben hobelt, in einer Pfanne in heißem Olivenöl brät bis sie karamellfarben und kross sind und sie zum Abschluss mit fein geriebenen Kräutern der Provence bestreut.

Gefüllte und überbackene Zucchini – Courgettes farcies

Zutaten 6–8 kleine Zucchini, 2 Zwiebeln, 1–2 Eier, 1 Scheibe Baguette, 3 Knoblauchzehen, 1 Sträußchen Petersilie, 5 EL Olivenöl, Salz, frisch gemahlener Pfeffer, 2–3 EL Semmelbrösel, 1 EL frisch geriebener Parmesan

Die Zucchini waschen, der Länge nach aufschneiden und mit einem Teelöffel so weit aushöhlen, dass noch ein dünner Rand stehen bleibt.

Das Fruchtfleisch klein schneiden und beiseite stellen. Die Zwiebeln fein hacken und in einer Pfanne zusammen mit dem Zucchinifleisch in 2 EL heißem Olivenöl goldgelb anbraten. Mit Salz und frisch gemahlenem Pfeffer würzen und zugedeckt ca. 5 Minuten dünsten lassen, bis die Zwiebeln weich sind.

In einer Schüssel das in kleine Stücke geschnittene Baguette mit den angebratenen Zwiebeln, dem Fruchtfleisch und den gepressten Knoblauchzehen mischen. Petersilie fein hacken und dazugeben. Die Eier aufschlagen, mit einer Gabel durchrühren, salzen, pfeffern und nach und nach der Brotmischung beigeben; sie sollte nicht zu flüssig werden.

Den Backofen **auf 200° C vorheizen**. Parmesan reiben und mit den Semmelbröseln vermischen.

In der Zwischenzeit mit einem Esslöffel die Füllung in die Zucchini streichen. Die Zucchini in eine Auflaufform setzen, mit Olivenöl beträufeln und jede Zucchini mit einer dünnen Schicht Parmesan-Semmelbrösel-Mischung bestreuen.

Im vorgeheizten Backofen **ca. 20 Minuten überbacken lassen**. Die Zucchini können als Beilage gegessen werden – dann rechnet man pro Person eine Zucchini – oder als Hauptgericht zusammen mit den gefüllten Tomaten (S. 171) und frischem Baguette.

Zucchinipfannkuchen – Crêpes aux courgettes

Zutaten 4–6 Zucchini, Salz, 2–3 Eier, $1/4$ l Milch, 3 gehäufte EL Mehl, Olivenöl, Salz, frisch gemahlener Pfeffer, Butter

Die Zucchini waschen, Stiel- und Blütenansätze entfernen und ungeschält in eine Schüssel grob raspeln. Die Zucchiniraspeln salzen und für 15-30 Minuten beiseite stellen, damit sie Wasser ziehen. Inzwischen aus Eiern, Milch, Mehl und einer Prise Salz einen Teig rühren, der ziemlich dickflüssig sein sollte.

Die Zucchini zuerst in der Schüssel ausdrücken und die ausgetretene Flüssigkeit abgießen, danach nochmals entweder zwischen beiden Händen oder mittels eines Tuches weitere Feuchtigkeit herausdrücken, bis die Zucchini sich fast trocken anfühlen.

Die Zucchini mit Pfeffer würzen und unter den Teig rühren. In einer großen Pfanne Olivenöl und Butter erhitzen und mit einer Schöpfkelle den Teig in die Pfanne geben und sofort gleichmäßig dünn auf dem Boden verteilen. Sobald der Teig auf der Oberfläche fest wird, können die Crêpes gewendet und nochmals kurz auf der Rückseite gebräunt werden.

Omelette mit Zucchini – Omelette aux courgettes

Zutaten 8 Eier, 8 EL Mineralwasser, Salz, Pfeffer, 1 Bund Frühlingszwiebel, 1 Zwiebel, 4 Zucchini (800 g), 1 Knoblauchzehe, 8 EL Olivenöl, 10 g Butter, 40 g gehobelter Parmesankäse, einige Blättchen Salbei

Eier und Mineralwasser verquirlen und mit Salz und Pfeffer würzen. Die Frühlingszwiebeln waschen, putzen in feine Ringe schneiden und zu den Eiern geben. Knoblauchzehe und Zwiebel würfeln; die Zucchini in 1 cm dicke Scheiben schneiden.

In einer Pfanne 6 EL Olivenöl erhitzen und darin zunächst die Zwiebel und den Knoblauch glasig werden lassen und dann die Zucchinischeiben zugeben. Mit Pfeffer und Salz würzen und ca. 5 Minuten braten. In einer zweiten Pfanne 2 EL Olivenöl und die Butter erhitzen und nacheinander 4 Omeletts backen und jeweils auf die Teller geben. Auf den Omeletts die Zucchini-Zwiebelmischung anrichten, mit Salbeiblättchen und gehobeltem Parmesan bestreut servieren.

Zucchini-Auflauf mit Tomaten – Gratin de courgettes

Zutaten 450 g Flaschentomaten, 3 Zucchini, 1 Zwiebel, 1 Ei, 200 g Mozzarella, 700 g gemischtes Hackfleisch, 2 EL Olivenöl, Salz, frisch gemahlener Pfeffer, 2 EL Tomatenmark, 2 Eier, 200 g Crème fraîche, 1 TL Butter, 1 Bund Basilikum zum Garnieren

Die Zwiebel schälen und fein würfeln. Die Tomaten waschen und in 1 cm dicke Scheiben schneiden. Zucchini waschen, Stiel- und Blütenansätze entfernen und grob raspeln. Mozzarella in $^1/_2$ cm dicke Scheiben schneiden.

Zwiebelwürfel im heißen Fett glasig dünsten; Hackfleisch zufügen und kräftig anbraten. Das Tomatenmark einrühren und die Zucchiniraspel dazugeben.

Die Eier mit der Crème fraîche verrühren und mit Salz und Pfeffer würzen. Den Backofen **auf 180° C vorheizen**. Eine Auflauf- oder Gratinform mit Butter fetten und die Hackfleisch-Zucchini-Masse darin gleichmäßig verteilen. Die Mischung aus Eiern und Crème fraîche darüber geben und glatt streichen, mit den Tomatenscheiben abdecken. Als oberste Schicht den Mozzarella legen. Die Form in den Backofen schieben und **ca. 20 Minuten überbacken**, bis der Käse verlaufen ist. Inzwischen das Basilikum waschen und die Blättchen von den Stielen zupfen. Vor dem Servieren die Basilikumblättchen über dem Auflauf verteilen.

Nudeln mit Zucchini und Ricotta – Pâtes aux courgettes et ricotta

Zutaten 2–3 Zucchini (400 g), 5 Möhren (300 g), 4–6 EL Olivenöl, Salz, frisch gemahlener Pfeffer, 2 Knoblauchzehen, 400 g Bandnudeln (Papardelle), je $^1/_2$ Bund frisches Basilikum und Oregano, 125 g Ricotta (Frischkäse), 1 Gemüsebrühwürfel, 2 EL Zitronensaft, 60 g frisch geriebener Parmesankäse

Zucchini und Möhren waschen, putzen und auf einem Gemüsehobel schräg in hauchdünne längliche Scheiben schneiden Kräuter waschen, trockentupfen, Blättchen abzupfen oder in schmale Streifen schneiden.

Nudelwasser mit einem Gemüsebrühwürfel aufstellen und wenn das Wasser kocht, die Nudeln hineingeben. In einer Pfanne das Olivenöl erhitzen und darin die Zucchini portionsweise von jeder Seite etwa 3 Minuten anbraten, bis sie goldbraun sind. Mit Salz und kräftig mit Pfeffer würzen und beiseite stellen.

Kurz vor Ende der Garzeit die Möhren für 2 Minuten zu den Nudeln geben und blanchieren. Die Nudeln und Möhren abgießen, dabei 400 ml Kochwasser auffangen. Den Ricotta zunächst mit einigen Esslöffeln der heißen Flüssigkeit mischen und dann mit dem restlichen Nudelwasser verrühren, mit Zitronensaft, Pfeffer und

Salz abschmecken. Die Nudeln zusammen mit dem Gemüse und der Ricottasauce wieder zurück in den Topf geben und für 10 Minuten ruhen lassen; dabei nehmen die Nudeln Flüssigkeit auf und bleiben dennoch al dente.

Die Nudel-Gemüse-Mischung aus dem Topf in eine große Servierschüssel umfüllen und die abgezupften Kräuter unterheben. Mit frisch geriebenem Parmesan bestreut servieren.

Gemüsegratin – Gratin des légumes

Zutaten 4 dicke Kartoffeln, 4 mittelgroße Zucchini, 4 große Tomaten, 1 dicke weiße Zwiebel, 4 Knoblauchzehen, 6 EL Sahne oder Crème fraîche, 2 Knoblauchzehen, 1 Tasse Blanchierwasser, frisch gemahlener Pfeffer, Salz, 50 g geriebener Käse

Die Kartoffeln schälen, die Zucchini waschen, Stiel- und Blütenansätze entfernen und Kartoffeln und Zucchini in $1/_2$ cm dünne Scheiben schneiden. Zwiebel schälen und in feine Ringe schneiden. Tomaten waschen und in $1/_2$ cm feine Scheiben schneiden.

In der Zwischenzeit in einem Topf Wasser, dem ein TL Salz beigegeben wird, zum Kochen bringen. Nacheinander die Kartoffelscheiben (ca. 3–4 Minuten), die Zucchini und die Zwiebelringe (2 Minuten) blanchieren, herausnehmen und abtropfen lassen.

Den Backofen auf 180° C vorheizen. Eine Auflauf- oder Gratinform mit Butter fetten und zunächst die Kartoffeln einlegen, salzen und pfeffern. Die Zucchini darüber legen und würzen, darauf die Zwiebelringe verteilen. Das Gratin mit den Tomatenscheiben abdecken.

1 Tasse Blanchierwasser mit Sahne oder Crème fraîche verrühren und mit Salz und Pfeffer würzen. Die Mischung über das Gratin geben und glatt streichen. Den Käse darüber verteilen. Die Form in den Backofen schieben und ca. 20 Minuten überbacken, bis der Käse verlaufen ist.

Brokkoligemüse – Brocoli sauté

Zutaten 500 g Brokkoli, 2 Knoblauchzehen, 1 Lorbeerblatt, 1 kleine Tasse Milch, frisch gemahlener Pfeffer, Salz, frisch geriebenen Muskat

Brokkoli waschen und in kleine Röschen schneiden. Die Stiele schälen und in ca. $1/_2$ cm dünne Scheiben schneiden. In einer Kasserolle Olivenöl erhitzen und alles zusammen 2 Minuten im heißen Öl anbraten.

Ungeschälte Knoblauchzehen in einem kleinen Topf mit heißem Wasser blanchieren, bis sie weich sind, danach mit einer Gabel aus der Schale drücken und auf einem Teller zu Mus rühren.

Das Knoblauchmus mit einem halben Glas Wasser mischen und damit den angebratenen Brokkoli ablöschen. Mit $^1/_4$ TL Gemüsebrühe (Würzpulver), Salz, Pfeffer
und Muskat würzen und ein Lorbeerblatt dazugeben. Alles zusammen 10–15
Minuten auf kleiner Flamme köcheln lassen, bis der Brokkoli gar aber noch bissfest ist.

Eine kleine Tasse Milch zugeben (wer möchte noch 1 EL Crème fraîche) und das
Gemüse auf der ausgeschalteten Platte nochmals 10 Minuten durchziehen lassen.

Desserts und Kuchen

Desserts haben einen hohen Stellenwert in der französischen Küche – ein Essen ohne Dessert nach dem Käsegang ist undenkbar. Der Ober sieht Sie im Restaurant verständnislos an, wenn Sie zu erklären versuchen, dass Sie satt sind und erklärt sich im Zweifelsfall Ihre Ablehnung als Ignoranz oder kulturelles Defizit. Interessant ist, dass es im Französischen kein Wort für „satt" gibt, man sagt, dass man keinen Hunger mehr hat. Wenn Sie dies dem Kellner höflich sagen, wird er erwidern, dass ein Dessert auch keines Hungers bedarf – es sei die Krönung des Essens. Damit hat er zweifellos Recht, denn wenn man sieht, was in der Küche alles gezaubert wird, kann man nur kapitulieren und sich verwöhnen lassen. Dabei reicht die Auswahl, die auch die Provençalen zuhause genießen von frischem Obst aus dem eigenen Garten bis hin zu köstlichem Obstkuchen, genannt **tarte**.

Selbst ein überzeugter Obstgegner erliegt der Versuchung, wenn ihm frisch gepflückte, in Rotwein oder Rosé getauchte saftige Aprikosen serviert werden. Die Großmutter eines unserer Vermieter sagt, dass man zwar nach dem Genuss von Steinobst und insbesondere nach Aprikosen nichts trinken dürfe, aber der Rosé schade nichts!

Da uns die Kombination aus Obst und Rotwein überzeugte, empfahl uns Madame noch ein weiteres Dessert: Birnen in Rotwein mit Zimt und Nelken.

Birnen in Rotwein – Poires pochées au vin rouge

Zutaten 8 kleine, feste Birnen, $1/4$ l trockener Rotwein, 200 g Zucker, 1 Zimtstange, 3 Nelken, ein Hauch frisch gemahlenes Muskat

Birnen schälen und nicht durchschneiden. In einer Kasserolle den Wein mit Zucker, Zimt, Nelken und Muskat zum Kochen bringen und die Birnen dazugeben. Auf kleiner Flamme ca. 20 Minuten köcheln lassen, dabei mehrmals umrühren. Die Birnen aus der Kasserolle nehmen, in kleine Schälchen geben und mit dem Rotweinsirup übergießen.

Im Kühlschrank abkühlen lassen und eiskalt servieren.

Gebackene Feigen mit Honig und Lavendel – Figues au miel

Zutaten 8 große weiche, reife Feigen, 80 g Honig, 1 TL frische oder $1/4$ Tl getrocknete Lavendelblüten (fein gehackt), 150 ml Wasser, ca. 100 ml Crème double

Die Feigen rundum mit einer Gabel mehrmals einstechen und aufrecht in eine flache Gratinform stellen. Die Größe der Form sollte so gewählt sein, dass die Feigen gerade darin Platz haben. Den Honig dünn über die Feigen träufeln, die Lavendelblüten darüber streuen. Das Wasser in die Gratinform gießen und die Form für ca. 25–35 Minuten in den auf 150° C vorgeheizten Backofen schieben. Die genaue Garzeit richtet sich nach der Größe und dem Reifegrad der Feigen. Ideal ist, wenn sie richtig glänzend und prall aussehen.

Nachdem die Form aus dem Backofen genommen wurde, sollten die Feigen noch ca. 10 Minuten darin abkühlen. Anschließend die Feigen in kleine Schälchen setzen, mit dem Sirup übergießen und mit einem Teelöffel Crème double verzieren. Sie sollten noch warm gegessen werden.

Feigenkompott – Soupe de figues glacées aux parfum d'agrumes

| Zutaten | 12 Feigen, 2 Äpfel (z.B. Gala), 250 g Zucker, 1 l Rotwein, 2 Orangen, 2 Zitronen (jeweils unbehandelt), 1 Vanilleschote, 1 Zimtstange |
| Dekoration | einige Minzeblättchen |

Am Vortag die Orangen und Zitronen unter fließendem lauwarmem Wasser abbürsten und die Schale dünn abschälen. Die Vanilleschote der Länge nach durchschneiden. Die Äpfel schälen und vierteln. In einem Topf den Rotwein zusammen mit der Vanilleschote, den Schalen von Orangen und Zitronen, der Zimtstange und dem Zucker aufkochen. Die ganzen Feigen und die geviertelten Äpfel in den Sud geben und vom Herd nehmen. An einem kühlen Ort über Nacht im offenen Topf durchziehen lassen.

Am nächsten Tag Feigen und Äpfel aus dem Sirup nehmen, die Flüssigkeit durch ein Sieb gießen und das Obst wieder zurück in die Flüssigkeit legen. Nochmals für 2 Stunden in den Kühlschrank stellen und vor dem Servieren mit ganzen Minzeblättchen dekorieren.

Gedünstete Pfirsiche mit zerlassener Butter – Pêches rôties

| Zutaten | 4 gelbe Pfirsiche, 100 g brauner Zucker, 100 g Butter |

Den Backofen **auf 180° C vorheizen**. Die Pfirsiche schälen und falls notwendig dazu kurz mit heißem Wasser überbrühen. Die Butter auf ganz kleiner Flamme schmelzen lassen. Die geschälten Pfirsiche aufrecht in eine flache Gratinform stellen, mit dem Zucker bestreuen und mit geschmolzener Butter übergießen.

Die Gratinform auf dem Rost auf mittlerer Einschubhöhe in den Backofen stellen. Während der ca. 30minütigen Garzeit die Pfirsiche mehrmals mit dem austretenden Sirup begießen.

Man sollte sie frisch aus dem Ofen kommend essen. Ein Vanilleeis ergänzt den wunderbar feinen Geschmack aber sie sind auch pur eine Delikatesse.
Als Dessertwein empfehle ich einen Muscat de Rivesaltes oder einen Muscat de Beaumes de Venise.

Weitere Möglichkeiten des Desserts sind kleine Kuchen, die entweder lauwarm als Dessert gegessen oder als Kuchen zum Nachmittagskaffee gereicht werden können. Bei den Rezepten, die ich ausgesucht habe, kommt Obst in wundersamer Verkleidung vor, immer auf oder unter einer ganz dünnen Teigschicht verschwenderisch ausgelegt.

Liegt das Obst sichtbar obenauf, bezeichnet man diese Kuchen als *tarte*. Der auf der Fruchtseite gebackene Kuchen heißt *Tarte tatin*. Findet sich auf der Dessertkarte die Bezeichnung Tarte Tatin ohne weiteren Zusatz, ist davon auszugehen, dass sie mit Äpfeln zubereitet ist, ansonsten wird das jeweilige Obst vermerkt.

Entstanden ist die Tarte Tatin übrigens durch einen Zufall: In einem kleinen französischen Dorf lebten im 19. Jahrhundert die Schwestern Francoise und Stefanie Tatin und führten dort ein kleines Hotel mit einem hübschen Café-Restaurant. Sie servierten den besten Apfelkuchen der ganzen Gegend! Stefanie, die jüngere, war in den Sohn des Lehrers verliebt und beobachtete ihn oft heimlich, während er im Café saß.

Eines Tages überraschte er sie mit einem Blumenstrauß in der Küche. Vor Schreck fiel der armen Stefanie der zubereitete Apfelkuchen aus den Händen und – Murphys Gesetz folgend – natürlich auf die Apfelseite.

Um das Missgeschick zu kaschieren, sammelte sie schnell das Obst ein, legte es zuunterst in die Form und bedeckte die Äpfel mit etwas frischem Teig, den sie nochmals kurz in den Backofen schob.

Die karamellisierten Äpfel schmeckten den Gästen besonders gut. Von da an machten die Schwestern Tatin also ihre dünne Tarte mit den karamellisierten Äpfeln kopfüber, und man nannte den Kuchen Tarte Tatin.

Apfelkuchen gestürzt – Tarte tatin

Zutaten	125 g Mehl, 60 g Butter, 25 g Zucker, 1 Eigelb, 1 EL Milch, 1 Prise Salz
Belag	1 kg säuerliche Äpfel (Boskop, Cox Orange), 120 g Butter, 175 g Zucker

Für den Mürbeteig in einer Schüssel Zucker und Salz sowie die in Flöckchen dazugegebene weiche Butter mit dem elektrischen Rührgerät verrühren. Eigelb und Milch zufügen, Mehl hinzufügen und rasch zu einem glatten Teig verarbeiten. Es dürfen ruhig noch einige Butterflöckchen sichtbar sein. Den Teig zu einer Kugel formen, mit Klarsichtfolie umhüllen und im Kühlschrank für mindestens eine Stunde ruhen lassen.

Inzwischen die Äpfel schälen, vierteln und die Kerngehäuse entfernen. Eine Gratin- oder Tarteform von 24 cm Ø auf die heiße Herdplatte stellen und darin die Butter bei mittlerer Hitze flüssig werden lassen. Anschließend den Zucker einrühren und schmelzen. Die Äpfel mit der Wölbung nach unten dicht an dicht in die flüssige Masse einlegen, wobei ein schmaler ca. 0,5–1 cm breiter Rand zur Form gelassen werden muss und 15 Minuten dünsten. Während der Zucker karamelisiert, verdunstet die aus den Äpfeln austretende Flüssigkeit.

Den Backofen auf **220° C vorheizen und die Form für 5 Minuten** in den heißen Ofen stellen.

Den Teig dünn ausrollen. Dazu am besten den Boden einer Springform, die etwa 1 cm im Durchmesser größer ist als die Form, in der die Äpfel garen, mit Backpapier auslegen. Die Form aus dem Ofen nehmen und die Teigplatte über die Äpfel legen; das Backpapier abziehen. Den Teig mit einer Gabel mehrmals einstechen (damit sich keine Blasen bilden) und den überstehenden Rand in die Form drükken. Auf der mittleren Schiene **etwa 25–30 Minuten backen**, anschließend den noch heißen Kuchen auf einen großen Teller stürzen und lauwarm servieren.

Aprikosenkuchen mit Mandeln und Lavendelhonig – Tarte aux abricots, amandes et miel de lavande

Zutaten	100 g Butter (erhitzen und abkühlen lassen), 120 g Zucker, 180 g Mehl, 6 Tropfen Vanillearoma, 6 Tropfen Mandelaroma, 2 EL gemahlene Mandeln
Belag	125 g Crème fraîche, 1 Ei, $^1/_2$ TL Vanillearoma, $^1/_2$ TL Mandelaroma, 2 EL Lavendelhonig, 1 EL Mehl, 2 EL gemahlene Mandeln, ca. 750 g Aprikosen

Aus Butter und Zucker mit einer Gabel eine geschmeidige Masse schlagen, Vanille- und Mandelaroma sowie die gemahlenen Mandeln hinzufügen und zum Schluss das Mehl unterkneten. Der Teig soll krümelig sein. Den Teig mit den Fingerspitzen in eine gefettete Tortenform (26 cm) drücken und bis zum Rand verteilen. Im vorgeheizten Backofen bei 190° C etwa 12–15 Minuten backen, bis die Oberfläche eine goldgelbe Färbung annimmt.

In der Zwischenzeit die Aprikosen waschen (nicht häuten), entkernen und halbieren.

Das Ei mit einer Gabel kurz aufschlagen, die Crème fraîche und den Lavendelhonig einrühren und mischen, bis sich der Honig gelöst hat. Vanille- und Mandelaroma sowie 1 EL Mehl hinzufügen und nochmals kurz verrühren.

Auf den vorgebackenen Boden 2 EL gemahlene Mandeln streuen (das verhindert das Durchweichen des Bodens) und darauf die Crème-fraîche-Mischung verteilen. Die Aprikosen mit der Hautseite nach unten kreisförmig auf dem Belag verteilen und den Kuchen **bei 190°C zwischen 40 und 50 Minuten** fertig backen.

Birnenkuchen – Tarte aux poires caramélisées

Zutaten	*Teig (pâte brisée):* 150 g Mehl, 1 EL Zucker, eine Prise Salz, 75 g Butter, ca. 6 EL Wasser, 1 Springform (Ø 22 cm)
Belag	1 kg Birnen (alternativ Äpfel oder Aprikosen), Saft von 1 Zitrone, 70 g Butter, 70 g Zucker, 1 Päckchen Vanillezucker, 1 Prise Zimt

Die Birnen schälen, halbieren und das Kerngehäuse entfernen. Die Birnenhälften in schmale Längsstreifen schneiden und mit Zitronensaft beträufeln. Den Backofen **auf 210° C vorheizen.**

Auf den Boden einer antihaftbeschichteten Springform die Butter in dünnen Flöckchen verteilen und mit einer Mischung aus Zucker, Vanillezucker und Zimt bestäuben. Darauf die Birnenstreifen kreisförmig anordnen, wobei ein schmaler ca. 0,5–1 cm breiter Rand zur Form gelassen werden muss.

Aus Mehl, Butter, Wasser und einer Prise Salz einen Teig kneten. Ein Backpapier zuschneiden, dessen Durchmesser 2 cm größer ist als der Boden der Backform. Den Teig auf dem Backpapier ausrollen, dieses mit dem Teig nach unten über die Birnen legen und vorsichtig abziehen. Den Teig mit einer Gabel gleichmäßig zwischen den Birnenstücken einstechen, damit sich keine Luftblasen bilden und zum Schluss zwischen dem Springformrand und den Birnen rundum festdrücken.

Den Kuchen **bei 210° C ca. 30 Minuten backen und weitere 15 Minuten bei ausgeschaltetem Thermostat im warmen Ofen** bei geöffneter Tür ruhen lassen bevor er auf eine Platte gestürzt wird.

Mirabellenkuchen mit Guss – Tarte aux mirabelles à la crème

Zutaten	*Teig (pâte brisée):* 250 g Mehl, 2 EL Zucker, eine Prise Salz, 150 g Butter, ca. 100 ml Wasser, 1 Springform (Ø 26 cm) oder Tarteform (Ø 26 cm) *
Belag	800 g Mirabellen (oder Aprikosen), 2 EL Kirschwasser
Guss	50 g Mehl, 100 g Crème fraîche (oder je zur Hälfte Milch und Crème fraîche, 100 g Zucker, 2 Eigelb

Aus Mehl, kalter Butter, Wasser, Zucker und einer Prise Salz den Teig kneten und auf dem gefetteten Boden einer Backform mit den Fingerspitzen verteilen.

Die Mirabellen (oder Aprikosen) waschen, entkernen, halbieren und auf den ungebackenen Tortenboden legen. Den Backofen auf 180° C vorheizen.

Das Ei mit Zucker und Mehl vermischen, Crème fraîche oder Milch (oder beides je zur Hälfte) und Kirschwasser hinzufügen und über die Mirabellen streichen. Den Kuchen auf mittlerer Einschubhöhe **im vorgeheizten Ofen 35–45 Minuten backen** und lauwarm oder kalt servieren.

* Für eine Gratin- oder Tarte-Form von Ø 22 cm benötigt man für den Teig: 150 g Mehl, 1 EL Zucker, 75 g Butter, 6–8 EL Wasser. – Für den Belag: 400 g Mirabellen (oder 1 Glas eingemachte Mirabellen, Einwaage 385 g), und für den Guss: 1 Eigelb, 50 g Zucker, 25 g Mehl, 50 g Crème fraîche und 1 EL Kirschwasser.

Vier Viertel mit Ananas – Quatre-quarts aux ananas

Zutaten	*Karamell*: 3 EL Zucker, 3 EL Wasser, 2 EL Zitronensaft
Teig	100 g Butter, 100 g Zucker, abgeriebene Schale von $^1/_2$ Orange (oder $^1/_2$ Päckchen Orangeback), 2 Eier, 100 g Mehl, 1 TL Backpulver
Belag	1 frische Ananas (oder 3 Äpfel oder Birnen)

Aus Zucker, Wasser und Zitronensaft in einem kleinen Topf bei geringer Hitze Karamell rühren, bis es hellbraun und schaumig wird. Die Masse auf den Boden einer antihaftbeschichteten Backform Ø 26 cm (oder einer Gratin- bzw. Tarteform, deren Boden mit Alufolie ausgelegt wurde) gießen und sofort mit einem Backpinsel verteilen, sonst wird es hart. Den Backofen auf 180° C vorheizen.

Die Ananas mit einem Ananasschäler aushöhlen und durch einen Senkrechtschnitt aus der entstandenen Spirale einzelne Scheiben schneiden. Bei der Zubereitung mit Äpfeln oder Birnen diese schälen, vierteln, die Kerngehäuse entfernen und in feine Spalten schneiden. Die Ananasscheiben bzw. Apfel- oder Birnenspalten kreisförmig auf der Karamellmasse ausbreiten. Mit dem Rührgerät oder einer Gabel in einer Schüssel die weiche Butter, den Zucker und die abgeriebene Orangenschale bzw. das Orangeback mischen. Zum Schluss die Eier aufschlagen und einzeln unterrühren. Danach das mit Backpulver gemischte Mehl untermischen. Den Teig über das in der Backform ausgelegte Obst geben und **ca. 40 Minuten bei 180° C backen**. Den Kuchen bei ausgeschaltetem Ofen und offener Ofentür noch 20–30 Minuten abkühlen lassen, bis er nur noch lauwarm ist. Auf einen Teller stürzen, die Folie abziehen, in vier gleiche Teile schneiden und lauwarm servieren. Die Krönung ist ein Klecks Schlagsahne, die mit Vanillezucker cremig aufgeschlagen wurde.

Zitronenkuchen – Tarte au citron

Zutaten *Teig:* 120 g Butter (erhitzen und abkühlen lassen), 30 g Zucker, 180 g Mehl, je 6 Tropfen Vanille- und Mandelaroma, feingeriebene Schale einer ungespritzten Zitrone (blanchiert und abgekühlt), 1 Prise Salz

Belag 2 ganze Eier (Zimmertemperatur), 3 Eigelb, 200 g Zucker, 120 g Butter, Schale von 2 ungespritzten Zitronen (blanchiert und abgekühlt), 125 ml Zitronensaft

Backofen auf 175° C vorheizen. Tortenform (Ø 23 cm) dünn mit Butter einfetten. Sobald die geschmolzene Butter erkaltet ist, wird sie in einer Schüssel mit Vanille- und Mandelaroma, den blanchierten und abgekühlten Streifchen der Zitronenschale, Salz und Zucker mit einem Holzlöffel verrührt. Das Mehl vorsichtig unterarbeiten und solange kneten, bis der Teig eine glatte und luftige Konsistenz – ähnlich wie ein Biskuitteig – annimmt.

Aus dem Teig eine Kugel formen, in die Mitte der Tortenform legen und mit den Fingerspitzen bis zum Rand verteilen. Die Oberfläche des Teiges mehrmals mit einer Gabel einstechen und im vorgeheizten Backofen auf mittlerer Einschubhöhe **bei 175° C für 12–15 Minuten backen** lassen, bis die Oberfläche eine goldgelbe Färbung angenommen hat.

Anschließend aus dem Ofen nehmen und 10 Minuten ruhen lassen, bevor der Belag aufgestrichen wird.

In der Zwischenzeit in einer Bain-Marie (oder einem anderen Gefäß, das in einen Topf mit sehr heißem Wasser gestellt wird), die beiden Eier, die 3 Eigelb und den Zucker mit dem Schneebesen aufschlagen, bis daraus eine dickflüssige, ganz helle, schaumige Masse entsteht (ca. 8–10 Minuten). Anschließend die Butter in 8 Stücke schneiden und Stück für Stück unterrühren. Dabei ist darauf zu achten, dass sich jedes Stück vollständig aufgelöst hat, bevor das nächste dazugegeben wird. Zum Schluss wird unter ständigem Rühren zuerst die Zitronenschale und dann der Saft untergehoben. Die Hitze wird nun erhöht (dabei muss weiter gerührt werden), bis in der Zitronenmasse kleine Bläschen aufsteigen (es dauert ca. 4 Minuten) – die Masse darf aber nicht kochen.

Zum Schluss die Creme auf dem Boden glattstreichen, gleichmäßig verteilen und ca. 30 Minuten fest werden lassen. Die Tarte au citron kalt servieren.

Kirschkuchen mit Mandeln – Tarte aux cerises et amandes

Zutaten Teig: 120 g Butter (erhitzen und abkühlen lassen), 100 g Zucker, eine Prise Salz, 180 g Mehl, 6 Tropfen Vanillearoma, 6 Tropfen Mandelaroma, 2 EL gemahlene Mandeln

Belag	500 g frische, entkernte Kirschen, 5 EL Crème fraîche, 1 Ei, $^1/_2$ TL Vanillearoma, $^1/_2$ TL Mandelaroma, 4 EL gemahlene Mandeln, 1 EL Mehl, 50 g Zucker, 1 EL Kirschwasser, Puderzucker zum Bestäuben

Flüssige Butter und Zucker mit einer Gabel oder einem Schneebesen gut mischen, Vanille- und Mandelaroma sowie die Mandeln hinzufügen und zum Schluss mit den Händen das Mehl unterkneten, bis der Teig krümelig ist. Den Teig mit den Fingerspitzen in eine gefettete Tortenform (27 cm) drücken und an den Rändern leicht nach oben ziehen.

Im vorgeheizten Backofen auf der mittleren Einschubleiste bei **175° C etwa 10 Minuten backen lassen**, bis die Oberfläche goldgelb ist.

In der Zwischenzeit die Kirschen waschen und entkernen. In einer Schüssel das Ei mit einer Gabel kurz aufschlagen und die Crème fraîche unterrühren. Vanille- und Mandelaroma, Zucker, Mehl, gemahlene Mandeln und Kirschwasser hinzufügen und nochmals kurz verrühren.

Auf den vorgebackenen Boden 2 EL gemahlene Mandeln streuen (das verhindert das Durchweichen des Bodens), darauf die Kirschen in einer Lage ausbreiten und darüber die Crème-fraîche-Mischung verteilen.

Mit den restlichen gemahlenen Mandeln bestreuen. Den **Kuchen bei 175° C auf der mittleren Einschubleiste etwa 45 Minuten backen**, bis die Füllung fest geworden ist und eine goldgelbe Färbung angenommen hat. Nach dem Erkalten und unmittelbar vor dem Servieren den Kuchen mit Puderzucker bestäuben.

Feigenkuchen mit Mandeln – Tarte aux figues à la crème d'amandes

Zutaten	Teig (pâte brisée): 150 g Mehl, eine Prise Salz, 75 g Butter, ca. 3 EL Wasser, Springform (22 cm)
Belag	120 g Butter, 150 g Zucker, 2 Eier, 120 g gemahlene Mandeln, 1 EL Mehl, 750 g frische Feigen, 10 g Butter für die Form, frische Früchte zur Verzierung

Aus Mehl, Butter, Wasser und einer Prise Salz einen Teig kneten. Die Springform mit Butter einreiben und mit Mehl bestäuben. Den Teig in der Kuchenform ausbreiten und 30 Minuten im Kühlschrank ruhen lassen.

Während dieser Zeit in einer Bain-Marie oder einer Schüssel, die in einen Topf mit sehr heißem Wasser gestellt wird, die in Stücke geschnittene Butter mit einer Gabel oder dem Rührstab aufschlagen, bis eine homogene Masse entsteht. Den Zucker unter ständigem Rühren dazugeben, die Eier nacheinander unterheben und zum Schluss die gemahlenen Mandeln dazugeben und rühren, bis die Masse eine ziemlich feste Konsistenz erhält. Die Mandelcreme über den Teig streichen. Die Feigen halbieren oder vierteln und rosettenartig in die Mandelcreme legen. Im vorgeheizten Backofen auf mittlerer Einschubleiste **bei 175°C 40 Minuten backen.** Zum Verzieren eignen sich Physalis (Kapstachelbeeren), Nefles (Mistelfrüchte) oder frische Feigen.

Feigen in Blätterteig – Feuilletages minute aux figues fraîches

Zutaten 160 g fertiger Blätterteig, 50 g Butter, 8 reife Feigen, 60 g brauner Zucker, 2 EL Johannisbeergelee, 3 EL gehackte Pistazien

Feigen waschen, abtrocknen und – am stumpfen Ende beginnend – in ganz dünne Scheiben schneiden. Den Stielansatz mit ca. 1 cm Fruchtfleisch für die Dekoration zur Seite legen.

Aus dem Blätterteig vier gleichgroße runde Teigstücke ausstechen, die in 4 gut gebutterte runde Backförmchen gelegt werden. Den Teig mit Johannisbeergelee bestreichen und die Hälfte der Pistazien darüber streuen. Jeweils in der Mitte einen Feigenstil platzieren und rundum die Feigenscheiben rosettenartig verteilen. Die Feigen mit Zucker bestreuen und mit einem Stückchen Butter versehen und im auf **180°C vorgeheizten Backofen 15 Minuten backen.** Herausnehmen, mit den restlichen Pistazien bestreuen und 3–5 Minuten auf Grillstufe backen bis der Zucker karamellisiert. Heiß servieren.

In der Provence gibt es ein traditionelles Weihnachtsessen, das „gros souper", das am späten Abend vor der Mitternachtsmesse feierlich eingenommen wird. Das Hauptgewicht liegt dabei auf den dreizehn verschiedenen Nachspeisen, wie Feigen, Nüsse, Datteln, heller oder dunkler Nougat, kandierte Früchte, getrocknete Pflaumen, Rosinen zu denen eine „Pompe à l'huile" unerlässlich ist.

Weihnachtlicher Hefekuchen – Pompe à l'huile

Zutaten 3 EL Mehl, 35 g Hefe, 5 EL lauwarme Milch, 500 g Mehl, 1 EL Honig, 7 EL Olivenöl, 1 Prise Salz, 2 unbehandelte Orangen, 2 EL Aniskörner, $^1/_2$ Tasse gesüßter schwarzer Kaffee (um dem Kuchen beim Backen eine schöne hellbraune Farbe zu geben)

Für den Vorteig die Hefe in lauwarme Milch einrühren und mit Mehl bestäuben. An einem warmen Platz 15 Minuten gehen lassen. In der Zwischenzeit die Schale der unbehandelten und gründlich gewaschenen Orangen abreiben. Am besten funktioniert das Abreiben, wenn Sie ein Stück Pergamentpapier über die rauhe Seite der Reibe legen und darauf die Schale abreiben. Dabei bleiben keine Schalenreste in den Zwischenräumen hängen und die Reibe lässt sich anschließend ganz leicht wieder reinigen. Die beiden Orangen auspressen, der Saft wird für den Teig benötigt.

Im nächsten Arbeitsschritt das Mehl auf die Arbeitsfläche sieben, eine Vertiefung in die Mitte drücken und dort hinein Honig, Olivenöl, Orangenschalen, Orangensaft und Aniskörner geben und alles miteinander vermischen. Zum Schluss den Vorteig dazugeben und gut durchkneten bis sich daraus eine kompakte Kugel formen lässt, deren Oberfläche auf Druck leicht nachgibt.

Die Kugel auf einem gefetteten Backblech nach allen Seiten ausrollen, bis eine Platte von 30 bis 40 cm Durchmesser und 1 cm Höhe entstanden ist. Den ausgerollten Teig mit der Spitze eines Messer sternförmig so anritzen, dass zwölf Stücke entstehen. An einem warmen zugfreien Ort abgedeckt nochmals für 6 Stunden gehen lassen.

Den Backofen **auf 200° C vorheizen.** Den Kuchen mit dem gesüßten Kaffee bestreichen **und 15 Minuten backen lassen.**

Auf der Fahrt zum Weingut „Château Simian" erzählte ich meiner Vermieterin Monique von meiner Idee, ein Kochbuch zu schreiben. Als sie meine Begeisterung für alte Rezepte hörte, fragte sie mich, ob ich an einem Rezept ihrer Großmutter für einen „mias provençal" interessiert sei. Sie schrieb mir das Rezept während der Fahrt auf eine Zigarettenschachtel – et voilà, hier ist es:

Provençalischer Kuchen – Mias provençal

Zutaten   1 große Tasse Mehl (250 g) oder Maismehl (für Polenta), 1 l Milch, 1 unbehandelte Orange, 1 Likörgläschen fleurs d'oranger (Orangenblütenaroma), 100 g Zucker, 7 EL Olivenöl, 3 Eier

Die Milch in einem Topf langsam zum Kochen bringen, das Mehl hinzufügen und mit einer Gabel oder dem Schneebesen in die Milch einrühren. Den Topf vom Herd nehmen und den Zucker sowie die 3 verquirlten Eier in die Masse einrühren. Die Schale der Orange abreiben, die Orange auspressen. Die Schalenstückchen, den Saft sowie das Gläschen Orangenaroma unterrühren und das Olivenöl dazugeben. Die Masse in eine gefettete feuerfeste Glasform geben und im vorgeheizten Ofen **bei 180° C etwa 1 Stunde backen.**
Im Kühlschrank abkühlen lassen und kalt essen.

SORBETS

Am einfachsten ist die Sorbetzubereitung natürlich, wenn man eine Sorbetière hat. Sie wird für 24 Stunden ins Eisfach gelegt und ist dann am nächsten Tag einsatzbereit, um in maximal 40 Minuten aus Fruchtsaft und Zuckersirup ein Sorbet zuzubereiten. Falls keine Sorbetière vorhanden ist, kann das Sorbet auch in einer Metallschüssel (leitet die Kälte besser) im Eisfach durchkühlen und fest werden. Die Zubereitungszeit erhöht sich dann allerdings um mehrere Stunden, denn im Abstand von 1–2 Stunden muss das Sorbet mit einer Gabel oder mit dem Pürierstab gut aufgeschlagen werden, anderenfalls gefriert es zu einem Klumpen und hat nichts mehr von der Leichtigkeit eines Sorbets.

Grundlage eines jeden Sorbets ist ein recht schnell herzustellender Sirup, der sich vorbereiten lässt und in einem geschlossenen Gefäß im Kühlschrank bis zu zwei Wochen haltbar ist.

Zur Herstellung dieses Sirups benötigt man eine Pfanne aus rostfreiem Edelstahl, Zucker, Wasser und einen Holzlöffel:

Für 300 ml **Sirup** rechnet man 200 ml Wasser und 200 ml Kristallzucker. Wasser und Zucker in die Pfanne geben. Auf mittlerer Flamme unter Rühren erhitzen. Sobald sich der Zucker aufgelöst hat, die Platte höher stellen und die Zuckerlösung 1 Minute kochen lassen. Falls sich Schaum bildet, sollte er mit einem Schaumlöffel abgeschöpft werden.

Das Sirup vor der Weiterverwendung gut abkühlen lassen. Wenn alle Zutaten etwa Kühlschranktemperatur haben, wird das Sorbet am schnellsten fest.

Zitronen-Sorbet – Sorbet au citron

Zutaten 250 g Zucker, 250 ml Wasser oder 300 ml fertigen Sirup (s.o.), 175 ml frisch gepresster Zitronensaft, Saft einer halben Orange, $^{1}/_{2}$ Eiweiß (es geht auch ohne)

Zitronen- und Orangensaft gut mit dem kalten Sirup verrühren. Falls man sich für die Zubereitung mit dem Eiweiß entscheidet, wird dies mit einem Rührgerät geschlagen, bis es fast steif ist. Anschließend wird der Eischnee mit der Sirup-Saft-Mischung verrührt und für 25-35 Minuten in die Sorbetière gegeben.

Bei der Zubereitung ohne Eiweiß wird die Sirup-Saft-Mischung nochmals kurz gekühlt und für 20–25 Minuten in der Sorbetière fest werden lassen.

Zitronen-Limetten-Sorbet –
Sorbet aux citrons et limettes

Zutaten 200 g Zucker, 200 ml Wasser, 4 unbehandelte Zitronen und 1 Limette

Zucker und Wasser erhitzen bis der Zucker gelöst ist. Zunächst auf Raumtemperatur abkühlen lassen und anschließend in den Kühlschrank stellen (je kälter die Zutaten sind, desto schneller ist das Sorbet fertig).

Wenn man das Sorbet besonders dekorativ anrichten möchte, kann es in den ausgehöhlten Zitronen serviert werden. Dazu müssen die Zitronen im oberen Viertel waagrecht durchgeschnitten werden, so dass man einen Deckel erhält.

Mit einem Küchenmesser das Innere der Zitrone rundum lockern, die Zitrone auspressen und das Fruchtfleisch samt den Hautresten herauskratzen.

Die Limettenschale mit einem Juliennereißer in schmalen Streifen abschaben. Hat man kein solches Instrument zur Hand, genügt es auch, die Limette ganz dünn abzuschälen und die Schale mit einem Messer in feine Streifen zu schneiden. Die Limette auspressen, den Saft mit dem Zitronensaft mischen, die Limettenstreifen dazugeben und – falls erforderlich – die Flüssigkeit mit Wasser auf einen halben Liter auffüllen. Mit der abgekühlten Zuckerlösung mischen.

Die Masse in die Sorbetière füllen und in 20–40 Minuten zu einem cremigen Sorbet rühren. Entweder in Glasschälchen oder in den Zitronenschalen servieren.

Kiwi-Sorbet – Sorbet au kiwi

Zutaten 100 g Zucker, 100 ml Wasser oder 150 ml fertigen Sirup (s.o.), 250 g geschälte Kiwi, Saft einer halben Zitrone, $^1/_2$ Eiweiß (es geht auch ohne)

Die Kiwi mit dem Pürierstab des Rührgerätes oder im Mixer zerkleinern und mit Zitronensaft und dem vorbereiteten Sirup gut mischen. Die Sirup-Saft-Mischung nochmals kurz kühlen und für 25-35 Minuten in die Sorbetière geben.

Rosmarin-Orangen-Sorbet –
Sorbet aux oranges et romarin

Zutaten 250 g Zucker, 250 ml Wasser, 2 Zweige Rosmarin (je ca. 10 cm lang), 500 ml frisch gepresster (Blut-)Orangensaft, 1 EL frisch gepresster Zitronensaft, $^1/_2$ Teelöffel fein gehackter, frischer Rosmarinnadeln und weitere 4 kleine Zweige zum Garnieren, 3 Esslöffel fein gehackte Schalen einer unbehandelten Orange

Garnieren 4 spiralförmig geschnittene Streifen Orangenschale

Zur Herstellung des Sirups, den Zucker zusammen mit dem Wasser und den Rosmarinzweigen in einem kleinen Topf zum Kochen bringen – dabei häufiger umrühren, damit sich der Zucker auflöst. Nach dem Aufkochen die Hitze reduzieren und noch weitere 5 Minuten auf kleiner Flamme köcheln. Von der Kochstelle nehmen und für 10 Minuten durchziehen lassen, danach die Rosmarinzweige entfernen.

In der Zwischenzeit die Orangen auspressen und den Saft zusammen mit dem Zitronensaft in den Sirup einrühren. Die Mischung für etwa 6 Stunden zugedeckt im Kühlschrank gut durchkühlen lassen.

Die gehackten Rosmarinblättchen und die fein geschnittene Orangenschale unter den Sirup rühren. Die Masse in eine Sorbetière (oder Eismaschine) umfüllen und in ca. 30 Minuten ein cremiges Sorbet rühren lassen.

Besonders hübsch sieht das Sorbet mit einer Dekoration aus Rosmarinzweigen und einem dünnen Streifen Orangenschale aus. Falls etwas Sorbet übrig bleiben sollte, hält es sich in der Kühltruhe noch einige Tage.

Lavendelhonigeis – Glace au miel de lavande

Zutaten 125 g Crème fraîche, 125 g Schlagsahne, 65 g Lavendelhonig, falls vorhanden: einige Tropfen Arôme fleurs d'oranger (Orangenblütenaroma)

Crème fraîche, Schlagsahne, Lavendelhonig und das Orangenblütenaroma mit einer Gabel oder dem Rührgerät gut verrühren. danach in die Sorbetière umfüllen und für mindestens 30–40 Minuten darin kühlen lassen, bis die Masse eine cremige Konsistenz angenommen hat. Danach entweder sofort servieren oder in einem entsprechenden Gefäß in der Tiefkühltruhe aufbewahren (max. 6–8 Tage).

FRUCHTSAUCEN – COULIS DE FRUITS

Man benötigt Fruchtsaucen, um ein Sorbet oder Eis anzureichern; darüber hinaus sind sie eine fruchtige Ergänzung zu verschiedenen Desserts.

Sie können aus frischem oder eingefrorenem Obst gemacht werden. Coulis aus frischem Obst können für einige Monate eingefroren werden, die aus bereits eingefrorenen Früchten sind nur wenige Tage im Kühlschrank haltbar und dürfen nicht wieder eingefroren werden.

Zutaten   bei frischem Obst rechnet man auf 200 g Obst (je nach Sorte) ca. 50–75 g Zucker; bei sauren Früchten kann die doppelte Menge erforderlich sein

Die Früchte werden entweder mit dem Pürierstab des Rührgerätes oder im Mixer zerkleinert, Kernobst wie Himbeeren, Johannisbeeren oder Brombeeren streicht man besser durch ein feines Sieb, um die Kerne zu entfernen.

Das Fruchtmus wird mit dem Zucker gut verrührt und entweder frisch verwendet oder im Kühl- bzw. Gefrierschrank (nicht bei bereits eingefrorenem Obst) für längere Zeit konserviert. Beim Einfrieren empfiehlt es sich, kleinere Behälter zu verwenden, damit bei geringem Bedarf nicht das gesamte Mus aufgetaut werden muss.

STICH WORTE – NAMEN – SUCHHILFEN

Bezugsquellen

Provençalische Delikatessen

www.artisane.de
www.distillerie-provence.com
www.gourmantis.de
www.gourmet-art.de
www.gourmondo.de
www.lacarotte.de
www.labalmeenne.fr
www.laprovence-gmbh.de
www.laprovencepiunti.ch
www.liquoristerie-provence.fr
www.provenceguide.com
www.salmundo.de
www.tastodeprovence.com

Wein (Erzeuger und Vertriebe)

www.balisiers.com
www.chateau-simian.fr
www.dalmeran.fr
www.domaine-milan.com
www.domaine-guilbert.com
www.estoublon.com
www.france-vin.de
www.gourgonnier.com
www.mascarlin.com
www.masdeladame.com
www.mas-sainte-berthe.com
www.romanin.com
www.vallongue.com

Süßigkeiten

www. chocolat-durand.com   Joël Durand, Chocolatier, St. Rémy
www.nougat-boyer.fr
www. petit-duc.com

Olivenöl (Erzeuger)

www.alziari.com.fr
www.castelas.com
www.estoublon.com
www.masdesbarres.com
www.moulin-cornille.com
www.moulinducalanquet.fr
www.mouliniers.fr
www.moulin-saintjean.com
www.moulinsaintmichel.com
www.vaudoret.com

Fleur de sel

www.camargue.fr
www.salins.com

Weitere

www.musee-lichtner-aix.com
www.museum-paca.org/harmas-collections.htm
www.midi-impressionen.com

DIE AUTORIN

Im Alltag bin ich Kriminalhauptkommissarin beim Polizeipräsidium in Frankfurt am Main. Meinen Beruf liebe ich sehr, doch gerade deshalb ist von Zeit zu Zeit ein gewisser Abstand nötig – es gibt ein Leben nach dem Dienst! Und zu diesem Leben gehört meine Leidenschaft für den Süden. Den Süden Frankreichs. Den Midi.

Seit mehr als zwanzig Jahren verbringe ich jeweils mehrere Wochen bei „meiner" Gräfin in der Region „Provence-Alpes-Côte d'Azur" und bei einer Freundin im Herzen der Provence. Dass diese Gegend mein Urlaubsziel wurde, war reiner Zufall – oder doch nicht? Im Frühjahr 1982 las ich eine Biographie über Vincent van Gogh, und seine Begeisterung für die Provence, die Gegend um Arles und St. Rémy, war ebenso ansteckend wie verlockend. Plötzlich wusste ich: „Da muss ich hin!"

Ich fuhr hin, und fuhr immer wieder hin. Und habe viele Menschen und Orte gefunden, die ich nicht missen möchte – die ich vielmehr jedem ans Herz legen will, der gerne reist, isst und trinkt!

EINIGE WEITERE BÜCHER
AUS UNSEREM VERLAGSPROGRAMM

Natürlich liegt es nahe, Ihnen hier weitere Kochbücher zu empfehlen, die in meinem Verlag erschienen sind – aber ich habe dieses Kochbuch von Ute Meyer nicht verlegt, weil ich ein ausgewiesenes Kochbuchprogramm betreibe, sondern sozusagen als Einzelstück: weil mir das Buch große Freude bereitet hat und ich selbst den „Midi" liebe. Es sind literarische und kulturgeschichtliche Bücher, die bei mir erscheinen. Oder doch nicht?

Vor langem habe ich meine Begeisterung für Architektur und eigensinnige Gebäude in einem Kochbuch zum Ausdruck gebracht, das von 21 Frankfurter Architekten zusammengetragen wurde:

Frankfurter Architekten kochen für Frankfurt (und den Rest der Welt)

Das hübsche kleine Hardcover ist durchgehend vierfarbig gedruckt und portraitiert jeweils eine Architektin oder einen Architekten auf zwei Seiten, dann folgt ihr oder sein Lieblingsgericht – und das Rezept dazu. Es gibt sehr einfache Rezepte in diesem Buch, aber auch Lieblingsgerichte, die komplexer Handlungsanweisungen dazu bedürfen, in welcher Reihenfolge und mit welchen Tricks ein mehrgängiges Menü zu zaubern ist. So ein Architekt weiß eben, wie man Dinge miteinander abstimmen muss, und wie wichtig guter Geschmack ist ...

96 Seiten, 15 Euro, ISBN 978-3-86638-131-5

Noch einmal Architekten, nämlich ein vormaliges Architektenpärchen, und noch einmal die Kriminalpolizei; denn dieses Buch ist einer der wenigen Krimis in meinem Programm, passt also sehr gut in das Kochbuch der Kriminalhauptkommissarin Ute Meyer:

Managuaspiele von Magnus Vattrodt

Lydia und Caspar, ehemals Architekten, sind aus düsteren Gründen nach Nicaragua geflohen. Im Buch wollen sie ein einstiges Luxus-Hotel neu aufbauen, eine schwierige Sache, aber sie scheint zu gelingen. Vor allem, weil ihre Küche ein besonderer Ort ist – und dieser zieht illustre Gäste an und viele abenteuerliche Geschichten. – Der Autor Magnus Vattrodt hat viele Fernseh-Krimis für den

TATORT geschrieben. Und auch in seinem Buch „Managuaspiele" hat er ein groß-
artiges Panoptikum von Figuren erfunden, lässt ein wunderbares Land entdecken
und macht das kulinarische Mittelamerika zugänglich.

428 Seiten, 17 Euro, ISBN 978-3-933974-62-2

Café Carl
von Gabriele Seynsche

Ein Buch, dessen Protagonisten eine Clique von Frankfurter Charakterköpfen
rund um den legendenträchtigen Wirt Carl bilden. Wally von Wanecke, Tierärztin
und dreifache Mutter, verliert ihren Führerschein, und ihr ohnehin sehr bewegtes
Leben scheint vollends aus den Fugen zu geraten. Die zurückhaltende Anwältin
Alwa Möwes trauert um ihre große Liebe. Dennoch beginnt sie eine Affäre mit
dem siebzehn Jahre jüngeren Engländer Sebastian. Und die bildschöne, aber un-
durchsichtige „Hausfrau" Patricia Müller weiß, dass ihr Mann sie betrügt.
Unterschiedlicher könnten drei Frauen nicht sein, und auch alle anderen Figuren
dieses Romans sind höchst bunte Vögel. Doch eins verbindet sie: ihr Faible für
Carl, den charismatischen Betreiber des legendären Cafés in Frankfurt, mit geist-
vollen Getränken und guten Speisen, denen die wilde Stammgästeclique reichlich
zuspricht – willkommen im „Café Carl"!

304 Seiten, 20 Euro, Hardcover mit Lesebändchen, ISBN 978-3-86638-157-5

20 x 20 Jahre
Ein Jubiläumsbuch

Die Neu-Auflage von Ute Meyers Midi-Buch erscheint in unserem 20. Verlagsjahr,
zu dem wir den Band „20 x 20 Jahre / Zwanzig Firmen-Portraits" aufgelegt
haben. Darin ist neben der Geschichte des Nachrichtenmagazins FOCUS, von
Lufthansa Miles & More und unserer Verlagsgeschichte auch das Portrait der Tafel
Deutschland e.V. enthalten: Gewiss kein Kochbuch, aber die schöne Frucht der
sozialen Bewegung, die einerseits verhindert, dass Essen unnötig weggeschmissen
wird, und andererseits dafür sorgt, dass den Bedürftigen im Land täglich ein Tisch
gedeckt ist.

192 Seiten, 20 Euro, Hardcover mit farbigen Bildern, ISBN 978-3-86638-220-6

Leseratten und solche, die es werden wollen, finden mehr Lesefutter auf unserer
Homepage **www.dielmann-verlag.de**

Bleiben Sie neugierig!

Ihr Axel Dielmann

axel dielmann – verlag KG

Kranichsteinerstraße 23
D – 60598 Frankfurt am Main
Telefon 069 / 9435 9000
Mail neugier@dielmann-verlag.de

www.dielmann-verlag.de